北京紅色文化的文艺寻踪

方继孝 著

北京出版集团
文津出版社

序　言

方继孝

本书是《北京红色文化的文学探寻》的续编，是依托笔者多年来搜集到的20位文学艺术家亲笔书写的简历、手稿、书信等第一手资料写成的。书中记录了老舍、曹禺、李伯钊、赵树理、杨沫、管桦、王亚平、陶钝、阮章竞、萧军、端木蕻良、骆宾基、叶君健、浩然、刘绍棠、梅兰芳、焦菊隐、曹宝禄、梁益鸣、席宝昆在首都北京的生活片段。这些人都曾在北京长期或短期居住过。他们生活和奋斗在北京，创作出许多优秀的文艺作品，不少人还是北京市文联的领导者和骨干成员，为新中国的文艺繁荣做出过贡献。

北京是新中国文学艺术的摇篮。新中国成立以来，许多文艺工作者与书中记述的这些文艺界人士一样，会聚于京城，形成了一道波澜壮阔的文化风景。这道风景曾经亮丽无比，也曾经暗淡无光，但这是真实的历史。本书用20位文艺工作者的手迹，再现了真实历史的片段。

这些文学家、艺术家，有的是从延安或解放区走过来的，经历过枪林弹雨，阅历丰富，作品也真实感人。萧军曾在延安亲耳聆听毛泽东同志《在延安文艺座谈会上的讲话》。他的《八月的乡村》是中国第一部反映抗日斗争的小说，在文学史上具有特殊的地位。杨沫、管桦是经受抗日战争和解放战争洗礼的作家。杨沫的《青春之歌》是当代文学史上第一部描写学生运动、反映革命知识分子成长命运的优秀长篇小说。管桦的《小英雄雨来》是作者根据自己在抗日战争时期的亲身经历和见闻创作的小说，通过一个生活在冀东地区的小男孩雨来的视角，描绘了当时冀东人民在抗日战争中的生活状态和斗争精神。

李伯钊、赵树理、曹禺、王亚平、陶钝、阮章竞、端木蕻良、骆宾基、焦菊隐，抗战前即从事文学艺术工作。1949年，在全国解放战争取得决定性胜利、新生的人民民主政权即将诞生之际，他们来北平参加中华全国文学艺术工作者代表大会，后留京从事文学艺术的创作和领导工作。赵树理、曹禺、李伯钊曾任全国文联常委；曹禺、李伯钊还曾任中华全国戏剧工作者协会常委；赵树理还曾任中华全国文学工作者协会（后改为中国作家协会）全国委员、常委，中华全国曲艺改进会筹备委员会常委、副主任委员。王亚平、陶钝、骆宾基、阮章竞、焦菊隐等出席中华全国文学艺术工作者代表大会后，分别担任了作家协会、戏剧家协会和曲艺改进会的委员、候补委员。

老舍是1949年12月12日由美国抵达北京的，回到北京后，立即开始了工作和写作。1950年5月28日，北京市文学艺术工作者代表大会在北京召开，老舍当选为北京市文学艺术工作者联合会主席，李伯钊、梅兰芳、赵树理当选为副主席，王亚平任秘书长，阮章竞、焦菊隐、端木蕻良当选为理事。

梅兰芳是北京土生土长的京剧表演艺术家。1949年7月，中华全国文学艺术工作者代表大会在京召开，梅兰芳作为北京文艺界的代表，出席大会并当选中华全国文学艺术界联合会全国委员会委员、中华全国戏剧工作者协会常务委员、中华全国戏曲改进会筹备委员会常务委员。1950年5月，北京市文学艺术工作者联合会成立，梅兰芳、曹宝禄、梁益鸣、席宝昆作为北京戏剧、曲艺界的代表参加盛会。梅兰芳当选为常务理事、副主席。

浩然、刘绍棠是新中国后成长起来的乡土文学作家。进入20世纪60年代，歌颂社会主义革命和建设的新生活成为文学创作的重要主题，一批优秀的小说、散文和诗歌相继问世，浩然的《艳阳天》具有浓厚时代特色；1976年以后，当代新文学的序幕拉开，浩然的《苍生》以新的视角观察并反映了变革中的农村现实和新时期农村的巨大变化。刘绍棠是从1949年开始写作的，他始终致力于“中国气派、民族风格、地方特色”的乡土文学创作。

历史的车轮滚滚向前,过往的道路上留下了深深的印痕。这些曾经在北京为建设新中国的人民的文艺辛勤耕耘的文学艺术家，都已经离世了。但是他们亲笔书写的这些有温度的简历、手稿、书信，他们的初心、情怀与操守，永远留在了人间。当我们重温他们的人生轨迹和他们创作的文学艺术作品时，时光似乎在倒流，把我们带入曾经的年代，提醒我们要珍惜来之不易的美好生活。

2020年4月4日清明节上午初稿

2025年2月5日上午修订

文学艺术家探寻地：

老　舍：灯市口西街丰富胡同19号

曹　禺：铁狮子胡同3号→三里屯北24号楼→木樨地22号楼

李伯钊：后海南沿36~38号之间大院

赵树理：东单煤渣胡同马家庙2号

杨　沫：什刹海西侧柳荫街29号

管　桦：石板房胡同24号

王亚平：西四前英子胡同33号

陶　钝：中国文联芳草地宿舍→阜外大街木樨地北里甲8号

阮章竞：东总布胡同贡院西街1号→前门西大街97号

萧　军：鸦儿胡同6号

端木蕻良：虎坊路甲15号

骆宾基：地安门东大街131号→前门西大街97号

叶君健：恭俭胡同3号

浩　然：月坛北街6号楼188号→前门西大街97号

刘绍棠：光明胡同45号→前门西大街97号

梅兰芳：护国寺街甲1号

焦菊隐：史家胡同56号

曹宝禄：南小街大雅宝胡同

梁益鸣：先农坛56号→草厂十条13号

席宝昆：百顺胡同甲24号→宣西大街2号楼

目录

老舍：人民艺术家

老舍先生是我国现代小说家、戏剧家，在中国现代文学史上具有举足轻重的地位。1938年3月27日，中华全国文艺界抗敌协会（以下简称“文协”）在汉口成立。周恩来为名誉理事，老舍为常务理事，兼总务部主任，负责主持日常工作。1950年5月，北京市文学艺术工作者代表大会召开，他当选为北京市文联主席。

老舍作为语言艺术大师，创作了许多优秀的作品，长篇小说《四世同堂》《骆驼祥子》，中篇小说《月牙儿》《我这一辈子》，话剧《茶馆》《龙须沟》《方珍珠》《红大院》《神拳》等，无不蕴含着动人的人文情怀，彰显出不朽的艺术魅力。1951年，北京市人民政府授予他“人民艺术家”称号。

一

早在1939年，老舍四十岁那年，曾写过一篇质朴洒脱、幽默风趣的自传：

舒舍予，字老舍，现年四十岁，面黄无须。生于北平，三岁失怙，可谓无父；志学之年，帝王不存，可谓无君。无父无君，特别孝敬老母，布尔乔亚之仁未能一扫而空也。幼读三百篇，不求甚解。继续学师范，遂奠教书匠之基。及壮年，糊口四方，教书为业，甚难发财，每购奖券，以得末彩为荣，示甘于寒贱也。二十七岁发愤著书，科学哲学无所懂，故写小说，博大家一笑没什么了不得。三十四岁结婚，今已有一男一女，均狡猾可喜。闲时喜爱花，不得其法，每每有叶无花，亦不忍弃。书无所不读，全无所获并不着急，教书做事均甚认真，往往吃亏，亦不后悔。如此而已，再活四十年也许能有点出息。

老舍，原名舒庆春，字舍予，满族（正红旗），1899年2月3日（清光绪二十四年十二月二十三日）生于北京城。父亲舒永寿是皇城的一名护军，每月发三两饷银。老舍是这个家庭最小的孩子，上有三个姐姐和一个哥哥。1900年8月，八国联军侵入北京时，老舍的父亲阵亡。从此全家只靠母亲马氏缝洗和在小学当佣工维持生活。老舍幼时是个郁郁寡欢的孩子。他自己曾写过："我自幼便是个穷人，在性格上又深受我母亲的影响——她是个愣挨饿也不肯求人，同时对别人又是很义气的女人。穷，使我好骂世；刚强，使我容易以个人的感情与主张去判断别人；义气，使我对别人有点同情心。"（老舍《我怎样写〈老张的哲学〉》）

老舍幼时上私塾，1907年转入北京西直门市立小学三年级，后转入南草场小学。1912年考入京师第三中学，才上了不到半年，因家庭经济困难退学。1913年夏，考入公费供给膳宿、课本的北京师范学校。在师范学校读书期间，老舍得到校长方还先生和国文教员宗子威先生的指教，开始用文言文写散文与诗。

1918年，老舍毕业后，被派任“京师公立第十七高等小学兼国民学校”（现方家胡同小学）校长。1920年，由小学校长提为京师学务局北郊劝学所劝学员，不久后辞去。1922年夏至1923年春，在天津市南开中学教国文，兼校出版委员会委员。1923年夏，回北京在北京教育会当文书，同时在北京市一中兼教语文。业余时间在燕京大学旁听英文。1924年夏，经燕京大学英籍教授艾温士介绍，赴英国在伦敦大学东方学院任华语教员。业余时间阅读了大量的英国文学作品，并开始写小说。在英国教学五年时间，创作了《老张的哲学》《赵子曰》《二马》三部长篇小说。同时期，成为“文学研究会”成员。

1929年夏，老舍离英回国，途经巴黎等地，后因路费不足滞留于新加坡，在一所华侨中学教国文，课余写童话《小坡的生日》。1930年春，离开新加坡到上海，不久回到北京，后受邀到济南齐鲁大学任教。

1931年夏，老舍与胡絜青结婚。1934年夏，老舍应青岛山东大学邀请，任中文系教授。教学之余，写了小说《上任》《柳屯的》《月牙儿》《老字号》《断魂枪》等。

1936年秋，老舍辞去山大的教学工作，在青岛专心从事文学创作。在这时期，长篇小说《骆驼祥子》与《文博士》开始发表。

1937年，“七七”事变爆发，老舍已经开始的两部长篇小说的创作连载被迫中断。8月，他又从青岛回到济南齐鲁大学任教。11月，在日本侵略者占领济南前夕，为抗日救国，老舍毅然舍家奔赴武汉，与郭沫若、茅盾、阳翰笙、楼适夷、郁达夫、冯乃超等作家一道积极地在党的领导下为组织全国性文艺界抗日民族统一战线而工作。

二

1938年3月27日，中华全国文艺界抗敌协会在汉口成立。郭沫若、茅盾、冯玉祥、丁玲、许地山、巴金、夏衍、老舍、郁达夫、田汉、朱自清等45人为理事，周恩来为名誉理事。在第一次理事会上，老舍又被

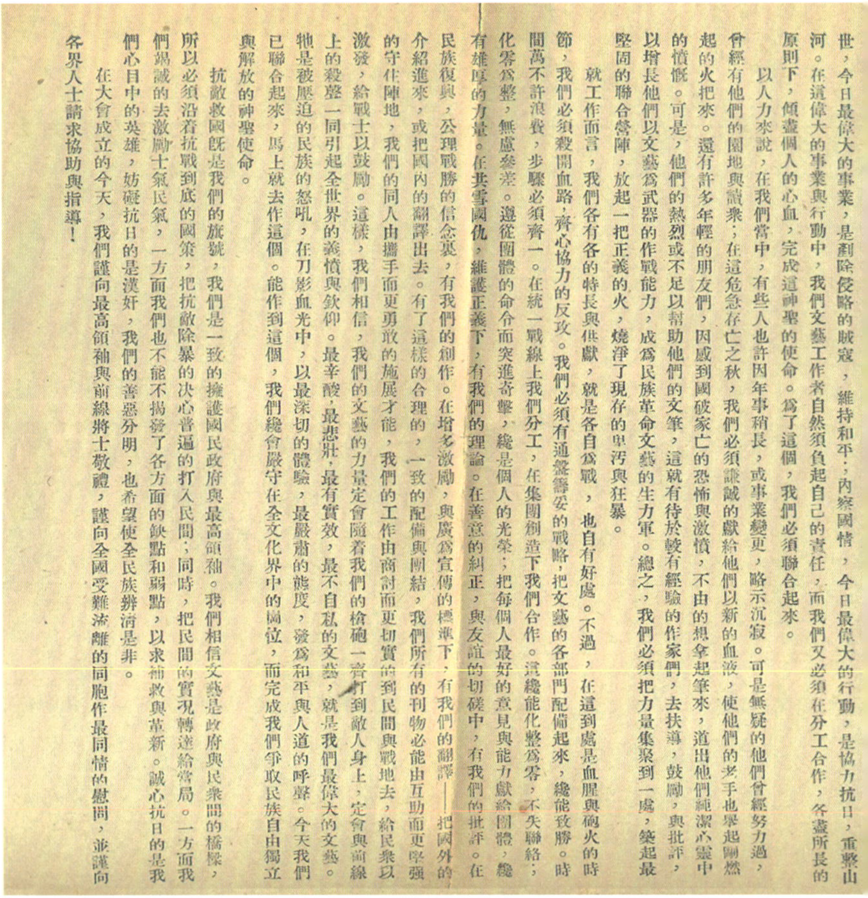

世，今日最偉大的事業，是剷除侵略的賊寇，維持和平；內察國情，今日最偉大的行動，是協力抗日，重整山河。在這偉大的事業與行動中，我們文藝工作者自然須負起自己的責任，而我們又必須在分工合作，各盡所長的原則下，傾盡個人的心血，完成這神聖的使命。為了這個，我們必須聯合起來。

以人力來說，在我們當中，有些人也許因年事稍長，或事業變更，略示沉寂。可是無疑的他們曾經努力過，曾經有他們的園地與讀衆；在這危急存亡之秋，我們必須謙誠的獻給他們以新的血液，使他們的老手也舉起剛燃起的火把來。還有許多年輕的朋友們，因感到國破家亡的恐怖與激憤，不由的想拿起筆來，道出他們純潔心靈中的憤慨。可是，他們的熱烈或不足以幫助他們的文筆，這就有待於較有經驗的作家們，去扶導，鼓勵，與批評，以增長他們以文藝為武器的作戰能力，成為民族革命文藝的生力軍。總之，我們必須把力量集聚到一處，築起最堅固的聯合營陣，放起一把正義的火，燒淨了現存的卑污與狂暴。

就工作而言，我們各有各的特長與供獻，就是各自為戰，也自有好處。不過，在這到處是血腥與砲火的時節，我們必須殺開血路，齊心協力的反攻。我們必須有通盤籌妥的戰略，把文藝的各部門配備起來，纔能致勝。時間萬不許浪費，步驟必須齊一。在統一戰線上我們分工，在集團創造下我們合作。這纔能化整為零，不失聯絡；化零為整，無慮參差。遵從團體的命令而突進奇襲，纔是個人的光榮；把每個人最好的意見與能力獻給團體，纔有雄厚的力量。在共雪國仇，維護正義下，有我們的理論。在善意的糾正，與友誼的切磋中，有我們的批評。在民族復興，公理戰勝的信念裏，有我們的創作。在增多激勵，與廣為宣傳的標準下，有我們的翻譯——把國外的介紹進來，或把國內的翻譯出去。有了這樣的合理的，一致的配備與團結，我們所有的刊物必能由互助而更堅強的守住陣地，我們的同人由攜手而更勇敢的施展才能，我們的工作由商討而更切實的到民間與戰地去，給民衆以激發，給戰士以鼓勵。這樣，我們相信，我們的文藝的力量定會隨着我們的槍砲一齊打到敵人身上，定會與前線上的殺聲一同引起全世界的義憤與欽仰。最辛酸，最悲壯，最有實效，最不自私的文藝，就是我們最偉大的文藝。牠是被壓迫的民族的怒吼，在刀影血光中，以最深切的體驗，最嚴肅的態度，發為和平與人道的呼聲。今天我們已聯合起來，馬上就去作這個。能作到這個，我們纔會嚴守在全文化界中的崗位，而完成我們爭取民族自由獨立與解放的神聖使命。

抗敵救國既是我們的旗號，我們是一致的擁護國民政府與最高領袖。我們相信文藝是政府與民衆間的橋樑，所以必須沿着抗戰到底的國策，把抗敵除暴的決心普遍的打入民間；同時，把民間的實況轉達給當局。一方面我們竭誠的去激勵士氣民氣，一方面我們也不能不揭發了各方面的缺點和弱點，以求補救與革新。誠心抗日的是我們心目中的英雄，妨礙抗日的是漢奸，我們的善惡分明，也希望使全民族辨清是非。

在大會成立的今天，我們謹向最高領袖與前線將士敬禮，謹向全國受難流離的同胞作最同情的慰問，並謹向各界人士請求協助與指導！

《中华全国文艺界抗敌协会宣言》

选为常务理事，兼总务部主任，负责主持日常工作。此职务，连选连任直到抗战胜利。对总务部主任的工作，老舍曾说：“事实上，就是对外的代表，和理事长差不多。”

“文协”的成立标志着文艺界抗日民族统一战线的形成。“文协”在上海、昆明、桂林、广州、香港、延安等地建立了分会。“文协”提出“文章

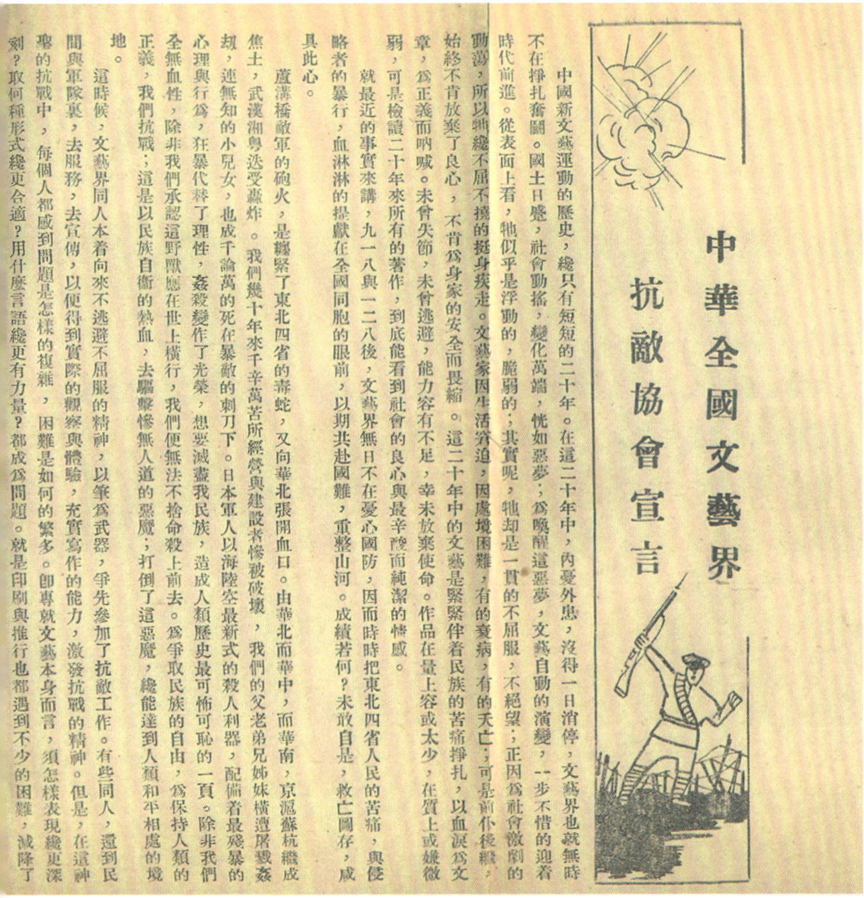

中華全國文藝界抗敵協會宣言

中國新文藝運動的歷史，纔只有短短的二十年。在這二十年中，內憂外患，沒得一日消停，文藝界也就無時不在掙扎奮鬬。國土日蹙，社會動搖，變化萬端，恍如惡夢；爲喚醒這惡夢，文藝自動的演變，一步不惜的迎着時代前進。從表面上看，牠似乎是浮動的，脆弱的；其實呢，牠却是一貫的不屈服，不絕望；正因爲社會激劇的動蕩，所以牠纔不屈不撓的挺身疾走。文藝家因生活窮迫，因處境困難，有的衰病，有的夭亡；可是前仆後繼，始終不肯放棄了良心，不肯爲身家的安全而畏縮。這二十年中的文藝是緊緊伴着民族的苦痛掙扎，以血淚爲文章，爲正義而吶喊。未曾失節，未曾逃避，能力容有不足，幸未放棄使命。作品在量上容或太少，在質上或嫌微弱，可是檢讀二十年來所有的著作，到底能看到社會的良心與最辛酸而純潔的情感。

就最近的事實來講，九一八與一二八後，文藝界無日不在憂心國防，因而時時把東北四省人民的苦痛，與侵略者的暴行，血淋淋的提獻在全國同胞的眼前，以期共赴國難，重整山河。成績若何？未敢自是，救亡圖存，成具此心。

蘆溝橋敵軍的砲火，是纏緊了東北四省的毒蛇，又向華北張開血口。由華北而華中，而華南，京滬蘇杭纖成焦土，武漢湘粵迭受轟炸。我們幾十年來千辛萬苦所經營與建設者慘被破壞，我們的父老弟兄姊妹橫遭屠戮姦刼，連無知的小兒女，也成千論萬的死在暴敵的刺刀下。日本軍人以海陸空最新式的殺人利器，配備着最殘暴的心理與行爲，狂暴代替了理性，姦殺變作了光榮，想要滅盡我民族，造成人類歷史最可怖可恥的一頁。除非我們全無血性，除非我們承認這野獸應在世上橫行，我們便無法不捨命殺上前去。爲爭取民族的自由，爲保持人類的正義，我們抗戰；這是以民族自衛的熱血，去驅擊慘無人道的惡魔；打倒了這惡魔，纔能達到人類和平相處的境地。

這時候，文藝界同人本着向來不逃避不屈服的精神，以筆爲武器，爭先參加了抗敵工作。有些同人，還到民間與軍隊裏，去服務，去宣傳，以便得到實際的觀察與體驗，充實寫作的能力，激發抗戰的精神。但是，在這神聖的抗戰中，每個人都感到問題是怎樣的複雜，困難是如何的繁多。即專就文藝本身而言，須怎樣表現纔更深刻？取何種形式纔更合適？用什麼言語纔更有力量？都成爲問題。就是印刷與推行也都遇到不少的困難，減降了

下乡”“文章入伍”的口号，许多作家参加了文化工作团和战地慰问团，分赴西北和中原战场。“文协”还提倡文艺大众化，号召写通俗文艺。

1938年7月，武汉失陷前夕，老舍随“文协”迁往重庆。他在整个抗日期间，积极拥护党的抗日民族统一战线，在党的关怀帮助下，在团结和组织广大文艺工作者，用文艺武器参加爱国抗日宣传工作方面，做出过积极的贡献。他还为组织出版“文协”会刊《抗战文艺》付出了极大的努力。

《抗战文艺》于1938年创刊于汉口，由“文协”《抗战文艺》编辑委员会编辑，“文协”出版部发行。编辑委员会主要成员有：老舍、胡风、夏衍、阳翰笙、田汉、安娥、郁达夫、冯乃超、穆木天、丰子恺、楼适夷、吴组缃、锡金、舒群、宋云彬、胡秋原、老向，朱光潜（成都）、茅盾（香港）、张天翼（长沙）、叶圣陶（重庆）、郑伯奇（西安）、朱自清（昆明）、成仿吾（延安）、郑振铎（上海），等等。《抗战文艺》第一卷第一期至第四期是三日刊，第五期改为周刊。自第四卷第一期起改为半月刊。自第六卷第一期起又改为月刊。

自《抗战文艺》创刊至终刊，老舍不但在组织出版上做了大量工作，还发表了多篇文章。他十分关注通俗文艺在抗战中所发挥的作用，在第一卷第三期，他发表了《通俗文艺散谈》；后来还组织了“怎样编制士兵通俗读物”座谈会，会议记录载于第一卷第五期。座谈会出席者有：老舍、锡金、徐炳昶、老向、方振武、王平陵、姚蓬子、安娥、白桃、穆木天、冯乃超、王亚平、柳倩、田汉、宋云彬、孔罗荪、沙雁、胡绍轩。

老舍主持座谈会，他说：“这次小小的座谈会，是我们几个人自动的，要来谈谈通俗文学的问题，全国文艺界抗敌协会开成立大会时，曾

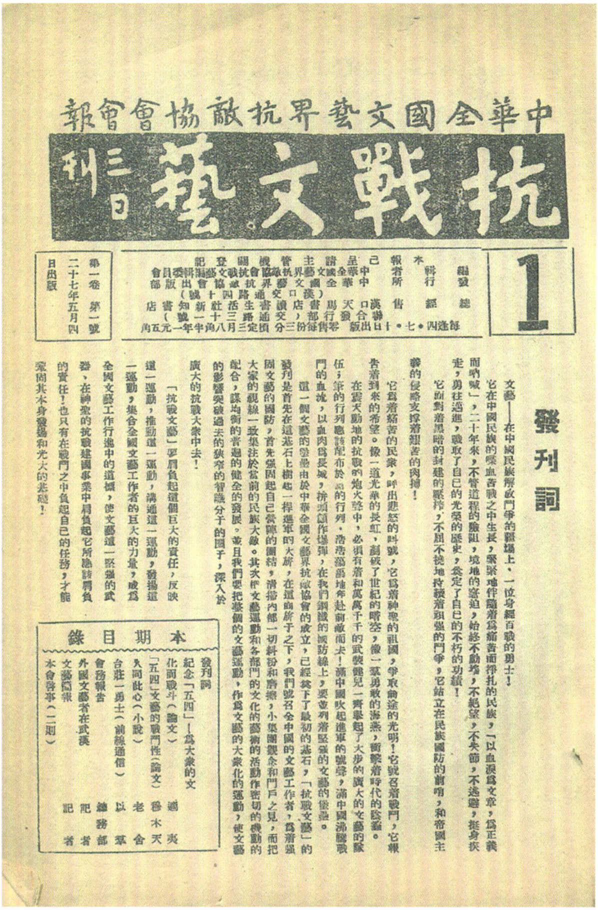
中華全國文藝界抗敵協會會報

抗戰文藝 三日刊

1

本報已呈請主管機關登記

編輯者 中華全國文藝界抗敵協會抗戰文藝編輯委員會

發行所 中華全國文藝界抗敵協會出版部（漢口交通路四十號）

總經售 漢口天馬書店 讀書生活社 新知書店 聯合發行部（交通路三十一號）

每逢四·七·十日出版 零售每份三分 預定三月八角半 一年一元五角

第一卷 第一號 二十七年五月四日出版

發刊詞

文藝——在中國民族解放鬥爭的疆場上，一位身經百戰的勇士！

它在中國民族的喋血苦戰之中生長，緊緊地伴隨着爲痛苦而掙扎的民族，「以血淚爲文章，爲正義而吶喊」，二十年來，不管道程的險阻，境地的窘迫，始終不動搖，不絕望，不失節，不逃避，挺身疾走，勇往邁進，戰取了自已的光榮的歷史，奠定了自已的不朽的功績！

它面對着黑暗的封建的壓搾，不屈不撓地持續着頑強的鬥爭，它站立在民族國防的前哨，和帝國主義的侵略支撑着艱苦的肉搏！

它爲着痛苦的民衆，呼出悲怒的叫號，它爲着神聖的祖國，爭取前途的光明！它號召着戰鬥，它報告着到來的希望。像一道光華的長虹，劃破了世紀的暗空，像一羣勇敢的海燕，衝擊着時代的陰霾。

在震天動地的抗戰的炮火聲中，必須有着和萬萬千千的武裝健兒一齊舉起了大步的廣大的文藝的隊伍；筆的行列應該配布於槍的行列，浩浩蕩蕩地奔赴前敵而去！當中國吹起進軍的號聲，滿中國沸騰戰鬥的血流，以血肉爲長城，拚頭顱作爆彈，在我們鋼鐵的國防線上，要並列着堅強的文藝的堡壘。

這一個文藝的堡壘由於中華全國文藝界抗敵協會的成立，已經奠下了最初的基石，「抗戰文藝」的發刊是首先在這基石上樹起一桿進軍的大旂，在這面旂子之下，我們號召全中國的文藝工作者，爲着强固文藝的國防，首先强固起自己營陣的團結，清掃內部一切糾紛和磨擦，小集團觀念和門戶之見，而把大家的視線一致集注於當前的民族大敵。其次把文藝運動和各部門的文化的藝術的活動作密切的機動的配合，謀均衡的普遍的健全的發展。並且我們要把整個的文藝運動，作爲文藝的大衆化的運動，使文藝的影響突破過去的狹窄的智識分子的圈子，深入於廣大的抗戰大衆中去！

「抗戰文藝」要肩負起這個巨大的責任，反映這一運動，推動這一運動，溝通這一運動，發揚這一運動，集合全國文藝工作者的巨大的力量，成爲全國文藝工作行進中的道標，使文藝這一堅强的武器，在神聖的抗戰建國事業中肩負起它所應該肩負的責任！也只有在戰鬥之中負起自已的任務，才能鞏固其本身發揚和光大的基礎！

本期目錄

發刊詞

紀念「五四」——爲大衆的文化而戰斗（論文） 適夷

「五四」文藝的戰鬥性（論文） 穆木天

人同此心（小說） 老舍

台莊一勇士（前線通信） 以羣

會務報告 總務部

外國文藝者在武漢 記者

文藝簡報 記者

本會啓事（二則）

《抗战文艺》发刊词

决定出版一百部供给士兵阅读的通俗文学读物，今天我们来谈谈这问题，或者对将来的写作上有些帮助。”老舍特别强调，座谈会重点讨论“士兵与民众需要的通俗读物是否一致的问题；我们是否应该利用旧形式来制作新的东西？所谓旧瓶装新酒的问题”。发言中，大家比较同意方振武将军的意见，他认为：“大都士兵的出身是农民，但入伍后生活不同了，以目前军民一致抗战的现阶段，兵与民是没有显著分别的，目前在前线参加抗战的队伍，就有许多是新从农村里出来的老百姓。前线士兵的生活很枯燥、呆板、机械，不像欧战时候西方国家的士兵在战壕里所过的生活那样活泼，所以急需要我们供给大量的通俗文艺读物来充实他们的生活，并提高他们的政治意识。”他对通俗读物的具体内容也提出了建议：“军队的精神教育多半是注意尚武精神，在目下就是注意怎样求民族解放的问题。我们要注意齐整、迅速，这是行军的要点。我们要形容枪声，形容一个英雄的武功、智谋，像赵子龙、武松之类的故事是最足以使士兵们感觉有趣的。要形容却敌的策略，进攻的锐气，描写山地战、夜袭，都可以提高他们的战斗情绪，并且还给予用智谋却敌的启示，使士兵们智勇双全。”方振武将军发言后，安娥（田汉先生的夫人）接着说：“现在一般的士兵，多半来自农村，所以我们的作品也必须应该发导士兵爱家乡、保卫家乡的感情。譬如作歌，就应该注意这方面：描写家乡之可爱，以增保卫国土的热情。自然，我们也需要冲锋杀敌的英勇的进行曲。”第一个问题讨论结束后，老舍提出了第二个问题：“我们是否应该利用旧形式来制作新的东西？所谓旧瓶装新酒的问题。”就这个问题，讨论很热烈。第一个发言的是安娥，她认为：“对于旧形式应该加以选择。譬如民间小调，有描写民间生活的，抒情的，但也有表现荒淫的，前者可以采用，后者是万不可以的。”最后发言的是田汉，他认为利用旧形式写新作品，在目前是万分必要的，因为当前的政治任务是争取最广大的群众来参加抗日战争，所以艺术作品也必须采取大众最为熟悉的形式。

老舍倡导通俗文艺，而且致力于写作通俗读物。他写了鼓词、旧剧、歌曲、小说，这些抗战题材文艺作品发表在《抗战文艺》和其他刊物上，可惜的是，写出来的“鼓词没人唱，旧剧没人演，歌曲没人作谱”。但是“力气没白费，我遇到过读了我的鼓词与小曲的伤兵与难民。这是些特殊的伤兵与难民。肯少吃半顿饭，而去买本刊物来念”。(老舍《保卫武汉与文艺工作》)

1938年《抗战文艺》第一卷第十一期和第十二期是“保卫大武汉专号”。老舍在专号上发表了文章《保卫武汉与文艺工作》和小说《敌与友》。《敌与友》的故事很简单，讲的是张村和李村历来水火不容，积怨已久，但是抗战爆发后，两个村的村民化敌为友，一致抗日。这是老舍这篇小说的主题所在，也是作者对中国人民团结抗日的有力召唤：只有团结一致共赴国难，才是真正的民族大义。

1939年6月至12月，老舍随全国慰劳总会北路慰问团去西北和陕甘宁边区，由夏而冬，走了五个多月，共二万里。路线是由渝而蓉，北出剑阁，到西安；而后入潼关到河南及湖北；再折回西安，到兰州、榆林，青海、绥远、宁夏等地。也是在这次的北行中，他在边区第一次受到毛泽东和朱德的接见。

回重庆后，老舍于1940年2月中旬动笔，将此行情景写成了长诗《剑北篇》。这是老舍在抗战期间用大鼓体创作的一部长篇叙事诗，也是老舍生前出版过的唯一的一部长诗。从这里可看到老舍创作的真实动人的一面。同时期，他还创作了话剧《张自忠》。该剧本初刊于1941年元旦重庆《中苏文化文艺特刊》，由重庆华中图书公司初版。《张自忠》是一部四幕话剧剧本，它倾情歌颂了抗战将领张自忠对国家的赤胆忠心和其临危不惧、殊死搏斗、视死如归的精神，以此来激励抗战中的广大军民。同年秋，老舍应西南联大邀请去昆明等地讲演。

在昆明他遇到了很多老朋友。

1942年夏，老舍的母亲在北平去世。1943年冬，老舍夫人胡絜青携三个子女逃出北平抵达重庆，在北碚与老舍团聚。

1944年4月，“文协”为老舍创作二十周年举行了庆祝会。抗战时期，老舍积极从事文学创作，并利用各种文艺形式宣传抗日。这个时期，他著有话剧《残雾》《张自忠》《面子问题》《谁先到了重庆》等九部；长篇小说《火葬》,《四世同堂》的第一卷《惶惑》、第二卷《偷生》；短篇小说集《火车集》《贫血集》；鼓书词《王小赶驴》《新拴娃娃》《张忠定计》等；京剧《忠烈图》《王家镇》等。

1945年5月4日，为庆祝“文协”成立七周年及第一届文艺节,《抗战文艺》出版“纪念特刊”，刊出老舍、郭沫若、茅盾、孙伏园、马宗融、黄芝冈、冯乃超、臧克家、徐迟、以群、梅林、葛一虹、萧蔓若等人的纪念文章。老舍的《文协七岁》是第一篇，四月十四日写于北碚。文章中，老舍谈到了“文协”和会刊坚持七年的不易，他说：“文协自二十七年三月二十七日降生，到如今已经整整的活了七年，它的会刊，抗战文艺，自二十七年五月四日降生，到今天也整整活了七年。七年虽短，可是以一个团体来说，以在抗战中种种的艰苦来说，这实在

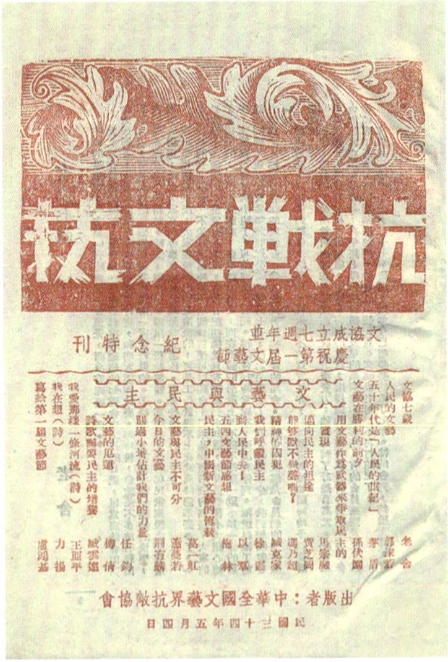

《抗战文艺》纪念特刊封面

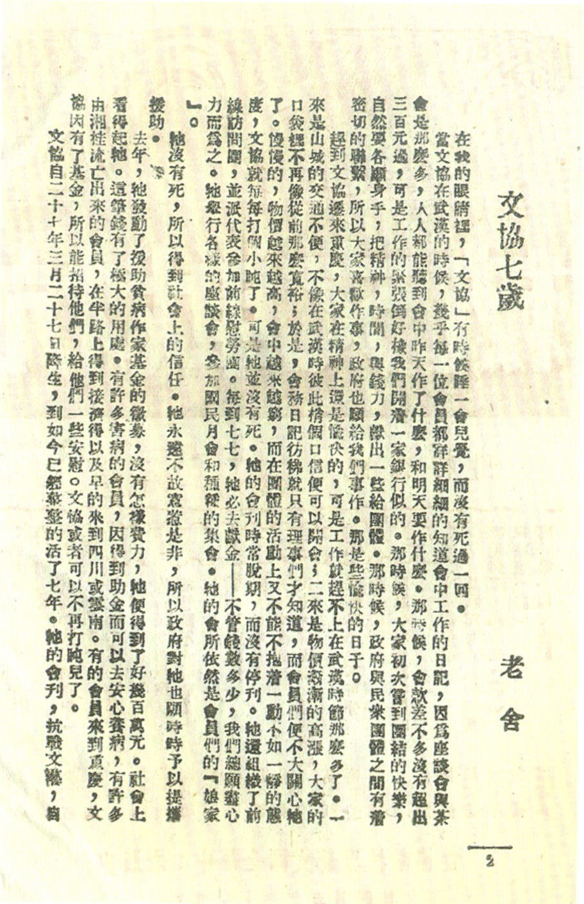

文協七歲

老舍

在我的眼睛裡，「文協」有時候睡一會兒覺，而沒有死過一回。

當文協在武漢的時候，幾乎每一位會員都詳詳細細的知道會中工作的日記，因爲座談會與茶會是那麼多，人人都能聽到會中昨天作了什麼，和明天要作什麼。那時候，會款差不多沒有超出三百元過，可是工作的緊張倒好像我們開着一家銀行似的。那時候，大家初次嘗到團結的快樂，自然要各顯身手，把精神，時間，與錢力，獻出一些給團體。那時候，政府與民衆團體之間有着密切的聯繫，所以大家高興作事，政府也願給我們事作。那是些愉快的日子。

趕到文協遷來重慶，大家在精神上還是愉快的，可是工作就趕不上在武漢時節那麼多了。一來是山城的交通不便，不像在武漢時彼此稍假口信便可以開會；二來是物價漸漸的高漲，大家的口袋裡不再像從前那麼寬裕；於是，會務日記彷彿就只有理事們才知道，而會員們便不大關心牠了。慢慢的，物價越來越高，會中越來越窮，而在團體的活動上又不能不拖着一動不如一靜的態度，文協就每每打個小盹了。可是牠並沒有死。牠的會刊時常脫期，而沒有停刊。牠還組織了前線訪問團，並派代表參加前線慰勞團。每到七七，牠必去獻金——不管錢數多少，我們總願盡心力而爲之。牠舉行各樣的座談會，參加國民月會和種種的集會。牠的會所依然是會員們的「娘家」。

牠沒有死，所以得到社會上的信任。牠永遠不故意惹是非，所以政府對牠也願時時予以提攜援助。

去年，牠發動了援助貧病作家基金的徵募，沒有怎樣費力，牠便得到了好幾百萬元。社會上看得起牠。這筆錢有了極大的用處。有許多害病的會員，因得到助金而可以去安心養病，有許多由湘桂流亡出來的會員，在半路上得到接濟得以及早的來到四川或雲南。有的會員來到重慶，文協因有了基金，所以能招待他們，給他們一些安慰。文協或者可以不再打盹兒了。

文協自二十七年三月二十七日降生，到如今已經整整的活了七年。牠的會刊，抗戰文藝，自

2

老舍《文协七岁》

不算是很容易的事，在这七年中，它听见过多少次炸弹的爆炸声音哪！”

抗日战争胜利后，中华全国文艺界抗敌协会改称中华全国文艺界协会。1946年3月，受美国国务院邀请，老舍和曹禺一同赴美讲学一年。同年5月，《抗战文艺》于重庆终刊。《抗战文艺》的起讫几乎贯穿了整

个抗日战争时期。它在内容上较为系统地反映了文艺界抗日统一战线的活动，包括理论的、创作的和组织的活动；也反映了国民党反动统治对它日甚一日的压迫。因此，这份刊物虽然内容驳杂，良莠并陈，却不失为研究那一时期文艺运动的一份重要资料。

1947年春，老舍在美国讲学期满后，留美继续从事文学创作。在这期间，他完成了《四世同堂》第三卷《饥荒》及长篇小说《鼓书艺人》；并帮助译者将《离婚》、《四世同堂》第一卷《惶惑》、《鼓书艺人》翻译成英文。

三

1949年10月，在美国的老舍接到周恩来总理邀请他回国的信后，立即整理行装由美国返回祖国，并于12月12日到达北京。当时他的家眷仍在重庆，他被暂时安排在北京饭店居住。回到北京的第二天，周总理接见了他。

1950年1月4日，为庆贺新中国成立后的第一个新年，也为了欢迎老舍由美国归来，全国文联在北京饭店举行联欢茶会。茅盾致辞后，老舍发表了热情洋溢的讲话。联欢会进行到自愿表演节目时，老舍为大家唱了刚刚创作的太平歌词《过新年》，还唱了一段传统京剧《审李七》。2月，老舍被增补为中华全国文学艺术界联合会的全国委员会委员。4月初，老舍的夫人胡絜青携子女们由重庆回到北京与老舍团聚。老舍以二百匹白布的价钱，在东城区迺兹府街丰盛胡同10号（后改为灯市口西街丰富胡同19号）买下了一处小的套院。在这个小院，老舍住了16个年头，这是他一生中居住时间最长的居所。

老舍回到北京后，立即开始了工作和写作。他首先参加了北京市曲艺创作与改革工作。在老舍抵京前，北京市已成立大众文艺创作研究会，该会的主要任务是大力开展大众普及的新文学运动。之后，又成立了北京相声改进小组，还创办出版了通俗的、大众的、综合性的文艺月刊《说说唱唱》。老舍与广大的曲艺工作者一道为歌颂新社会、宣传时事政策而积极努力。回国仅两个月，他就写出12篇作品，包含鼓词、相声，散文、杂文和文艺评论。

1950年5月28日，北京市文学艺术工作者代表大会开幕。筹委会秘书长王亚平报告大会筹备经过。通过老舍、欧阳予倩、李伯钊、王亚平、杨振声、连阔如、徐悲鸿、赵树理、凤子、老志诚、李广田、尚小云、苗培时、胡蛮、齐白石、俞平伯、罗常培、王瑶卿、闻家驷、张世荣、戴爱莲、焦菊隐、曹宝禄、田间、周巍峙、端木蕻良、田方、韩世昌、田汉、洪深、黎国荃、白云鹏、萧长华、丁里、阮章竞、钟敬文、金山共计37人为大会主席团。大会主席团互推老舍为主席，梅兰芳、李伯钊、赵树理为副主席，王亚平为秘书长。周恩来总理在百忙中亲临大会。

老舍在发言中特别强调北京文联成立的好处：一是，在联系上，北京的艺术各部门的工作者可以有机会在一块儿交换意见，或更进一步地在创作上合作起来；没有文联，大家就不免各自为政，不相闻问，无论在研究上或创作上都难免单独地在暗中摸索，事倍功半。二是，北京是新中国的首都，环境特殊，人才济济，理应在工作上、团结上起些带头的作用。三是，北京的曲艺旧剧的名家也就是全国驰名的角色，在今天，全国普遍地展开了戏曲改革运动，那么北京经过改造的艺人也应该对各处起带头作用。四是，北京在文化传统上，在今日的需要上，都有它自己的条件与要求，而文学艺术工作者也就必须利用这条件，满足这要求。北京文联的使命至少是在团结之下，群策群力地去摸索清楚那些条件与要求，然后决定怎样去推动工作。这使命也只有文联才负得起来。

1950年5月31日下午，大会胜利闭幕，通过以大会名义向毛主席致电的电文和向世界保卫和平大会表示拥护和平的电文。大会讨论并通过文联章程草案，用不记名投票方式选出老舍等45人为文联理事，林庚等5人为候补理事，老舍为理事会主席。

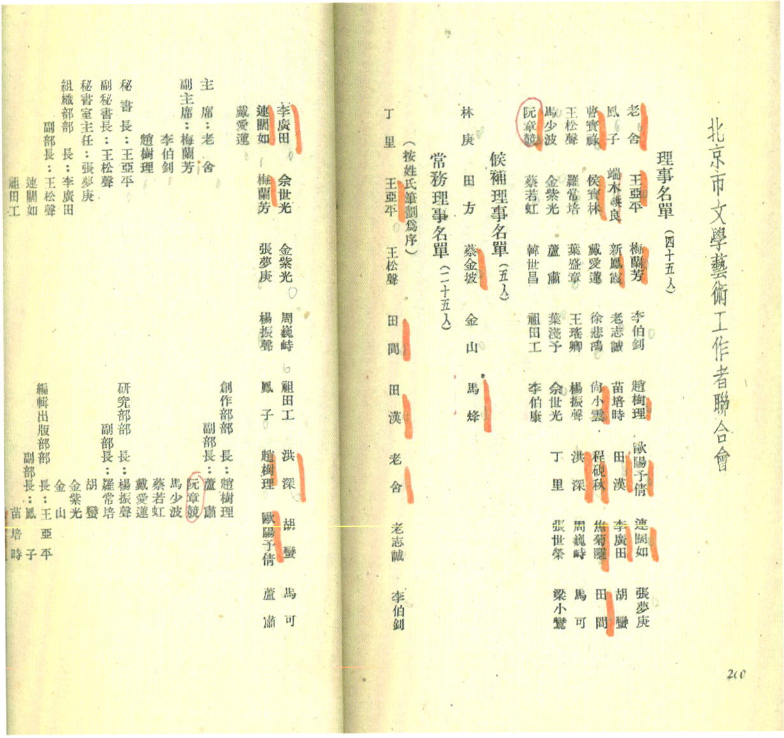
北京市文學藝術工作者聯合會

理事名單（四十五人）

老舍 王亞平 梅蘭芳 李伯釗 趙樹理 歐陽予倩 連闊如 張夢庚
鳳子 端木蕻良 新鳳霞 老志誠 苗培時 田漢 李廣田 胡蠻
曹寶祿 侯寶林 戴愛蓮 徐悲鴻 尚小雲 程硯秋 焦菊隱 田間
王松聲 羅常培 葉盛章 王瑤卿 楊振聲 洪深 周巍峙 馬可
馬少波 金紫光 盧肅 葉淺予 佘世光 丁里 張世榮 梁小鸞
阮章競 蔡若虹 韓世昌 祖田工 李伯康

候補理事名單（五人）

林庚 田方 蔡金坡 金山 馬烽

常務理事名單（二十五人）

（按姓氏筆劃爲序）

丁里 王亞平 王松聲 田間 田漢 老舍 老志誠 李伯釗

200

李廣田 佘世光 金紫光 周巍峙 祖田工 洪深 胡蠻 馬可
連闊如 梅蘭芳 張夢庚 楊振聲 鳳子 趙樹理 歐陽予倩 盧肅
戴愛蓮

主　席：老舍
副主席：梅蘭芳 李伯釗 趙樹理
秘書長：王亞平
副秘書長：王松聲
秘書室主任：張夢庚
組織部部長：李廣田
副部長：王松聲 連闊如 祖田工

創作部部長：趙樹理
副部長：盧肅 阮章競 馬少波 蔡若虹 戴愛蓮
研究部部長：楊振聲
副部長：羅常培 胡蠻 金紫光 金山
編輯出版部部長：王亞平
副部長：鳳子 苗培時

北京市文学艺术工作者联合会理事名单

从此，老舍身上的担子更重了。他不仅要处理文联的日常工作，参加各种各样的会议，接待外国作家代表团，还要坚持创作。他坚持深入基层，体验生活，搜集素材，访问模范先进人物。1950年8月，老舍发表了反映在两种社会制度下艺人命运巨变的五幕话剧剧本《方珍珠》。《方珍珠》是老舍在新中国成立后所写的第一部大作品，是一部讲述曲艺艺人在新中国成立前后命运发生巨大变化的话剧。之后，老舍又创作了一部取材于人民政府为龙须沟居民改变恶劣生活环境的话剧《龙须沟》。

老舍接见保加利亚作家

歌颂共和国新政权为人民兴利除弊的三幕六场话剧剧本《龙须沟》，经北京人民艺术剧院焦菊隐二度创作，理出《龙须沟》舞台演出脚本；人艺由此组建以于是之为主演的剧组。在焦菊隐的指导下，剧组成员将角色的内心视像与外部动作有机结合起来，塑造出个性鲜明的人物形象。《龙须沟》上演后，轰动京城，首都各界群众争相观看。毛泽东、周恩来等国家领导人也在中南海怀仁堂观看了演出，并接见

老舍等与保加利亚作家合影

了老舍一家人。1951年12月，北京市人民政府决定，公开表彰话剧剧本《龙须沟》的作者老舍。在授奖会上，北京市市长彭真亲自向老舍颁发了奖状。

老舍身兼数职，包括政务院文教委员会委员、中国文联副主席、中国作家协会副主席兼书记处书记、中国民间文艺研究会副主席、中国戏剧家协会理事、《北京文艺》主编等。在长达17年的时间里，他不仅领导了北京市文联的工作，还积极地参加了各种社会活动。在党的领导下，他在团结作家、画家、艺人以及在国际文化活动方面，也做出了有益贡献，曾先后赴朝、苏、日等国访问。

1953年10月4日，中国人民第三届赴朝慰问团在总团长贺龙领导下离京赴朝。参加慰问团的文艺工作者代表有梅兰芳、老舍、洪深、陈沂、刘芝明、史东山等。老舍随团去朝鲜，并留在志愿军驻地半年，随后写了小说《无名高地有了名》。1963年秋至1964年春，老舍还深入北京郊区密云、香山等处农村公社体验生活。

从1950年至1966年，老舍发表的话剧有《方珍珠》《龙须沟》《春华秋实》《青年突击队》《西望长安》《茶馆》《红大院》《女店员》《全家福》《神拳》《宝船》《荷珠配》，歌舞剧《消灭病菌》《大家评理》《青蛙骑手》，京剧《青霞丹雪》；改编《十五贯》和《王宝钏》；还写了大量的散文、杂文和诗歌，编入文集《福星集》《和工人同志们谈写作》《小花朵集》《出口成章》。这些作品积极反映了我国人民在不同时期的斗争生活，语言生动，独具风格，受到广大人民群众的喜爱，在国内外享有很高的声誉。

老舍的最后一部作品是《正红旗下》。遗憾的是，因为一些原因没有写完，如果能够按原计划写完的话，应当是近百万字的一部辉煌巨著。

即便是这样，这部未竟之作也成为他的代表作之一，在他的创作中占有非常重要的地位。

《正红旗下》是老舍先生的自传体长篇小说，写了11章，8万字，手稿有164页，刚刚写到主人公“我”不到一岁。

据舒乙回忆说,《正红旗下》的写作早在1961年就已经开始了。1962年，老舍先生曾去广州参加全国话剧、儿童剧创作和观摩会议。他在大会发言中说，他正在创作一部小说，写得很慢很慢，一天只得几百字，连一个标点符号都要想很久。这就是在说《正红旗下》的写作。

老舍去世的前一年，即1965年，在北京香山乡间，他曾向老朋友王莹、谢和赓夫妇透露：他还有三部小说要写，一部是自传体，一部是八大胡同，一部是天桥。那头一部，显然是指《正红旗下》。

老舍生前,《正红旗下》这部手稿放在他的红木三屉桌中间的抽屉里，直到生命的最后一刻。

《正红旗下》的手稿最终被老舍的家人保护下来。在老舍离世十几年后，书稿被《人民文学》杂志发表。发表之后，立刻引起轰动，接着人民文学出版社出版了单行本，配有漂亮的插图。

《正红旗下》的手稿由老舍先生的家人捐赠给了中国现代文学馆。2015年8月，北京出版社出版了由中国现代文学馆提供的该著作的手稿底本。

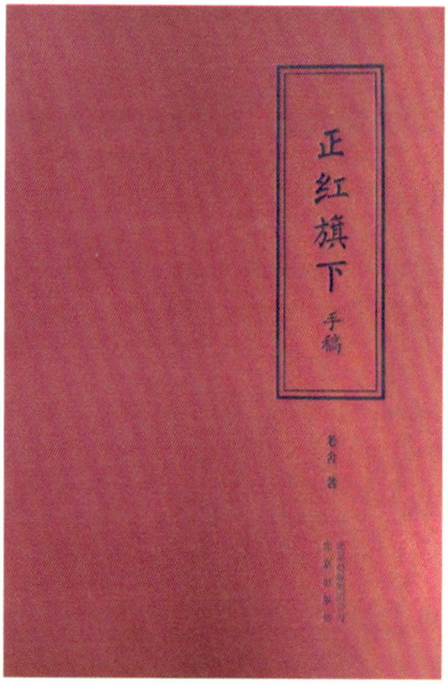

北京出版社《正红旗下手稿》封面

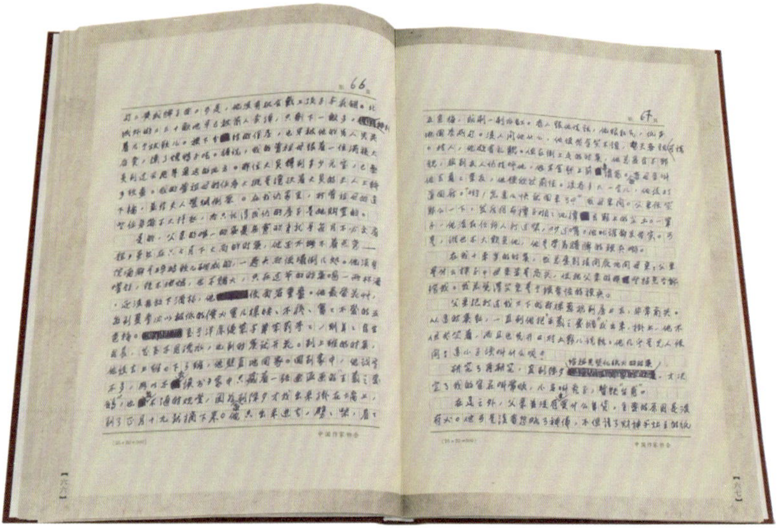

北京出版社《正红旗下手稿》内文

四

老舍幽默风趣，爱好颇多，诸如打拳养花，书法绘画，收藏与鉴赏书画、古器物等，都非常内行。老舍早年入私塾，写字素有训练，在北京师范学校时，又受校长即书法家、教育家方还的赏识和影响，方还“博学好古，精诗词辞章之学”，是民国初期享有盛名的教育家和书法家。在方校长的影响下，老舍的书法起点甚高，书法意象来自魏碑及汉隶，端凝清腴，自然蕴藉，而又绵里裹铁，浑朴有味，堂正凛然，楷隶结合，沉稳而颇有意趣。

老舍先生为友人写字，常自作嵌名联，颇有意趣。流传甚广的有如下几联：

其一：

素园陈瘦竹；老舍谢冰心。

素园，即近代翻译家韦素园，鲁迅主编的《未名丛刊》的主要作者之一，译有俄国作家果戈理的《外套》等著名小说。陈瘦竹是小说家和戏剧理论家。谢冰心是著名女作家。联中“陈”“谢”既是姓氏，又可作动词：陈，为陈设；谢，为致谢。而素园、老舍，可解为地点，瘦竹、冰心，皆可解为事物。该联构思精巧，既有嵌名之趣，又不失双关之妙。

其二：

大雨冼星海，长虹万籁天；
冰莹成舍我，碧野林风眠。

老舍在联后附说明：三十年四月，集当代艺术家笔名成小诗。大雨诗人孙大雨，冼君音乐家，长虹、冰莹、碧野均作家，万籁天剧导家，成舍我报刊出版家，林风眠画家。另写有：奉太虚法师教正。老舍在重庆时，与汉藏教理院太虚法师为友，感情弥深，有此嵌名联相赠。

另有赠茅盾：

鸡鸣茅屋听风雨；戈盾文章起斗争。

联语深沉，耐人寻味。

赠巴金：

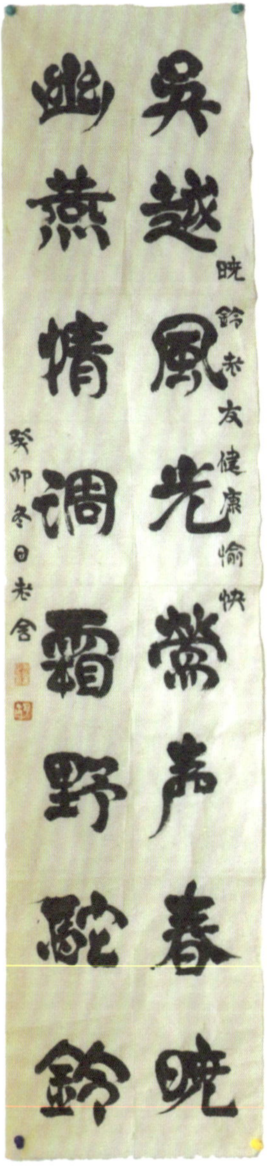

老舍赠吴晓铃嵌名联

云水巴山雨；文章金石声。

上联点化唐人“却话巴山夜雨时”，暗喻巴老为蜀中奇才；下联则赞扬巴老的文章。

清流笛韵微添醉；翠阁花香勤著书。

这是1961年赵清阁47岁生日时，老舍为她贺寿而题赠的一副嵌名联，她一直挂在床头的镜框里。

1963年，老舍写给古代戏曲研究专家吴晓铃的嵌名联：

吴越风光莺声春晓；幽燕情调霜野驼铃。

上联“莺声春晓”，典型南方景色；下联“霜野驼铃”，一派北国风光。上下联巧妙嵌入吴晓铃的姓名。

还有赠曲波：

曲高和众；波远泽长。

联语只有八个字，寓意艺术一旦与人民融合在一起，不但“波远”，而且“泽长”。

老舍不仅风趣幽默，还是一个为人正直、满腔侠义的人。

1936年秋，与老舍同在山东大学任教的萧涤非即将举行婚礼，却突然被校方无理解聘，不得不在结婚当天乘列车南下。老舍匆忙赶到车站，找到萧涤非夫妇，气喘吁吁地说：“我是来参加你们婚礼的。这是我送给你们的结婚礼物。”说着递上刚刚印出的自己的新著《牛天赐传》。萧涤非夫妇感动不已。老舍成了他们“婚礼”的唯一来宾，这本书则是他们新婚时收到的唯一礼物。

就是这样一位才华横溢、著作等身、风趣幽默、侠肝义胆的文学大师，却在1966年8月24日，不幸逝世了，终年67岁。

2021年12月2日下午3时30分初稿

2025年1月18日修订

曹禺：一生投身戏剧事业

曹禺作为中国新文化运动的开拓者之一，与鲁迅、郭沫若、茅盾、巴金、老舍齐名。曾任中国文联常委、执行主席，中国戏剧家协会常务理事、副主席，中国作协理事，北京市文联主席；中央戏剧学院副院长、名誉院长，北京人民艺术剧院院长等职务。他是戏剧教育家，是中国现代戏剧的泰斗，所创造的每一个角色，都给人留下了难忘的印象。

一

曹禺，原名万家宝，字小石，祖籍湖北潜江，1910年9月24日（农历八月二十一日）生于天津。他的父亲曾在日本留学，后来也做过官，喜欢诗文。曹禺经常听到父亲讲述他们这个家族和一些亲戚的家庭在社会急剧变革中的兴衰变迁。这些为他后来创作《雷雨》《日出》《北京人》等提供了素材。他开始读书是在私塾里，课余他喜欢看“闲书”，父母并不反对。他在这个时期已经读完了《红楼梦》《水浒传》《三国演义》《聊斋志异》等古典文学名著，这就培养了他最初的文学兴趣。他的母亲喜欢看戏，也常带他去看戏。那个时候，北平和天津有很多的剧种，如京剧、河北梆子、评剧等，还有天津劝业场和北平天桥的各种曲艺等。他从这个时候起，就爱上了戏剧。

1922年秋，曹禺进入南开中学；1925年，正式加入了北方最早的业余戏剧团体之一——南开新剧团。南开的戏剧运动早在1909年就开始了，五四运动前后，周恩来在新剧团里是骨干，曹禺是继周恩来而起的第二代演员。南开中学是他从事话剧创作的摇篮。在此期间，他曾经演过很多话剧，经常在剧中扮演女角和主角。在演出实践中，他逐渐懂得了戏剧的战斗作用，懂得了戏剧和群众的关系，更加熟悉舞台艺术的特点，这些为他后来从事话剧创作、投身戏剧事业，打下了坚实的基础。

1928年，曹禺考入南开大学。因为南开大学没有外国文学系，曹禺于次年转学到清华大学外国文学系读书。在清华大学读书期间，他几乎把全部精力都投入攻读外文和钻研戏剧上。学校图书馆内的外国戏剧作品，他几乎都进行了通读。大量的通读开阔了他的艺术视野，提升了他的艺术修养。

1933年，曹禺写完了《雷雨》，时年23岁，还没有毕业。他成功地塑造了繁漪、周朴园、侍萍、四凤、鲁大海等一系列生动而富有个性的人物形象。1934年7月，他的话剧处女作《雷雨》，在巴金的热情帮助下，在郑振铎、靳以主编的《文学季刊》第三期上发表，署名“曹禺”。作品一经面世立即引起文艺界的强烈反响，作者曹禺之名也由此轰动文坛。1935年4月，该剧首次在日本东京演出，郭沫若看后十分赞赏，称赞“作者在中国作家中应是杰出的一个”，并向人打听作者是谁，殊不知，作者当年不过是一个刚刚跨出大学校门的青年。

那时文坛有一种风气，写文章总得有个笔名。《雷雨》发表前，万家宝在取笔名时，把自己的姓氏“萬”字拆开，变成“草禺”。但他感到“草”字不像个姓氏，就按照谐音，选了个既发同音，又能称姓的字，自然“曹”字合适，这就成了“曹禺”。他觉得这个名字很好，不容易与别人重名，非常满意。

清华大学毕业后，曹禺曾到河北保定一所中学教外语。不久，又回到故乡天津，在河北女子师范学院任教。他一边教书，一边创作。1935年，他开始构思创作第二部剧作《日出》。曹禺为了搜集创作《日出》的素材，曾约好两个乞丐来教他唱数来宝。但乞丐看他的穿着打扮，怀疑他是警察局的密探，没有践约。曹禺就在这天夜里冒着严寒到鸡毛店——最下等的客栈去找那两个乞丐，却差点被醉汉打瞎了眼。后来曹禺吸取教训，与黑三一类的人物讲交情，潜入社会下层，终于积累了创作《日出》的素材。《日出》这个剧本，较之《雷雨》更具有现实主义的深刻性。他把注意力集中在对那个金融都市社会机体的腐烂的描绘上，全盘否定了这一不可救药的社会，并进一步揭示出社会腐烂的“症结还归在整个制度的窳败”。《日出》可以说是20世纪30年代畸形都市社会的一面镜子。陈白露、翠喜、小东西的命运悲剧深刻暴露出当时都市社会的罪恶，揭示出吃人的社会制度是怎样把一个追求自由和幸福生活的女性逼到精神崩溃，最终走上自杀之路的。

1936年，曹禺应邀前往南京国立戏剧专科学校任教。在这一年，他又写了《原野》，自1937年4月开始连载于靳以主编、在广州出版的《文丛》第一卷第二至五期。《原野》是写一个叫仇虎的农民复仇的悲剧故事，反映了农村阶级压迫的某些现实情况。曹禺说：“这个戏写的是民国初年北洋军阀混乱初期，在农村里发生的一件事情。当时五四运动和新的思潮还没有开始，共产党还未建立，在农村，谁有枪，谁就是霸王。农民处在一种万分黑暗、痛苦，想反抗但又找不到出路的状况中。”

二

1937年“八一三”事变后，曹禺随国立戏剧专科学校巡回公演，年底，中华全国戏剧界抗敌协会在汉口成立，他被选为理事。1938年2月，他又随着剧专西迁到重庆。为了迎接第一个戏剧节，他和宋之的共同创作了《黑字二十八》(原名《全民总动员》)。该剧上演的时候正是“武汉吃紧的时候”，因此，“肃清汉奸，变敌人的后方为前线，动员全民服役抗战，成为我们写作的主题”。

1939年4月，曹禺又随剧专转移到川南江安县城。这里生活环境异常艰苦，虱子、跳蚤在身上繁殖，耗子在室内乱窜。据吴祖光回忆，一天，他的同事曹禺对他说：“我左肩上有一块肌肉老在跳，也不知道患了什么病，你帮我看看。”吴祖光请他解开衣服，曹禺的棉坎肩本来就破旧，正好让耗子钻进去做巢。耗子伏在曹禺的肩上呼吸转动，曹禺以为“骚动”发自自己的体内，虚惊一场。就是在这样恶劣的条件下，他开始满怀热情地写一部为抗战服务的剧作《蜕变》。这个剧作通过描绘一个后方省立医院的腐败，揭露了国民党机构中徇私枉法、投机倒把、怠惰因循的现象，触及了国民党的官僚制度，直指抗战现实中的政治课题，这是曹禺过去剧作中未曾有过的。因此剧触到国民党黑暗政治的痛处，甫一公演就遭到刁难。剧中不仅揭露了国民党机构中的贪腐现象，还塑造了像丁大夫那样恪尽职守、甘于奉献的白衣战士，以及像梁公仰那样具有民族精神的爱国志士形象。据曹禺后来说,《蜕变》是他从徐特立同志身上得到启示和鼓舞而创作的。《蜕变》在上海"孤岛"演出一个月，连续满座，台上台下互动，爱国口号响彻剧场，效果甚好。

1940年秋，曹禺创作了《北京人》。这是一部杰出的现实主义悲喜剧。剧中描写了抗战前一个衰败的封建大家庭，由这个家庭震荡崩溃的图景，揭示了腐朽必定走向衰亡，新生必然走向胜利的发展趋势。无论是从思想还是从艺术水准来说,《北京人》都是曹禺在新中国成立前戏剧创作的高峰。

1942年，曹禺把巴金的《家》改编为剧本，还翻译了莎士比亚的《罗密欧与朱丽叶》。1946年，曹禺创作了《桥》，但只写了两幕，发表在《文艺复兴》上。同年3月，他和老舍应邀去美国讲学。10个月后，在祖国全面发生内战的时候，他悄然回国。1947年，在"戡乱"的反动空气中，他创作了电影剧本《艳阳天》，揭露了抗战胜利后的社会现实依然是汉奸横行的黑暗世界。

1948年底，曹禺赴香港。1949年，在人民解放军向全国进军的号角声中，曹禺应中国共产党的邀请，由香港乘船抵达胶东解放区。同年4月，他作为人民的和平使者，作为以郭沫若为团长的中国代表团的一员，出席了在捷克斯洛伐克召开的世界保卫和平大会一次会议。7月，他出席了中华全国文学艺术工作者代表大会，在相继成立的中国文学艺术界联合会、中国作家协会、中国戏剧家协会等组织中均被选为常委或理事。9月，他出席了中国人民政治协商会议第一次全体会议。1950年被任命为中央戏剧学院副院长，1952年又被任命为北京人民艺术剧院院长。

三

新中国成立后，曹禺积极投身到人民群众的火热斗争中去，他参加过土改运动和文艺整风运动，还深入安徽省治淮工程工地熟悉新的生活。他身兼数职，但仍然坚持创作。1951年，开明书店出版他的剧作选，他对《雷雨》《日出》做了较大的修改。1954年，曹禺完成了新中国成立后的第一部剧作《明朗的天》。同年10月，北京市文学艺术工作者第二次代表大会上，曹禺当选为副主席。1956年7月，他加入了中国共产党。

1960年，曹禺与梅阡、于是之等完成了历史剧《胆剑篇》的创作。这部剧作以气势恢宏的构思，对吴越战争作出广泛而又深刻的概括，揭示了吴越两国强弱胜败矛盾转化的过程。整个作品昂扬着一种艰苦奋斗、不畏强暴、自强不息、夺取胜利的精神。《胆剑篇》塑造了多个性格复杂的历史人物，尤其刻画出范蠡和伍子胥的生动形象。

1963年2月，在北京市文学艺术工作者第三次代表大会上，曹禺再次当选为副主席。这时，他已经开始了《王昭君》的创作。为了写好这部戏，他搜集了大量的资料并几次到内蒙古自治区体验生活。遗憾的是，正在他潜心写作《王昭君》时，他被当作“30年代文艺上的黑线人物”，被迫搁笔。直到1976年后，他才继续这部剧的写作。为此，他不顾年老多病，赴新疆、内蒙古采访调查。1978年10月，这部历经10余年的剧作终于面世。这是他的最后一部剧作，以历史唯物主义的观点肯定了昭君出塞的意义，一反昭君的传统悲剧形象，塑造出一个富有胆识、为维护民族团结献身的昭君形象。

在1979年10月召开的中国文学艺术工作者第四次代表大会上，曹禺被选为中国戏剧家协会主席。1980年6月，北京市文学艺术工作者第四次代表大会在京召开。曹禺当选为北京文联主席。

四

自1978年始，曹禺不仅承担了中国文联和北京文联的领导工作，还担任了《中国大百科全书》(第一版，共74卷）的编委和《中国大百科·戏剧》主任委员。他非常关注戏剧卷的编纂工作。对于戏剧卷分编委组成名单，他在收到时任中国戏剧家协会副主席刘厚生先生的信和所附中国剧协拟定的大百科全书分支委名单后，直率地提出了自己的意见：

厚生同志：

来信敬悉。

大百科全书分支委名单已读，我看不出什么问题。我同意白尘应入主任委员一列。吴纫之同志若尚能工作，参加委员事务当然好。据说吴纫之同志病久不大活动，列为顾问，未为不可。惟我对他的情况不大了解。“名单学”乃专门学问，只有请高明的先生们定夺吧！

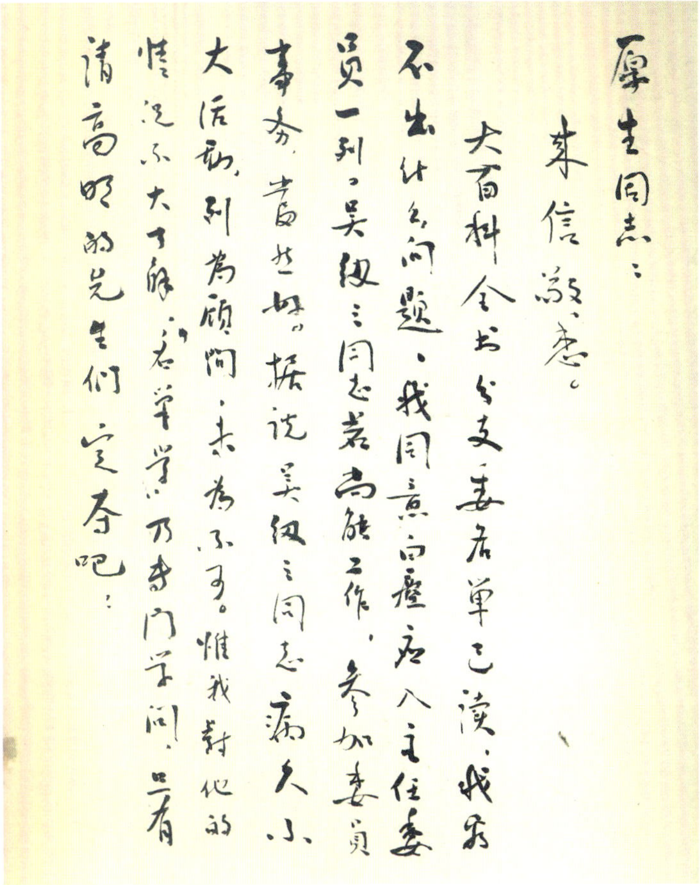

厚生同志：
来信敬悉。
大百科全书分支委名单已读，我看
不出什么问题。我同意白尘为八主任委
员一职。吴仞之同志若尚能工作，参加委员
事务，当然好。据说吴仞之同志病久，不
大活动，列为顾问，未为不可。惟我对他的
情况不大了解，若学术乃专门学问，只有
请高明的先生们定夺吧！

曹禺关于大百科全书分支委名单回复刘厚生的信

回复刘厚生的信后还附有《中国大百科·戏剧》分编委组成名单（草案）和《中国大百科·戏剧》人物上书名单（征求意见稿）各一份，其上有多处批注。

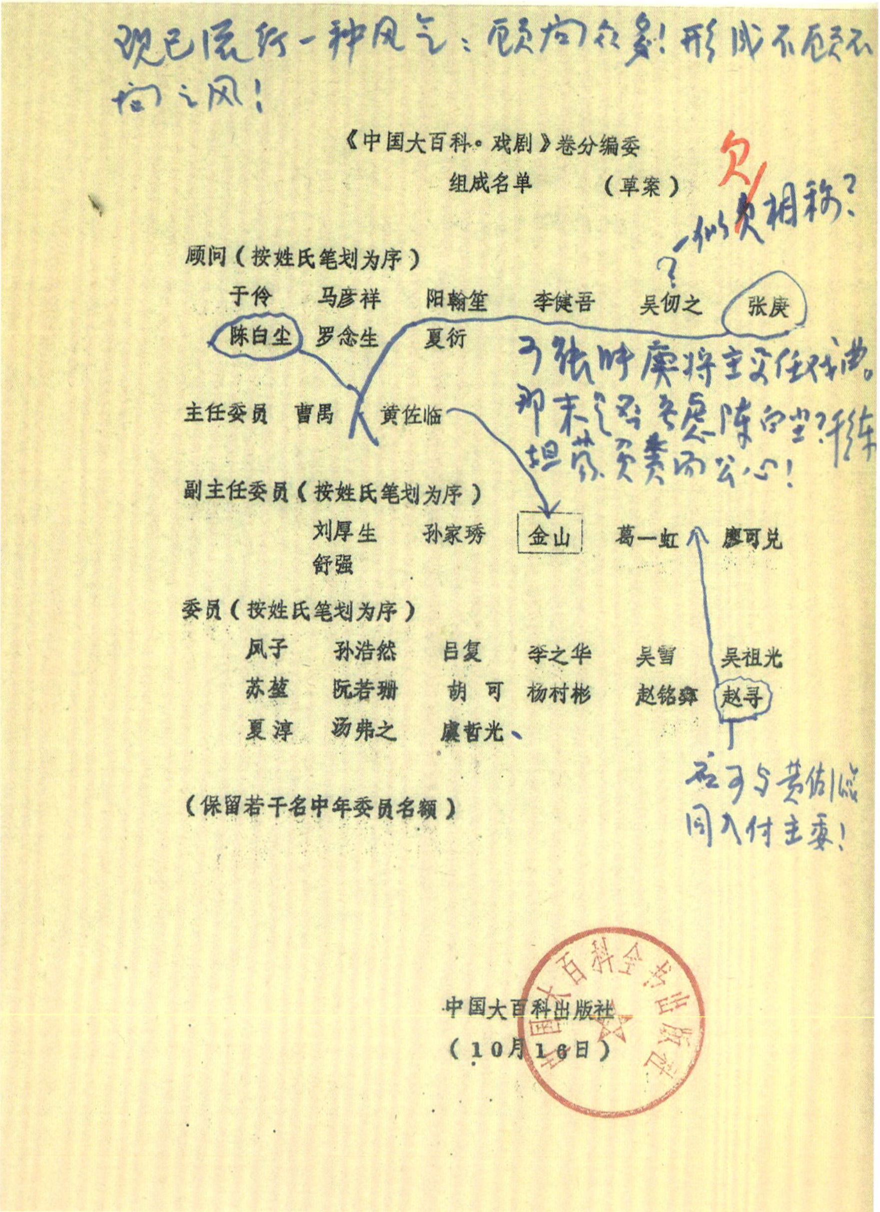

《中国大百科·戏剧》卷分编委

组成名单　　（草案）

顾问（按姓氏笔划为序）

于伶　马彦祥　阳翰笙　李健吾　吴仞之　张庚

陈白尘　罗念生　夏衍

主任委员　曹禺　黄佐临

副主任委员（按姓氏笔划为序）

刘厚生　孙家琇　金山　葛一虹　廖可兑

舒强

委员（按姓氏笔划为序）

凤子　孙浩然　吕复　李之华　吴雪　吴祖光

苏堃　阮若珊　胡可　杨村彬　赵铭彝　赵寻

夏淳　汤弗之　虞哲光、

（保留若干名中年委员名额）

中国大百科出版社

（10月16日）

曹禺对《中国大百科·戏剧》卷分编委组成名单（草案）的批注

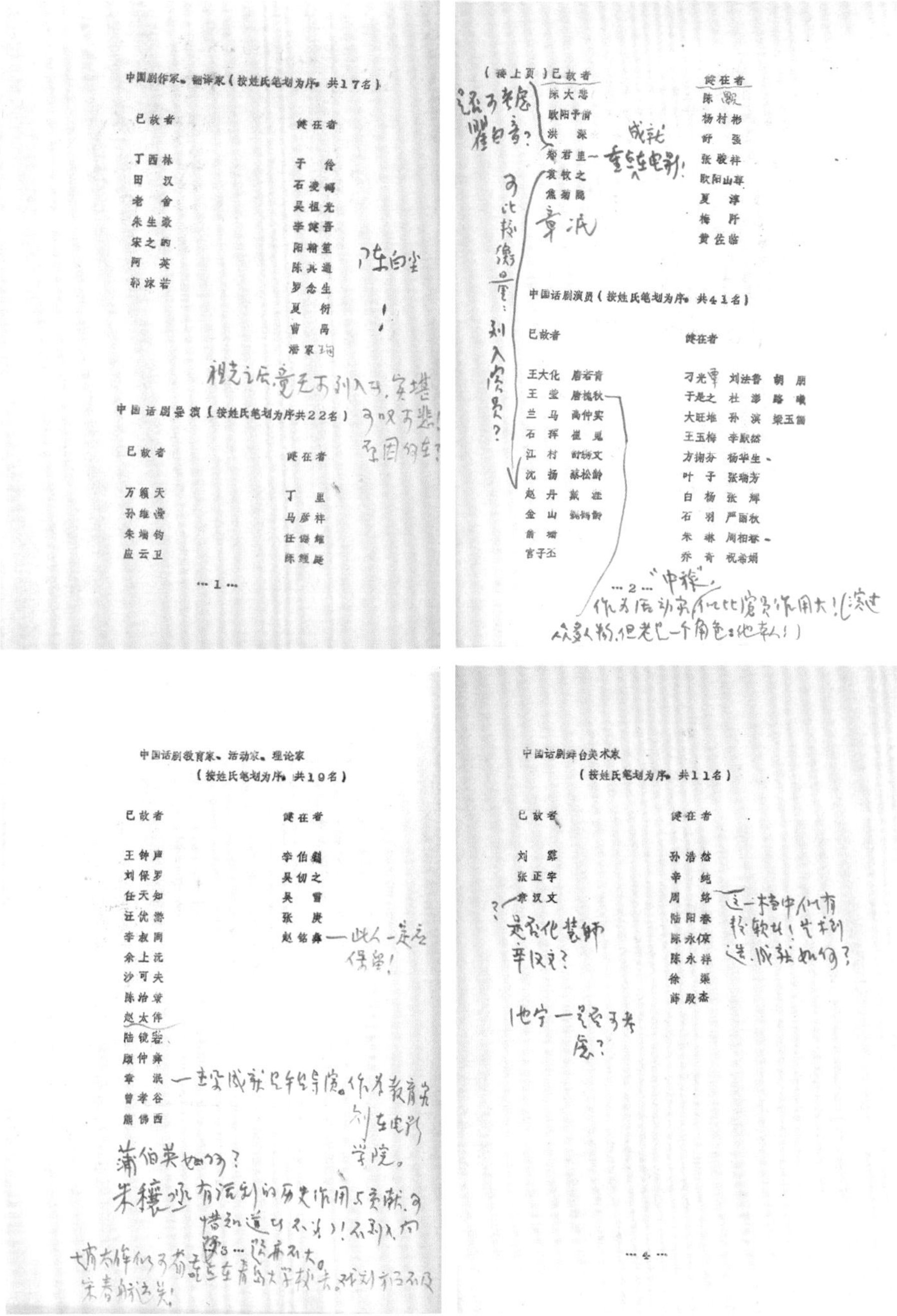

中国剧作家、翻译家（按姓氏笔划为序，共17名）

已故者	健在者
丁西林	于伶
田汉	石凌鹤
老舍	吴祖光
朱生豪	李健吾
宋之的	阳翰笙
阿英	陈其通
郭沫若	罗念生
	夏衍
	曹禺
	潘家洵

中国话剧导演（按姓氏笔划为序共22名）

已故者	健在者
万籁天	丁里
孙维世	马彦祥
朱端钧	任德耀
应云卫	陈鲤庭

…1…

（接上页）

已故者	健在者
陈大悲	陈颙
欧阳予倩	杨村彬
洪深	舒强
郑君里	张骏祥
袁牧之	欧阳山尊
焦菊隐	夏淳
	梅阡
	黄佐临

中国话剧演员（按姓氏笔划为序，共41名）

已故者

王大化	唐若青
王莹	唐槐秋
兰马	高仲实
石挥	崔嵬
江村	舒绣文
沈扬	蔡松龄
赵丹	戴涯
金山	魏鹤龄
俞珊	
宫子丕	

健在者

刁光覃	刘法鲁	胡朋
于是之	杜澎	路曦
大旺堆	孙滨	梁玉儒
王玉梅	李默然	
方掬芬	杨华生	
叶子	张瑞芳	
白杨	张辉	
石羽	严丽秋	
朱琳	周柏勋	
乔奇	祝希娟	

…2…

中国话剧教育家、活动家、理论家

（按姓氏笔划为序，共19名）

已故者	健在者
王钟声	李伯钊
刘保罗	吴仞之
任天知	吴雪
汪优游	张庚
李叔同	赵铭彝
余上沅	
沙可夫	
陈治策	
赵太侔	
陆镜若	
顾仲彝	
章泯	
曾孝谷	
熊佛西	

中国话剧舞台美术家

（按姓氏笔划为序，共11名）

已故者	健在者
刘露	孙浩然
张正宇	辛纯
聂汉文	周络
	陆阳春
	陈永倞
	陈永祥
	徐渠
	薛殿杰

…4…

经曹禺批注的名单

从1978年开始，历时15载,《中国大百科全书》(第一版)于1993年编纂完成，学科卷全部出齐。三年后，1996年12月13日，因长期疾病，曹禺在北京医院辞世，享年86岁。

2020年1月19日下午3时初稿

2025年1月19日下午5时修订

李伯钊：首次把长征的壮举推上舞台的人

李伯钊是我国现代著名戏剧教育家、作家。她是革命根据地戏剧艺术的开拓者之一，她是长征中三过草地的红军女战士，她是首次把红军长征的壮举和毛泽东的艺术形象推上舞台的文艺工作者。她创作的歌剧《长征》、话剧《北上》脍炙人口。

中华人民共和国成立后，李伯钊曾任北京市文委书记、文联副主席，北京人民艺术剧院院长，中央戏剧学院副院长，中国戏剧家协会副主席。

一

李伯钊，笔名戈丽，1911年3月20日生，重庆人。1925年夏，李伯钊就读于四川省立第二女子师范学校时，由廖苏华介绍加入中国共产主义青年团。同年冬，她在上海任共产主义青年团浦东地委宣传委员兼浦东平民夜校教员。1926年10月，在党组织安排下，李伯钊赴莫斯科中山大学（中国劳动者孙逸仙大学）学习。大半年后，中共重庆地委提名杨尚昆进入莫斯科中山大学学习。他们的学生证编号：李伯钊

394号，杨尚昆453号。

李伯钊和杨尚昆都是重庆人，李伯钊比杨尚昆小4岁。李伯钊于1924年考入四川省立第二女子师范学校，和杨尚昆六妹相熟。因常来杨家找六妹玩，他们得以相识。1925年李伯钊到达上海；一年后，杨尚昆也来到上海，去大学读书。他们的再次相聚，却是在监狱里。一个作为共青团分子，一个作为倾向革命的青年大学生，在孙传芳的大规模抓捕中，两人身陷囹圄。不久，杨尚昆被保释，李伯钊被组织营救。后来李伯钊被选派前往莫斯科中山大学学习，杨尚昆雇了一辆车，把李伯钊送到黄浦江畔的小舢板上。

后来杨尚昆和李伯钊同在莫斯科中山大学读书，彼此熟悉，又是老乡，他们相爱了。1928年李伯钊毕业后，留校从事翻译工作。1929年，他们在莫斯科结婚。1930年他们回国。李伯钊在上海失业工人中做工作，1931年加入中国共产党，同年初夏入闽西苏区，任中国工农红军闽西军区政治部宣传科科长兼彭杨军政学校政治教员。是年秋，前往江西瑞金中央革命根据地。同年冬，调至杨尚昆任主编的《红色中华》编辑部任编辑。在这个时期，根据毛泽东同志的指示，李伯钊与胡底、钱壮飞一起，合写《为谁牺牲》，还把《黑奴吁天录》改编为《农奴》；根据毛泽东同志的查田运动材料，编写话剧《战斗的夏天》。

1932年，李伯钊担任中华苏维埃共和国临时中央政府教育部艺术局局长。在中央苏区工作期间，李伯钊参与创办了以八一剧团部分人员为骨干的剧社——工农剧社，并创作演出了一批歌舞节目，受到苏区军民的喜爱，被誉为“赤色明星”。1933年起附设高尔基戏剧学校，李伯钊任校长。

1934年10月，第五次反“围剿”失利后，红军踏上战略转移的征程，李伯钊随红军长征，任红军总政治部宣传干事。一路上，她热情开朗，教战士们唱歌，数快板，演活报剧，还把阵地上、战斗中和行军路上的感人事迹改编成歌曲、舞蹈，激励战士们前进。长征途中，她还创作了《两大主力会师歌》《打骑兵歌》，在红军中广为传唱。在红一方面军与红四方面军在懋功胜利会师后的盛大集会上，李伯钊跳起了苏联水兵舞，气氛欢快热烈。

抗战初期，李伯钊在山西临汾的八路军学兵队女生区队任区队长。1938年她返回延安，在延安鲁迅艺术学院任党组委员、学院编审委员会主任，与吕骥、向隅等创作歌剧《农村曲》。1939年，李伯钊赴敌后负责宣传工作，创作话剧《老三》，发表在茅盾主编的《文艺阵地》上；创作话剧《母亲》，刊载于《抗战生活》。1941年，李伯钊回到延安，任中共中央文委地方文化科科长。1942年，在延安中央党校学习，参加了毛泽东同志召开的延安文艺座谈会。从党校毕业后，任中共中央党校文艺工作研究室主任。1945年，党的第七次代表大会在延安召开，李伯钊参与了会务工作。

1948年，李伯钊随中共中央到达河北，曾任中共中央华北局文委委员、华北文联副主任、华北人民文工团团长等职。

二

1949年1月，李伯钊出任北平市军管会文化接管委员会文艺部副部长；同年3月，任中华全国文学艺术界联合会筹备委员；7月，中华全国文学艺术工作者代表大会召开，李伯钊任平津代表第一团团长，率团出席会议，会议期间，任大会主席团、常务主席团成员，演出委员会副主任；当选为中国文联第一届全国委员会委员、常务委员会委员，中华全国戏剧工作者协会第一届全国委员会委员、常务委员会委员。

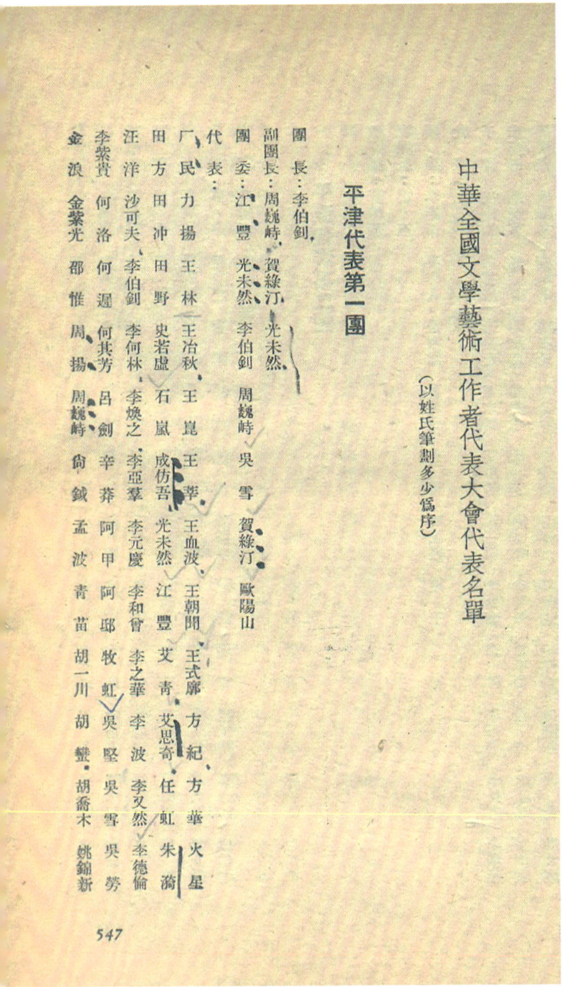

中華全國文學藝術工作者代表大會代表名單

（以姓氏筆劃多少爲序）

平津代表第一團

團長：李伯釗

副團長：周巍峙、賀綠汀、光未然

團委：江豐 光未然 李伯釗 周巍峙 吳雪 賀綠汀 歐陽山

代表：

广民 力揚 王林 王冶秋 王崑 王莘 王血波 王朝聞 王式廓 方紀 方華 火星

田方 田冲 田野 史若虛 石嵐 成仿吾 光未然 江豐 艾青 艾思奇 任虹 朱漪

汪洋 沙可夫 李伯釗 李何林 李煥之 李亞羣 李元慶 李和曾 李之華 李波 李又然 李德倫

李紫貴 何洛 何遲 何其芳 呂劍 辛莽 阿甲 阿郢 牧虹 吳堅 吳雪 吳勞

金浪 金紫光 邵惟 周揚 周巍峙 尙鉞 孟波 靑苗 胡一川 胡蠻 胡喬木 姚錦新

547

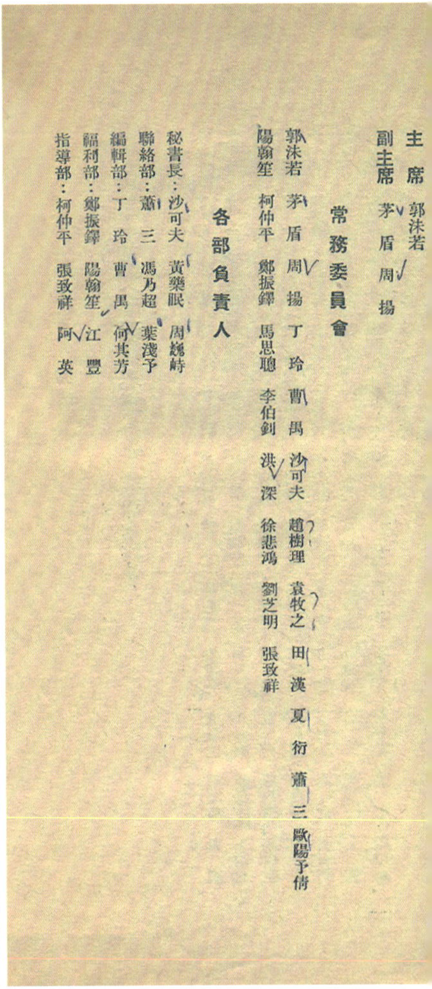

主席：郭沫若

副主席：茅盾 周揚

常務委員會

郭沫若 茅盾 周揚 丁玲 曹禺 沙可夫 趙樹理 袁牧之 田漢 夏衍 蕭三 歐陽予倩

陽翰笙 柯仲平 鄭振鐸 馬思聰 李伯釗 洪深 徐悲鴻 劉芝明 張致祥

各部負責人

秘書長：沙可夫 黃藥眠 周巍峙

聯絡部：蕭三 馮乃超 葉淺予

編輯部：丁玲 曹禺 何其芳

福利部：鄭振鐸 陽翰笙 江豐

指導部：柯仲平 張致祥 阿英

李伯钊为平津代表第一团团长

中华全国文学艺术工作者联合会主席、副主席、常务委员会、各部负责人名单

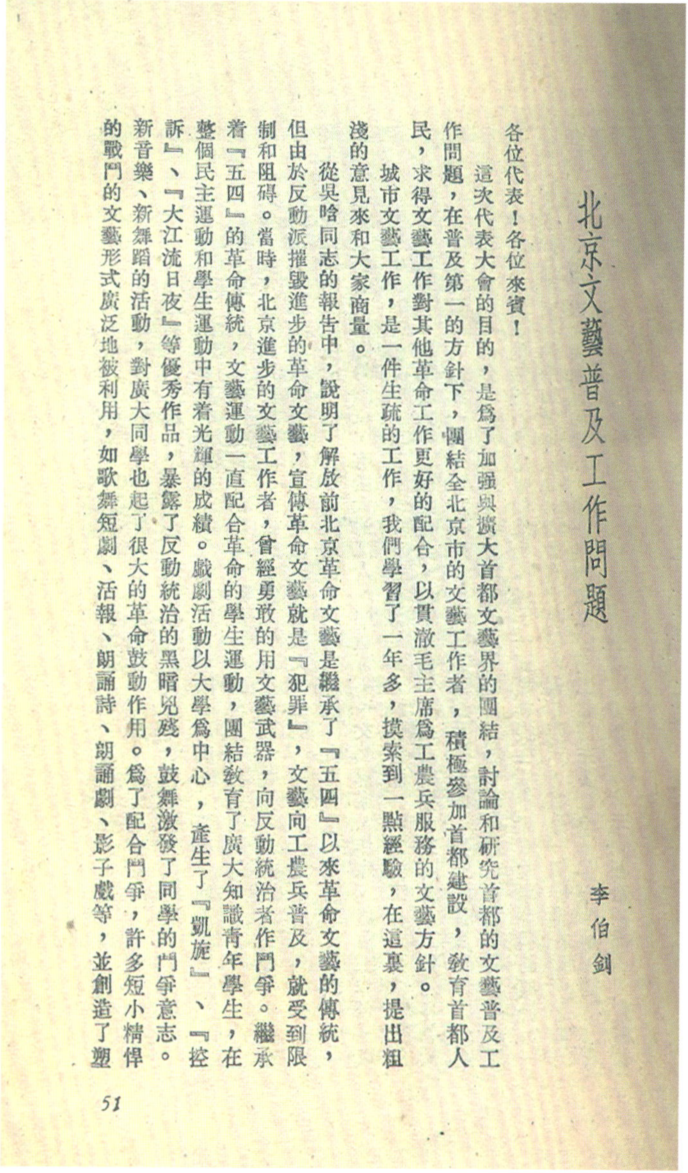

北京文藝普及工作問題

李伯釗

各位代表！各位來賓！

這次代表大會的目的，是爲了加强與擴大首都文藝界的團結，討論和研究首都的文藝普及工作問題，在普及第一的方針下，團結全北京市的文藝工作者，積極參加首都建設，教育首都人民，求得文藝工作對其他革命工作更好的配合，以貫澈毛主席爲工農兵服務的文藝方針。

城市文藝工作，是一件生疏的工作，我們學習了一年多，摸索到一點經驗，在這裏，提出粗淺的意見來和大家商量。

從吳晗同志的報告中，說明了解放前北京革命文藝是繼承了『五四』以來革命文藝的傳統，但由於反動派摧毁進步的革命文藝，宣傳革命文藝就是『犯罪』，文藝向工農兵普及，就受到限制和阻碍。當時，北京進步的文藝工作者，曾經勇敢的用文藝武器，向反動統治者作鬥爭。繼承着『五四』的革命傳統，文藝運動一直配合革命的學生運動，團結教育了廣大知識青年學生，在整個民主運動和學生運動中有着光輝的成績。戲劇活動以大學爲中心，產生了『凱旋』、『控訴』、『大江流日夜』等優秀作品，暴露了反動統治的黑暗兇殘，鼓舞激發了同學的鬥爭意志。新音樂、新舞蹈的活動，對廣大同學也起了很大的革命鼓動作用。爲了配合鬥爭，許多短小精悍的戰鬥的文藝形式廣泛地被利用，如歌舞短劇、活報、朗誦詩、朗誦劇、影子戲等，並創造了塑

51

李伯钊《北京文艺普及工作问题》

1950年5月28日，北京市文学艺术工作者代表大会开幕。北京市文联成立，老舍担任主席，梅兰芳、李伯钊、赵树理担任副主席。李伯钊作《北京文艺普及工作问题》的报告，开篇讲道：“这次代表大会的目的，是为了加强与扩大首都文艺界的团结，讨论和研究首都的文艺普及工作问题，在普及第一的方针下，团结全北京市的文艺工作者，积极参加首都建设，教育首都人民，求得文艺工作对其他革命工作更好地配合，以贯彻毛主席为工农兵服务的文艺方针。”最后，她特别讲到文艺界的团结问题。她说：“打破文人相轻的习惯，大家团结得好，就是文艺界统一战线的基础。我们要开展批评与自我批评，反对创作上的庸俗化，我们大家要取长补短，来建设首都的文艺普及工作。”

1950年10月19日，中国人民志愿军正式跨过鸭绿江进入朝鲜；10月25日，志愿军打响了抗美援朝战争的第一枪，也打出了抗美援朝战争的第一个歼灭战。11月4日，中华全国文学艺术界联合会第六次常委会扩大会议发出《关于文艺界展开抗美援朝宣传工作的号召》。此后，全国各地文艺工作者发表许多政论和文艺作品，编演了很多文艺节目，运用歌曲、漫画、相声等各种形式投入抗美援朝的宣传热潮。11月16日，茅盾、丁玲、田汉、郑振铎、李伯钊、叶圣陶、赵树理等145人组织在京文学工作者集会，发表《在京文学工作者宣言》，强烈谴责美帝侵略朝鲜，决心“更好地为抗美援朝保家卫国进行工作”，“不但要用笔，同时也要用枪，去和英雄的战士们一起，和亲爱的朝鲜兄弟们一起，为战胜凶恶的美帝国主义而坚决斗争”！11月25日，全国文联主办的《文艺报》第三卷第三期刊登了《在京文学工作者宣言》和全国文联《征集以抗美援朝鼓舞战斗意志为中心的戏剧、歌曲的工作方案》。本期还刊出北京市文联副主席李伯钊以《北京文学艺术工作者动员起来》为题的文章：“动

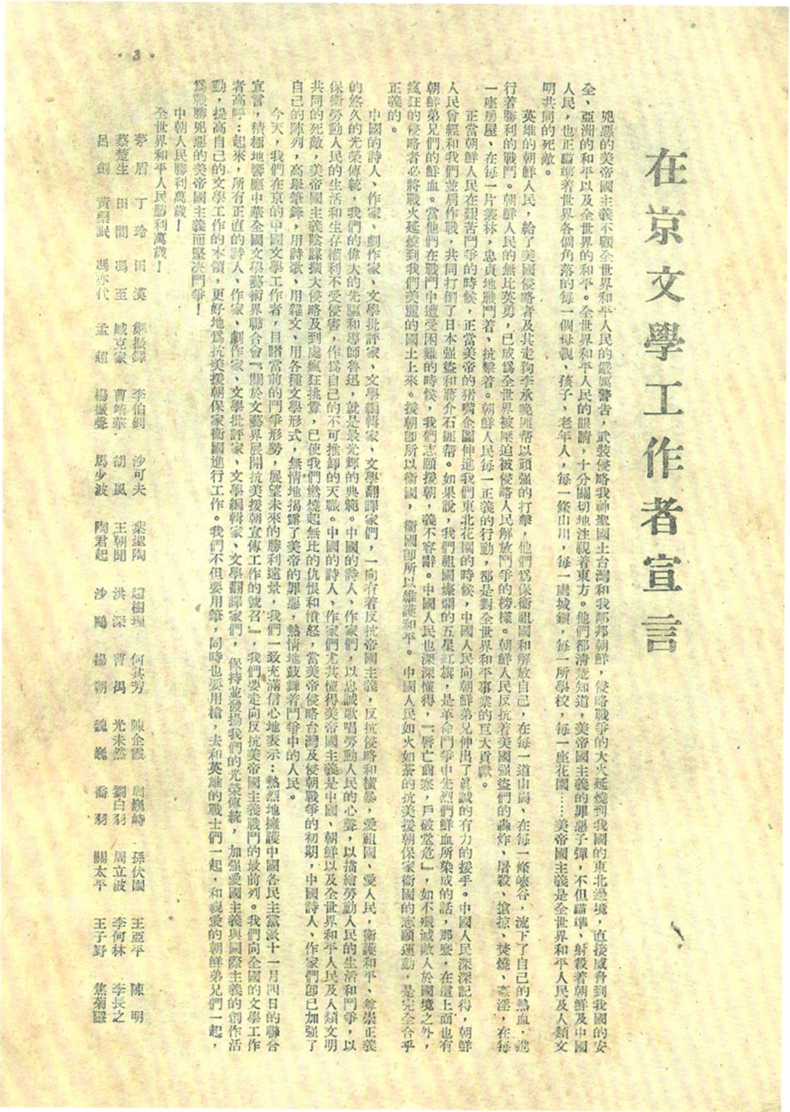

在京文學工作者宣言

兇惡的美帝國主義不顧全世界和平人民的嚴厲警告，武裝侵略我神聖國土台灣和我鄰邦朝鮮，使侵略戰爭的大火延燒到我國的東北邊境，直接威脅到我國的安全、亞洲的和平以及全世界的和平。全世界和平人民的眼睛，十分關切地注視着東方。他們都淸楚知道，美帝國主義的罪惡子彈，不但瞄準、射殺着朝鮮及中國人民，也正瞄準着世界各個角落的每一個母親、孩子、老年人，每一條山川，每一處城鎮，每一所學校，每一座花園……美帝國主義是全世界和平人民及人類文明共同的死敵。

英雄的朝鮮人民，給了美國侵略者及其走狗李承晚匪幫以頑強的打擊，他們爲保衛祖國和解放自己，在每一道山崗、在每一條峽谷，流下了自己的熱血，進行着勝利的戰鬥。朝鮮人民的無比英勇，已成爲全世界被壓迫被侵略人民解放鬥爭的榜樣。朝鮮人民反抗着美國强盜們的轟炸、屠殺、搶掠、焚燒、姦淫，在每一座房屋，在每一片叢林，忠貞地戰鬥着、抗擊着。朝鮮人民每一正義的行動，都是對全世界和平事業的巨大貢獻。

正當朝鮮人民在艱苦鬥爭的時候，正當美帝的猪嘴企圖伸進我們東北花園的時候，中國人民向朝鮮弟兄伸出了眞誠的有力的援手。中國人民深深記得，朝鮮人民曾經和我們並肩作戰，共同打倒了日本强盜和蔣介石匪幫。如果說，我們祖國燦爛的五星紅旗，是革命鬥爭中先烈們鮮血所染成的話，那麼，在這上面也有朝鮮弟兄們的鮮血。當他們在戰鬥中遭受困難的時候，我們志願援朝，義不容辭。中國人民也深深懂得，「唇亡齒寒，戶破堂危」，如不殲滅敵人於國境之外，瘋狂的侵略者必將戰火延燒到我們美麗的國土上來。援朝即所以衛國，衛國即所以維護和平。中國人民如火如荼的抗美援朝保家衛國的志願運動，是完全合乎正義的。

中國的詩人、作家、劇作家、文學批評家、文學編輯家、文學翻譯家們，一向有着反抗帝國主義，反抗侵略和橫暴，愛祖國、愛人民，衛護和平、尊崇正義的悠久的光榮傳統，我們的偉大的先驅和導師魯迅，就是最光輝的典範。中國的詩人、作家們，以忠誠歌唱勞動人民的心聲，以描繪勞動人民的生活和鬥爭，以保衛勞動人民的生活和生存權利不受侵害，作爲自己的不可推卸的天職。中國的詩人、作家們尤其懂得美帝國主義是中國、朝鮮以及全世界和平人民及人類文明共同的死敵，美帝國主義陰謀擴大侵略及到處瘋狂挑釁，已使我們燃燒起無比的仇恨和憤怒，當美帝侵略台灣及侵朝戰爭的初期，中國詩人、作家們即已加强了自己的陣列，高舉筆鋒，用詩歌、用雜文、用各種文學形式，無情地揭露了美帝的罪惡，熱情地鼓舞着鬥爭中的人民。

今天，我們在京的中國文學工作者，目睹當前的鬥爭形勢，展望未來的勝利遠景，我們一致充滿信心地表示：熱烈地擁護中國各民主黨派十一月四日的聯合宣言，積極地響應中華全國文學藝術界聯合會『關於文藝界展開抗美援朝宣傳工作的號召』，我們要走向反抗美帝國主義戰鬥的最前列。我們向全國的文學工作者高呼：起來，所有正直的詩人、作家、劇作家、文學批評家、文學編輯家、文學翻譯家們，保持並發揚我們的光榮傳統，加强愛國主義與國際主義的創作活動，提高自己的文學工作的本領，更好地爲抗美援朝保家衛國進行工作。我們不但要用筆，同時也要用槍，去和英雄的戰士們一起，和親愛的朝鮮弟兄們一起，爲戰勝兇惡的美帝國主義而堅決鬥爭！

中朝人民勝利萬歲！

全世界和平人民勝利萬歲！

茅　盾　丁　玲　田　漢　鄭振鐸　李伯釗　沙可夫　葉聖陶　趙樹理　何其芳　陳企霞　周巍峙　孫伏園　王亞平　陳　明

蔡楚生　田　間　馮　至　臧克家　曹靖華　胡　風　王朝聞　洪　深　曹　禺　光未然　劉白羽　周立波　李何林　李長之

呂　劍　黃藥眠　馮亦代　孟　超　楊振聲　馬少波　陶君起　沙　鷗　楊　朔　魏　巍　喬　羽　關太平　王子野　焦菊隱

·3·

《在京文学工作者宣言》（名单第五位即李伯钊）

·7·

北京文學藝術工作者動員起來

李伯釗

眼前，首都的人民和文藝工作者，注視着朝鮮人民與瘋狂的美國法西斯野獸作戰，堅持着艱難的鬥爭。人民和文藝工作者的心比火還熱，激動起弟兄的同情，恨不得把自己加入進去，巴不得朝鮮英勇人民的拳頭，着着打中野獸們的腦頂門，把牠打死，不讓牠再留一口氣，不讓牠橫行霸道，不讓牠到處殺人放火，殘害和平民主的朝鮮人民。我們原是反法西斯的勇士，保衛和平的先鋒，我們的手要動起來！筆要動起來！起來援助英勇的朝鮮人民，宣傳他們偉大的氣概，偉大的人格，偉大的精神。可恥的美國強盜，竟用了五百多架飛機，三百艘軍艦，四萬地面部隊，在仁川登陸，佔領了漢城，越過了三八綫，自以爲從此可以得逞。但是，我們注視着，英勇的朝鮮人民手中緊握着愛國主義、保衛世界和平兩面大旗，有進、有退，進進退退，堅持，堅持，再堅持着持久的抗爭，相信朝鮮英雄們不趕走美國法西斯野獸，不甘心，不歇手，不停止鬥爭。相信總有一天，他們會反攻勝利，總有一天，叫美國強盜滾出民主朝鮮國境。

眼前，首都人民和文藝工作者，注視着以殺人爲職業的美帝國主義者，與侵略民主朝鮮同時，公開地侵犯台灣，轟炸掃射我親愛的東北同胞。強盜跑到我們國境上點起了一把大火，火快燒到門裏了，中華人民共和國莊嚴的聲明，抗議，申言不能置之不理。但是，美國的戰爭販子死厚着臉皮不睬，暴行有加無已。首都人民和文藝工作者，已經忍無可忍了，恨不得跑步到國境上，捉住美國強盜，把牠撕碎，撲滅美國法西斯點起的戰火。我們快動起手來，快動起筆來，向全國人民，全世界人民宣告我們的決心，我們有力量保衛祖國，撲滅戰火。援助朝鮮，和除去對我國安全的威脅，原是分離不開的事情。美國戰爭販子，正在走過去日本帝國主義侵略中國的老路，他們想沿着日本帝國主義的老路而來，將來也一定會照着日本帝國主義的老路而死去的，中國人民早已看出來了！

眼前，首都的人民和文藝工作者，注視着那些腦子裏裝着親美的反動思想的人。這些人製造傳播各種各色的荒謬言論、謠言，硬說美國老虎的屁股摸不得，硬說什麼眞要同美國打起來不簡單，又麻煩又狠大，打不過！說什麼美國不是紙老虎，是「鐵老虎」、「活老虎」，又硬又狠，叫人相信美國了不得，非親熱美國不可，以爲親熱了美國，倒在美帝懷裏，台灣就可以送還中國。他們要把中國人變成美國奴才，中國變成美國的殖民地才算數。具有這種反動思想的人，好像久已拜了美國人做祖宗，再也不是中國人了。還有那些受愚弄、不明白的，怕美國的心理病患者，現在並不住在隔離病房裏，環境還很自由，還在那裏自覺、不自覺的傳染別人。首都人民和文藝工作者，要快快的動起手來，動起筆來，揭穿親美的反動思想和患「恐美病」病人的錯誤心理。不要忽視，美帝長期在我國進行奴化教育的毒素，有的人是中得很深的，不花大力不會清除乾淨。要使這種具有反動思想和錯誤心理的人，在羣衆中無地容身，讓羣衆認識親美的人是跟過去替日本人做漢奸的汪精衞一樣卑鄙。教育羣衆認識美帝這隻紙老虎，告訴羣衆，雖然牠在歐亞兩洲張牙舞爪，好像氣勢洶洶，其實牠是孤單單的，牠拿什麼來哄騙引誘人類呢？美國的政治資本早完蛋了，牠幹的燒、殺、搶、擄等罪行，全世界的人看得很清楚，就是再用多些美金織出來的天幕，也遮掩不了這種人類莫大的羞恥行爲，完全失掉了人心。在軍事上的漏洞又大又多：頭一個，戰綫之長，世界上從來沒有過，從西歐直到東亞，牠沒有向希特勒、日本天皇領教過，不懂得戰綫越長越不好打仗，且處處要挨打，而最後被消滅。美國作戰的後方更是遙遠，中間隔了兩道海洋：大西洋和太平洋，是兩個海洋，不是兩湖死水，殺人殺昏了頭的美國軍事家，好像從來沒有計算過路是要人走的，不管你用飛機天上飛，用軍艦海裏運。兵士肚子餓了是要吃飯的，軍火、砲彈、物資、給養，是要用運輸工具來送的。美國的同盟者、朋友，也找不出什麼強壯的漢子，也無非是英、法、意等自己元氣尚未恢復的病人。再拿美帝經常用來威嚇人的原子彈來說，也不是美帝獨家的寶貝，再大，再厲害的爆炸，對於地大物博，人口不集中的國家，作用就渺小得多。美帝國主義者要侵略中國，應該記住不久以前在中國援蔣慘敗的教訓：美帝的走狗蔣介石在中國大陸翻了車，難道美帝也要嚐一嚐再翻車的滋味麼？如果美帝分子頭腦還有記憶能力的話，他該回想一下，在他全力支持下的蔣介石、胡宗南匪幫，怎麼扛着全副美式裝備到延安演習武裝大遊行，又怎麼空着手逃命的，計算一下在中國大陸上援蔣的損失，美國人會發寒熱症的！快，快動起手來，動起筆來，向人民說明白，美帝國主義越要打侵略戰爭，就越輸得乾脆、澈底。

眼前，首都的人民和文藝工作者，隨時在注視一個偉人，全中國，全世界熟悉的、熱愛的名字——毛澤東，和這光榮名字領導下的中央人民政府的正確決策，每個中國人都知道自己的崗位應該站在那裏，從什麼地方能打擊敵人的要害，和怎樣取得援朝自衞的全部勝利，勝利的信心同光榮的名字——毛澤東緊緊地聯在一起！

動起手來，動起筆來！首都的文藝工作者！唱歌要唱英雄的歌，高唱援助朝鮮人民的歌聲，鼓勵永不會被人忘記的朝鮮英雄們堅持、前進！唱歌要唱中國人民熱愛祖國、保衞和平的歌。演戲要演反帝的戲，演那美帝國主義者的兇和狠，激起人民對他的仇恨，揭露和批判那親美的奴才像，和恐美的精神病。寫文章要寫戰鬥性的作品，筆尖向着當前的大敵，寫那美國人比豬還愚蠢，不顧一切，侵略朝鮮，侵犯台灣，惹下英雄的朝鮮人民，英雄的中國人民，英雄人民愛英雄人民，唇齒相依，團結一心。美帝是火燒眉毛，燒自己，飛蛾撲火燒自身，胆敢製造世界三次大戰，引起世界人民痛恨！畫畫要畫那美國人是紙老虎，無論牠現在多大，多兇，終歸是紙糊的貨色。不論唱的，演的，寫的，畫的，要清楚明白，向羣衆宣傳，確立勝利的信心。

李伯钊《北京文学艺术工作者动员起来》

李伯钊在创作

起手来，动起笔来！首都的文艺工作者！唱歌要唱英雄的歌，高唱援助朝鲜人民的歌声，鼓励永不会被人忘记的朝鲜英雄们坚持，前进！唱歌要唱中国人民热爱祖国，保卫和平的歌。……不论唱的，演的，写的，画的，要清楚明白，向群众宣传，确立胜利的信心。”

李伯钊身兼多职，但她从未放弃创作。新中国成立后，她开始创作歌剧《长征》。她是红军战士，为了把长征的壮举真实地写出来，她邀请聂荣臻、陈赓、陈锡联等担任军事顾问。在几位军事顾问的支持和帮助下，李伯钊通宵达旦、废寝忘食地创作，1951年，歌剧《长征》问世。这部歌剧再现了中国工农红军爬雪山、过草地、跋涉长征的伟大历程，表现了红军为了救国救民，不怕任何艰难险阻，不惜付出一切牺牲的精神，更重要的是，这是新中国成立后第一次在文艺舞台上出现了人民领袖毛泽东的形象，是我国戏剧创作史上一次具有重大意义的尝试。《长征》的公演引起了巨大反响。

李伯钊与《长征》演员们合影

1966年，“文化大革命”开始后，李伯钊受到冲击，长期被囚于山西临汾。1978年，重返北京。1979年10月，出席全国第四届文代会；11月，当选为中国剧协理事、副主席。1985年4月17日，病逝于北京，终年74岁。李伯钊曾当选第一、二、三届全国人民代表大会代表，第五、六届全国政协常务委员。著有话剧《金花》《硫磺厂》《活菩萨》等，秧歌剧《送女袄》，歌剧《赤卫队之歌》《红军不怕远征难》。

1979年10月，李伯钊出席全国第四届文代会

2021年10月28日中午初稿

2025年1月20日下午4时修订

赵树理：曲艺改革的奠基者

赵树理是以创作农村题材而闻名的人民艺术家。1949年春，北京和平解放后，赵树理随所在的华北新华书店《新大众》报编辑部进了北京。同年7月，在中华全国文学艺术工作者代表大会上，当选中国文联常务委员和中华全国曲艺改进会筹委会副主任委员。1950年5月，出席北京市文学艺术工作者代表大会，当选北京市文联副主席。

一

1906年，赵树理出生在山西省沁水县尉迟村，原名赵树礼。他从小喜爱民间文艺，深受影响。他种过地，放过牛，砍过柴，做过挑肩小贩，饱尝旧社会农民的痛苦。1925年，他考入长治山西省立第四师范学校，开始写作。抗战时期，他在家乡从事抗日宣传和民政工作。曾担任《黄河日报》副刊《山地》、《抗战生活》和《中国人》的编辑。当时，他既是编辑，又是作者，经常需要亲自动笔写些文章，如小说、诗歌、戏剧、快板、散文、笑话、歌谣、评论等。为了避免“一言堂”之嫌，赵树理在发表文章时经常更换笔名。比如，1933年12月在《山西党讯》副刊上发表小说《有个人》，就用笔名“尚在”；1935年发表诗作《耳畔》，署名“吴戴”；1937年在《太原日报》副刊《开展》第11号和第12号上发表小剧本《打倒汉奸》，署名“常哉”。有时，文章写好了，发表时随便从铅字架上拣出几个字，拼凑即成。他有个笔名“胡起名”即这样随意取的。

1943年，赵树理调到北方局党校政策研究室工作，开始了他的创作高峰期。同年9月，短篇小说《小二黑结婚》由华北新华书店出版发行；10月，赵树理被调到华北新华书店担任编辑；12月，中篇小说《李有才板话》(7月25日至8月13日在《晋绥日报》副刊连载)由华北新华书店出版。1946年1月，长篇小说《李家庄的变迁》由华北新华书店出版。这些都是群众喜闻乐见的文学作品。时任中共晋察冀中央局宣传部部长的周扬读了赵树理的《李有才板话》等作品后，评价:“赵树理，他是一个新人，但是一个在创作、思想、生活各方面都有准备的作者，一位在成名之前已经相当成熟了的作家，一位具有新颖独创的大众风格的人民艺术家。”

二

1949年，北京和平解放后，赵树理随所在的华北新华书店《新大众》报编辑部进了北京。该报是当时晋冀鲁豫发行量较大、办给农民看的一份报纸。1949年3月,《新大众》报编辑部接管了《新生报》，新创办了《大众日报》，定位为给工人群众看的报纸。同年7月初，赵树理参加了中华全国文学艺术工作者代表大会，是大会主席团成员，还是大会小说组委员之一。小说组共15人，召集人是叶圣陶，成员有茅盾、周扬、沙可夫、胡风、刘白羽、陈荒煤、欧阳山、何家槐、冯乃超、巴人、何其芳、赵树理、陈学昭、杨朔。赵树理还被大会推选为中华全国文学艺术界联合会全国委员会委员；中华全国文学工作者协会（后改名为中国作家协会）全国委员会委员，并任创作部负责人。

为了广泛地团结、组织曲艺界人士，推动曲艺事业的发展，7月11日，出席文代会的曲艺（含杂技）界代表与参加曲艺演出的演员60余人在中山公园来今雨轩聚会，共同商讨曲艺发展的前景，酝酿成立中华全国曲艺改进会筹备委员会。这里的“曲艺”不仅仅指简单的“唱曲的艺术”，而是涵盖了各种说唱艺术的表演形式，泛指各种有说有唱、只说不唱和只唱不说的曲种。这同时也是第一次出现了现代意义上的“曲艺”这个词。现代意义上的曲艺概念是各种说唱艺术的总称，以带有表演动作的说唱来叙述故事、塑造人物、表达思想感情、反映社会生活。曲艺多数以叙事为主、代言为辅，具有“一人多角”的特点；部分以代言为主，分角色拆唱。它与各地方语言关系密切，其音乐为我国民族音乐的重要组成部分（《新中国成立初期的北京新曲艺》）。

1949年7月22日，筹委会举行了成立大会，王尊三当选为主任，连阔如、赵树理当选为副主任，并选出11人为常务委员。筹委会设五个部——

编辑出版部：王亚平　苗培时

搜集研究部：王尊三（兼）林山

辅导部：连阔如（兼）史若虚　欧阳山

编辑联络部：张富忱　董天民　萧亦五

编刊部：赵树理　连阔如（兼）

秘书：刘乃崇

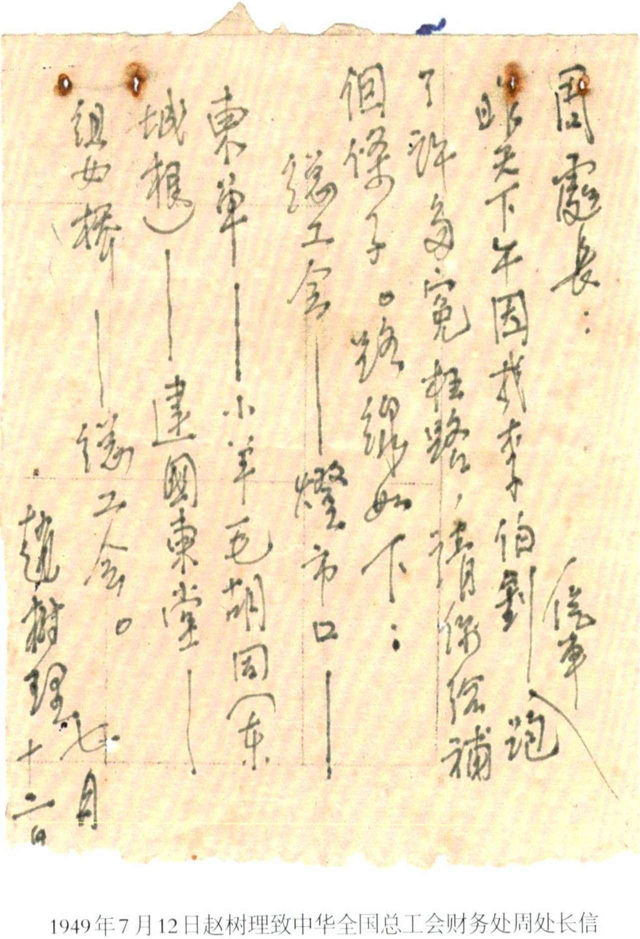
周處長：

昨天下午因我李伯劉修章跑了許多冤枉路，請你給補個條子。路線如下：

總工會——燈市口——東單——小羊毛胡同（東城根）——建國東堂——總工會。

趙樹理 七月十二日

1949年7月12日赵树理致中华全国总工会财务处周处长信

此时，赵树理所在的《大众日报》已更名为《工人日报》，同一时期，工人出版社（现在的中国工人出版社）成立。本来是写农村题材的赵树理被任命为工人出版社社长兼《工人日报》副刊主编。

进入新时代的曲艺工作者，备受中国共产党和人民政府的重视和关怀，受到广大观众的尊重；他们倍感自豪，迫切要求进步，希望能正确地认识和反映新生活，能正确认识艺术应该为谁服务、怎样服务的问题。为适应曲艺工作者的这种需要，华北文化工作委员会旧剧处与北平市文艺工作委员会旧剧科在1949年8月和12月共同举办了两期“北平市戏曲艺人讲习班”，参加者有2000余人。学员分为京剧、评剧、曲艺（包括杂技）三个组，学制八周，每周三次，每次两小时，周一、周三讲课，周五为名家报告。欧阳予倩、田汉、洪深、赵树理、阿甲、马少波、王亚平、张梦庚、李伯钊、王颉竹等都来做过讲座，内容包括革命人生观、政治修养、旧剧改革等。讲习班的主要课程为《社会发展史》《中国革命与中国共产党》《在延安文艺座谈会上的讲话》及戏曲改革政策等。学员中不仅有京剧、评剧、昆曲、秦腔（梆子）各剧种和杂技界的艺人，还有许多著名京剧艺人和曲艺名家，如裘盛戎、李少春、曹宝禄、连阔如等。

经过讲习班的系统学习，艺人们的思想觉悟都有了很大提高，精神面貌焕然一新。他们由生长在旧社会的戏曲艺人逐步转变为新社会的文艺工作者。一场以“说新唱新”为口号，歌颂新生活、演唱新曲艺的运动，在北京迅速展开。

1949年10月，在北京市党政领导的关怀下，北京市大众文艺创作研究会成立，赵树理等15人被推选为执行委员，赵树理还担任研究会主席。该会任务是大力开展大众的新文学运动。赵树理全身心投入这项工作中，各种活动红红火火，会员人数激增，几个月后达到400多人，京

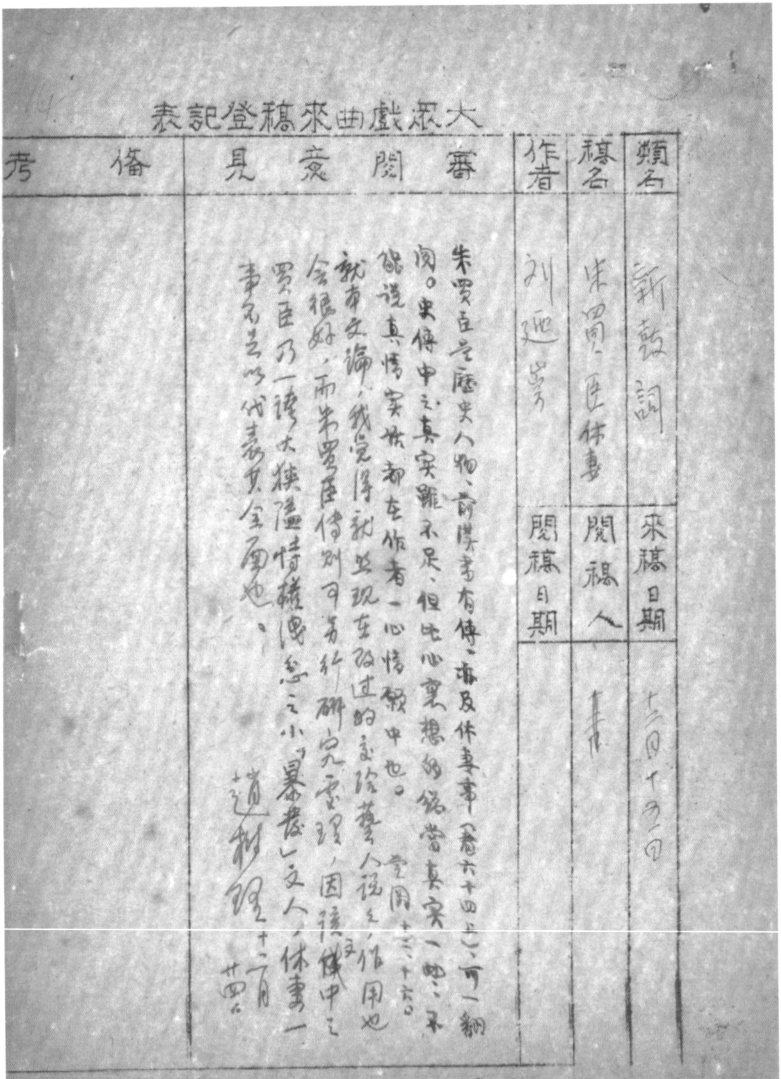

大眾戲曲來稿登記表

類名	稿名	作者	審閱意見	備考
新鼓詞	朱買臣休妻	刘迺崇	朱買臣是歷史人物，前漢書有傳，並及休妻事（卷六十四上），可一翻閱。史傳中之真實雖不足，但比心裏想的總當真實一些，不能說真情實狀都在作者一心情願中也。 就本文論，我覺得就照現在改過的交給藝人說之，作用也會很好，而朱買臣傳則可另行研究整理，因該傳中之買臣乃一種大狹隘情權慾之小小暴發之文人，休妻一事亦並不代表其全面也。 趙樹理 十二月廿四日	
來稿日期	閱稿人	閱稿日期		
十二月十四日	[illegible]			

赵树理对于大众戏曲来稿《朱买臣休妻》（作者刘乃崇）的审阅意见

剧名家梅兰芳、马连良、荀慧生，通俗小说大家张恨水等人，都加入了研究会。

为了便于工作，有关领导把赵树理从工人出版社调到了文化部任戏曲改进局曲艺处处长。1950年1月20日，在他的提议下，研究会创办起通俗的、大众的、综合性的文艺月刊《说说唱唱》，他和李伯钊任主编，创刊号载有郭沫若、茅盾、周扬题字。

《说说唱唱》从1950年1月在北京创刊到1955年3月终刊，共出刊63期。该刊以开创民族的、大众的、科学的说唱文艺为主旨，力图通过所刊登的曲艺作品和大众诗作，表现出社会主义新时代的新风貌，以促进广大人民群众喜闻乐见的各种通俗文艺形式的繁荣与发展。六年间，发表曲艺作品200余篇，其中多是新创作的作品，也有部分经过加工、整理的优秀的传统作品，如快板《二万五千里长征》，单弦牌子曲《青年英雄潘天炎》，数来宝《战士之家》，相声《夜行记》《飞油壶》，鼓词《邱少云》，评书《登记》《一锅稀饭》，联珠快书《闹天宫》，山东快书《侦察兵》《东岳庙》等。这些作品曾被演员们搬演至全国各地，受到观众们的好评。为了办好这份杂志，赵树理在冗杂琐碎的工作中挤出一切可以利用的时间写稿、修改《说说唱唱》收到的稿件，他的名作《登记》和改编的鼓词《石不烂赶车》都是刊登在《说说唱唱》上的。

三

1950年5月28日至31日，北京市文学艺术工作者代表大会在劳动人民文化宫召开。北京市文学艺术工作者联合会成立，老舍当选为主席，

1950年北京市文代大会会徽

梅兰芳、李伯钊和赵树理为副主席。赵树理还兼任创作部部长。大会期间，还由大会演出委员会组织北京市各艺术团体与国剧（京剧）公会、曲艺公会、评剧公会和北京各大剧场联合举办了不同形式的晚会。5月31日下午，大会闭幕，赵树理致闭幕词。

北京市文联成立后，赵树理肩上的担子更重了。他在繁忙的工作中挤出时间多次到天桥一带开展调研工作。在调研中，他发现有许多盲艺人流散在天桥一带，这些盲艺人地位比较低下，主要靠走街串巷地算命、唱吉祥话为生，没有什么特殊的技能。为了给这部分艺人找到出路，1950年12月，举办了“北京市盲艺人讲习班”，赵树理、王亚平等到班上讲课。

1951年初，赵树理调任中宣部文艺干事；同年秋，应燕京大学教授林庚邀请，在燕京大学中文系开了一门民间文艺课，介绍难登大雅之堂的民间文艺，如相声、大鼓、牌子曲、评剧等曲艺形式的历史沿革和艺术特色，反响强烈，广受好评。

不久，他离开北京回到晋东南体验生活，在武乡县、平顺县等地同翻身农民生活在一起，感受到了农民的真实情感与生存状况，开始酝酿构思长篇小说《三里湾》。

1952年底，赵树理回到北京，调任全国文协驻会委员。此时，赵树

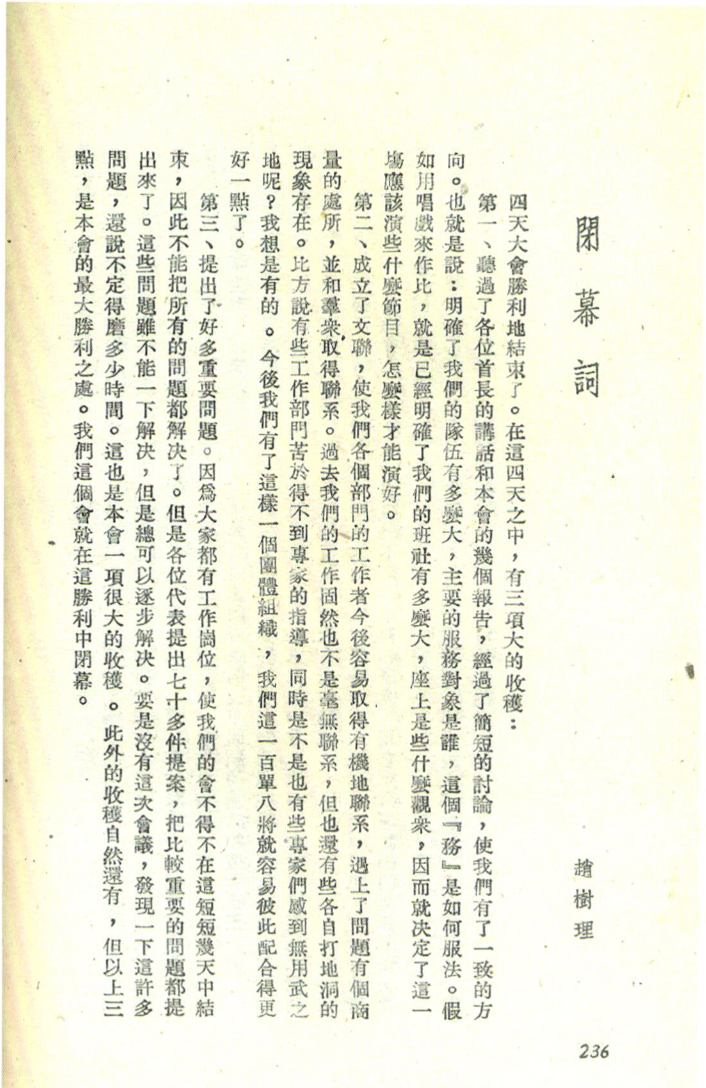

閉幕詞

趙樹理

四天大會勝利地結束了。在這四天之中，有三項大的收穫：

第一、聽過了各位首長的講話和本會的幾個報告，經過了簡短的討論，使我們有了一致的方向。也就是說：明確了我們的隊伍有多麼大，主要的服務對象是誰，這個『務』是如何服法。假如用唱戲來作比，就是已經明確了我們的班社有多麼大，座上是些什麼觀衆，因而就决定了這一塲應該演些什麼節目，怎麼樣才能演好。

第二、成立了文聯，使我們各個部門的工作者今後容易取得有機地聯系，遇上了問題有個商量的處所，並和羣衆取得聯系。過去我們的工作固然也不是毫無聯系，但也還有些各自打地洞的現象存在。比方說有些工作部門苦於得不到專家的指導，同時是不是也有些專家們感到無用武之地呢？我想是有的。今後我們有了這樣一個團體組織，我們這一百單八將就容易彼此配合得更好一點了。

第三、提出了好多重要問題。因爲大家都有工作崗位，使我們的會不得不在這短短幾天中結束，因此不能把所有的問題都解决了。但是各位代表提出七十多件提案，把比較重要的問題都提出來了。這些問題雖不能一下解决，但是總可以逐步解决。要是沒有這次會議，發現一下這許多問題，還說不定得磨多少時間。這也是本會一項很大的收穫。此外的收穫自然還有，但以上三點，是本會的最大勝利之處。我們這個會就在這勝利中閉幕。

236

赵树理在北京市文学艺术工作者代表大会上的闭幕词

理把自己的主要精力用在了长篇小说《三里湾》的写作上。1953年1月1日,《人民文学》编委会人事变动，茅盾、丁玲任副主编，艾青、何其芳、周立波、赵树理任编辑委员。9月23日，中国文学艺术工作者第二次代表大会在北京怀仁堂开幕,“中华全国文学艺术界联合会”更名为“中国文学艺术界联合会”，全国文协改组为中国作家协会。9月28日，中国曲艺研究会成立，主席王尊三，副主席赵树理、连阔如、王亚平、韩起祥。

1954年，长篇小说《三里湾》完成，在《人民文学》1955年1月号开始连载，至4月号完载。这是赵树理继《李家庄的变迁》之后又一部优秀的长篇小说。小说围绕三里湾农业合作社秋收、扩社、整党、开渠四项工作，描写了马多寿、范登高、袁天成、王金生四户人家错综复杂的矛盾和纠葛，反映了农村先进与落后力量的冲突，展现出处于社会大变革时期的农村生活风貌。

1955年，中国曲艺研究会主办优秀曲艺作品评奖活动。赵树理对评奖工作极为重视，多次听取了评委的汇报，并提出了指导性意见。1956年1月下旬，评奖工作结束，评书《一锅稀饭》、山东快书《三换春联》和相声《飞油壶》获一等奖。

1956年2月27日至3月6日，中国作协第二次理事会（扩大）在京召开。周扬在作协理事会的报告《建设社会主义文学的任务》中，把茅盾、巴金、老舍、曹禺并称为“当代语言艺术大师”，并赞扬了赵树理创作的《三里湾》。

自1949年赵树理到北京工作后，他一直住集体宿舍；1951年，全家由山西迁到北京后，便暂借了几间房子。后来他用《三里湾》的稿费加上平日积攒的钱，购买了位于北京宣武门外香炉营的一处四合院，共18间房子，客厅、餐厅、书房、厨房等一应俱全。买房子那会儿，赵树理不在家，等他回来看房子时，感觉离东城的作协太远，每天路上要花费很多时间，于是他委托作家协会总务科的同志为他调换了东单煤渣胡同马家庙2号的一处仅有9间房的小院，一家人住在里面其乐融融。作协机关要返还他换房的差价，被他拒绝。

四

1957年，赵树理下沉到自己的家乡尉迟村，参加了全民整风运动。

1958年是赵树理最为忙碌的一年。7月，他创作了短篇小说《“锻炼锻炼”》，以1957年中国农村为背景，戏剧性地展开了干部中两种不同的思想意识、思想方法和工作作风的矛盾冲突。8月，他以抗日战争时期的

1957年，赵树理与埃及作家交谈

历史故事为题材，创作的长篇评书体小说《灵泉洞》(上集）在《曲艺》第8期连载，到第11期完成。8月1日至14日，第一届全国曲艺会演大会在北京举行。紧接着，8月14日至16日，中国曲艺工作者第一次代表大会在中国文联礼堂举行。作为总策划、总筹备负责人的赵树理，暂时放下写作，全身心投入到这个大型会议中来。

这次会议的代表性相当广泛。出席会议的共200余人，其中有全国各省、自治区、直辖市的曲艺艺人代表，有从事曲艺创作、研究工作和组织工作的代表，有中国人民解放军、全国总工会、中国曲艺研究会、中央人民广播电台等单位的代表，还有北京市文艺界部分同志。会上赵树理的发言很长，都是大白话，主要讲的是艺人如何真正深入到工农群众中去，曲艺作者应该长期住在劳动人民那里，观察、熟悉他们的生活、语言、习惯，这样创作出来的作品才能接地气，受到劳动人民的欢迎和喜爱。

大会通过了《中国曲艺工作者协会章程》，选出了中国曲艺工作者协会理事和常务理事、正副主席。常务理事：王尊三、王少堂、白凤鸣、任桂林、周巍峙、阿英、李元庆、李德才、林山、侯宝林、陶钝、唐耿良、张梦庚、高元钧、冯光泗、冯诗云、骆玉笙、赵树理、韩起祥。主席：赵树理。副主席：周巍峙、韩起祥、陶钝、王少堂、高元钧。

1958年12月，赵树理任中共阳城县委副书记。1959年，全国开展“反右倾”运动，他被定为中国作协批判的对象。这年9月，赵树理写了短篇小说《老定额》，反对不靠政治教育而专靠过细定额来刺激生产的做法。1960年3月，他写了《实干家潘永福》，不久又写了短篇小说《套不住的手》，积极提倡实干精神。这在当时的作家中是非常少见的。

虽然赵树理在京身兼数职，但他依然坚持挂职在山西农村，1962年1月，根据农村出现的一些不良现象和极端自私自利的人和事，他创作了短篇小说《杨老太爷》，讽刺有资本主义思想的老人。5月，为纪念毛主席《在延安文艺座谈会上的讲话》发表二十周年，赵树理应林默涵之约，写了短篇小说《张来兴》，通过一个老炊事员之口写20年的社会变化。1963年赵树理写了短篇小说《卖烟叶》，描写一个投机青年的卑污行为。这年夏天，赵树理到长治黄碾公社曲理大队参加“四清运动”。1964年春，又到陵川县黑山底大队采访董小苏的模范事迹，回到长治以后，写了剧本《十里店》。演出后，争议很大。

1965年春，赵树理结束了15年的“京都里的乡下人”生活，带上简单的行装和家属，回到山西省文联，继续做专业作家。临行前，他把在京购置的东单煤渣胡同马家庙2号的小院，作为党费交给了中国作家协会。

回到山西后，赵树理在晋城任县委副书记。1966年春，在全国学习焦裕禄的热潮中，赵树理亲自到兰考体验生活，回晋城后，着手创作《焦裕禄》剧本，只写了三场，“文化大革命”爆发，他被迫停止了写作。后来，他作为“黑帮分子”被多次批斗。1970年9月23日，赵树理因病逝世，终年64岁。

2022年2月6日下午5时初稿

2025年1月20日下午5时修订

杨沫：柳荫街29号院的“艰辛创作”

杨沫是当代著名女作家，是继老舍、曹禺之后的北京市文学艺术联合会的第三任主席。

新中国成立后，杨沫居住时间最久的是柳荫街29号院，这是个很规矩的小四合院。她在出版《青春之歌》后搬进来，在此居住了40多年。这个静谧的小院，给杨沫带来的不仅有安逸与欢乐，还有悲欢离合。在这个静谧的小院里，杨沫完成了继《青春之歌》之后另一部反映抗日战争时期生活的长篇小说《东方欲晓》和报告文学《不是日记的日记》等作品。

一

杨沫原名杨成业，笔名杨君默、杨默。她的父母原籍湖南省湘阴县，父亲杨震华是清末举人，进京就读于京师大学堂商科，毕业后募集资金办起了国内第一所私立大学新华大学。1914年8月25日，杨沫出生于北京市西城区东弓匠胡同。这条胡同东西走向，东起福绥境，西至宏大胡同。清代始称弓背胡同，1911年后，根据地理位置，分为东弓匠胡同、西弓匠胡同和小弓匠胡同。杨家很长一段时间居住在东弓匠胡同，杨沫和她的两个妹妹都出生在这里，其中杨沫和三妹白杨日后成为中国文化界的名人。

白杨原名杨成芳，1920年4月出生。1936年，因主演《十字街头》红遍全国。抗战中，白杨在重庆主演了大量进步话剧，被评为话剧界“四大名旦”之首。抗战胜利后，白杨在《一江春水向东流》中朴实、细腻而温婉的表演更为她赢得了世界声誉。新中国成立后，她又主演了《祝福》等广受欢迎的影片。

民国初，杨沫的父亲杨震华以办教育为名募集了大笔善款，在热河滦平县（今河北省内）买了清王公贵族的大批土地。显赫之后，他开始花天酒地，不再顾家。杨沫的母亲也追求享乐，整日里和一些阔太太打麻将、看戏，吃喝玩乐，根本不关心自己的子女。杨沫从小缺乏关爱和照顾，在这个家庭中，她像个孤儿，感受不到亲情温暖。五六岁时，母亲嫌她麻烦、累赘，就把她送到舅父家寄养。在舅父家，她的名字叫慧梅。

杨沫年满8岁时，母亲把她接回家里，让她在福绥境小学读书。杨沫的初小、高小都是在福绥境小学读的。才差一年高小毕业时，为了逃出自己十分厌恶的家庭，她考入了北平西山温泉女子中学。这一年，她13岁。住在宁静幽美的学校里，她开始阅读古今中外的文学名著。也正是这个时期的学习，让她打下了从事文学事业的基础。

因家中破产，杨沫的父亲不管家人的死活逃得不知去向。杨沫已经读到了初中三年级的第二学期，还有一年多（那时是四二制——初中四年，高中二年）就可以初中毕业了，母亲把杨沫叫回家，给她找了一个小军阀，叫她嫁给这个人。杨沫坚决拒绝了，母亲从此断绝了对她的一切供给。杨沫在几个同学的帮助下，读完了初中三年级后辍学了。1931年，在她17岁时，同学帮她找到了一个在河北省香河县县立小学教书的工作。没多久，她的母亲病危，她回到北平家中，不久母亲就死了。这个家散了，她的小妹妹杨成芳那时只有11岁，就去投考了联华影业公司，当起小演员，独自去谋生。

杨沫办理完母亲的丧事，返回到香河县教书。此时，她认识了一个北大国文系的大学生，他们相爱了。杨沫离开香河县，与这个大学生一起住在沙滩的小公寓里。每日，杨沫在狭小的屋子里洗衣、做饭。这是1932年的事，这个北大的学生，就是《青春之歌》中余永泽的原型——后来很有名气的学者张中行。

1933年旧历除夕，杨沫去小妹白杨的公寓里和妹妹共度佳节。在妹妹那里，她结识了十几个爱国青年，其中有地下党员，有东北的流亡青年，多半是大学生或是党的外围组织“剧联”的人。《青春之歌》里的白莉萍，写的就是当时和白杨同住一室的电影明星刘丽影。正是刘丽影对杨沫的思想启迪，使她开始接触革命书籍，开始读高尔基的《母亲》和其他的苏联革命小说。自此，杨沫与同居的张中行有了分歧。

为了“自食其力”，杨沫曾先后在北平当过家庭教师、书店店员，在定县铁路员工小学当过教师。1936年，第二次到香河教书时，她认识了后来的丈夫马建民，她的革命觉悟得到进一步提高，并于当年年底由马建民介绍加入中国共产党。她和张中行彻底断绝了关系。

抗日战争爆发后，杨沫和马建民一同参加了冀中根据地的抗日游击战争。1937年12月至1938年5月，杨沫任安国县妇女救国会主任，1938年6月至1939年春，任冀中妇救会宣传部部长。

1937年至1949年，在险恶环境下、在频繁战斗的空隙里，杨沫笔耕不辍，写过一些反映抗日战争的短篇小说和散文。这个时期，她先后用过的笔名有“小慧”“杨默”“杨沫”。“小慧”是她的第一个笔名。1934年，她开始练习写作时，用的笔名就是“小慧”。同年，在北平《黑白》半月刊上发表处女作《热南山地居民生活素描》(报告文学)，即署名“小慧”。1937年卢沟桥事变前，她激于爱国义愤，曾用“小慧”这一笔名，在上海的《中流》半月刊和《大晚报》副刊《火炬》上发表过揭露日军侵华罪行的短篇小说《浮尸》《怒涛》《某家庭》《死与逃》等。1937年进入冀中抗日根据地后，一直到1940年，她以“杨默”作为正式用名。当时她在晋察冀、冀中和大清河以北的冀中十分区的报刊上发表散文、短篇小说、报告文学等，均署此名。据杨沫自己说，她少年时，喜爱茉莉花，她曾跟三妹白杨商量，两人按排行分别取名杨君茉、杨君莉。后据谐音写成“杨君默”，又舍“君”字写成“杨默”。

1941年春天，杨沫旧病复发，组织将她送到晋察冀边区易县一带的后方医院养病。养病期间，她于1942年进入从延安迁来的华北联合大学文学系，学习了几个月。华北联合大学成立“妇女文艺创作会”后，她担任主任一职。从这时起，她将自己的名字“杨默”改为“杨沫”。

1939年至1945年10月，杨沫在冀中十分区任抗日救国联合会宣传部部长、妇女部部长。其间，她被调任冀中十分区《黎明报》编辑。1945年日本投降后，杨沫离开了十分区，任《晋察冀日报》编辑，并主编过一时期的该报文艺增刊。

新中国成立后，杨沫回到了阔别12年的北京，任《人民日报》编辑。

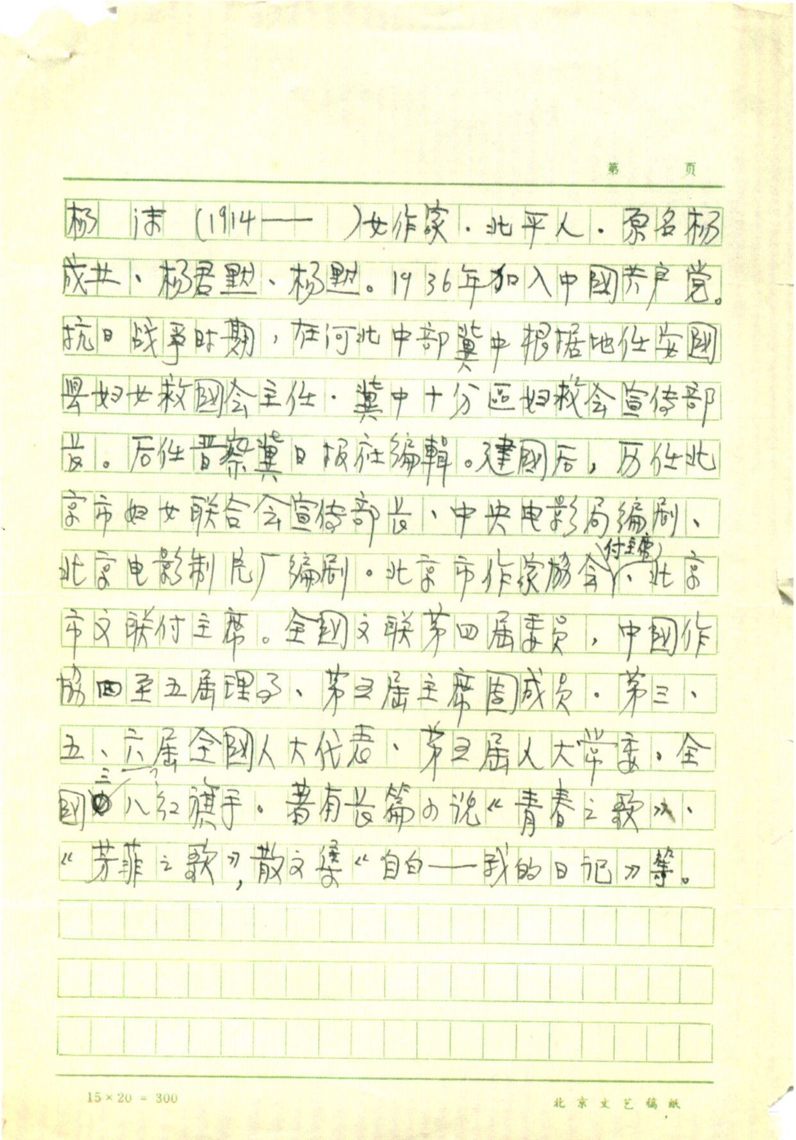

第　页

杨沫（1914——　）女作家。北平人。原名杨成业、杨君默、杨默。1936年加入中国共产党。抗日战争时期，在河北中部冀中根据地任安国县妇女救国会主任。冀中十分区妇救会宣传部长。后任晋察冀日报社编辑。建国后，历任北京市妇女联合会宣传部长、中央电影局编剧、北京电影制片厂编剧。北京市作家协会付主席、北京市文联付主席。全国文联第四届委员，中国作协四至五届理事、第三届主席团成员。第三、五、六届全国人大代表、第三届人大常委、全国三八红旗手。著有长篇小说“青春之歌”、“芳菲之歌”，散文集“自白——我的日记”等。

15×20＝300　　北京文艺稿纸

杨沫亲书简历

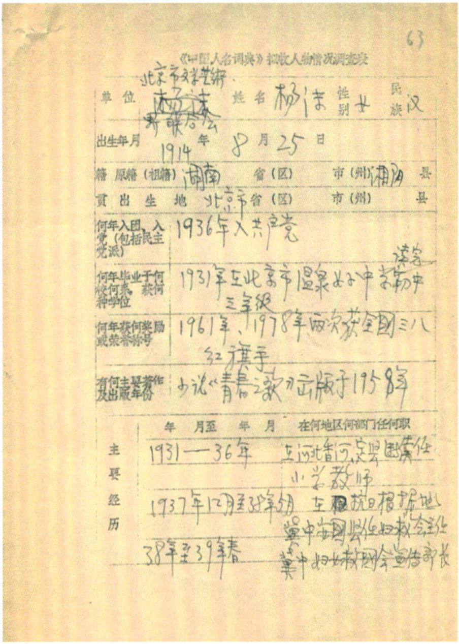
《中国人名词典》拟收人物情况调查表

单位	北京市文学艺术界联合会
姓名	杨沫
性别	女
民族	汉
出生年月	1914年8月25日
籍贯 原籍（祖籍）	湖南省（区） 市（州） 湘阴县
出生地	北京省（区） 市（州） 县
何年入团、入党（包括民主党派）	1936年入共产党
何年毕业于何校何系、获何种学位	1931年在北京市温泉女子中学初中读完三年级
何年获何奖励或荣誉称号	1961年、1978年两次获全国三八红旗手
有何主要著作及出版年份	小说《青春之歌》出版于1958年

主要经历

年 月至 年 月	在何地区何部门任何职
1931—36年	在河北省定县等地任小学教师
1937年12月至38年初	在抗日根据地冀中安国县任妇救会主任
38年至39年春	冀中妇女救国会宣传部长

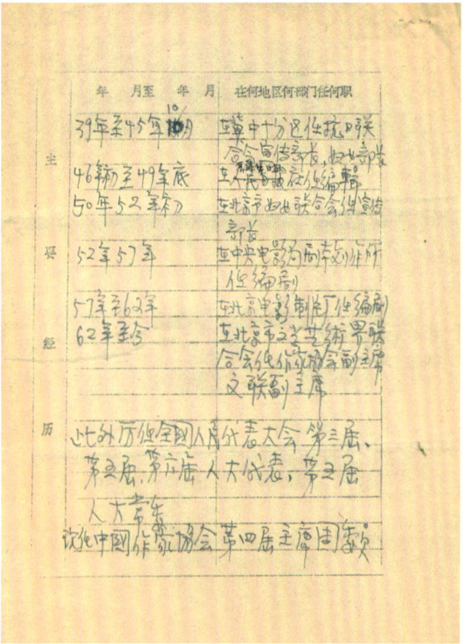

年 月至 年 月	在何地区何部门任何职
39年至45年10月	在冀中十分区任抗日联合会宣传部长、妇女部长
46年初至49年底	在《人民日报》任编辑
50年至52年	在北京市妇女联合会任宣传部长
52年至57年	在中央电影局剧本创作所任编剧
57年至62年	在北京电影制片厂任编剧
62年至今	在北京市文学艺术界联合会任专业作家、副主席，文联副主席

此外历任全国人民代表大会第三届、第五届、第六届人大代表，第七届人大常委

现任中国作家协会第四届主席团委员

杨沫自填《中国人名词典》拟收人物情况调查表

二

1949年11月，北京市第一届妇女代表大会在北京召开，正式成立了“北京市民主妇女联合会”。大会选举张晓梅为主任。张晓梅原名张锡珍，是1928年经邓小平和姐姐张锡瑗介绍加入中国共产党的老党员。因杨沫在抗战时期曾担任冀中妇女救国会宣传部部长，在华北联合大学创办并担任“妇女文艺创作会”主任，北京市委经过协调，把她从《人民日报》调到北京市妇联宣传部工作，任宣传部部长。调来不久，杨沫因病休养。

休养期间，那些牺牲了的战友，又在她的心头活跃起来。她开始写长篇小说《青春之歌》来纪念他们，歌颂他们——虽然时间不同、事件不同，但那些视死如归的英雄的崇高品质是一样的。1952年底，小说已初步完成，她想从此搞创作工作。她把自己的创作情况、自己的想法和张晓梅谈了之后，得到张晓梅的支持。随后，杨沫如愿以偿，调到中央电影局剧本创作所担任编剧。

当时，中央电影局局长是袁牧之，他创建了第一座人民电影制片厂——东北电影制片厂，并出任厂长。东北电影制片厂是党领导下的人民电影企业，被称为“新中国电影的摇篮”。新中国成立前夕，受党中央调遣，袁牧之进北平参加组建全国电影事业领导机构的工作；1949年中央电影局正式成立，他出任第一任局长。在他任局长的三年多时间里，探索建立了以国营电影制片厂为核心的电影管理模式，当时的东北电影制片厂、北平电影制片厂、上海电影制片厂成为中央电影局三大国营制片基地。

在中央电影局剧本创作所担任编剧期间，杨沫完成了《青春之歌》的创作。1957年，她转入北京电影制片厂任编剧。这时，作家出版社已决定出版她的长篇小说《青春之歌》。1958年，作家出版社出版了37万多字的《青春之歌》，初版35万册，在全国各地新华书店发行，在读者中获得巨大反响。

《青春之歌》以北京的爱国青年学生在“九一八”事变至“一二·九”运动期间的学生运动为主线，描绘了当时抗日救亡运动的面貌，气魄雄伟，情节生动，成功塑造了几位青年共产党人的形象，刻画了从苦闷、彷徨到觉醒的成长中的知识分子形象，写出了他们的痛苦、欢乐、爱情和战斗，也描写了几个动摇、沉沦以至叛变的社会渣滓。在民族危亡系

1955年9月，杨沫赠给三妹白杨、蒋君超夫妇的一组照片，
当时杨沫在北京中央电影局做编剧

于一发的年代，形形色色的人物都走上历史舞台。书中描写了众多人物，各具特色，他们有自己的生活环境、成长道路，有不同的政治态度和处世哲学，也有自己的感情世界以及爱情生活。

这部小说出版后，得到茅盾、何其芳、巴人等文坛巨匠的肯定。茅盾称赞《青春之歌》“是一部有一定教育意义的优秀作品”，“林道静是一个富于反抗精神，追求真理的女性”，在人物描写、结构和语言三方面，

初版《青春之歌》封面

也指出了具体不足之处(《怎样评价〈青春之歌〉》，1959年第4期《中国青年》)。何其芳称《青春之歌》是“流荡着革命激情的小说”，“最能吸引广大读者的是那些关于当时的革命斗争的描写、紧张的地下工作、轰轰烈烈的学生运动和英勇的监狱斗争”(《〈青春之歌〉不可否定》，1959年第5期《中国青年》)。巴人赞扬《青春之歌》“是一部热情洋溢，对青年们有教育作用的好书”，它的主要成就“其一是由于作者以学生运动为主线概括了当时革命斗争的各方面，斗争的复杂性和由此而引起的各种阶级关系的变化，构成了作品情节的生动性。其二它是以共产主义思想的光辉照亮了一群青年革命者的精神面貌。这就使艺术表现上也是热情洋溢，促人奋发的”(1958年4月号《文艺月报》)。丁玲说，杨沫是在抗日战争参加革命，她受过党的教育，做过很多革命工作，有生活体验，“《青春之歌》是新中国成立后，在百花齐放中显露出来的奇花异葩”。

同时，杨沫还收到了许多读者的来信，多数是肯定，也有人对小说艺术上的不足之处，如语言不够丰富多彩、人物对话缺乏个性等，提出了批评和建议。针对茅盾等文学界前辈和读者们提出的建议，身患较严重冠心病的杨沫用三个月时间，对小说进行了修改，增加了11章，全书达40多万字，于1960年由人民文学出版社再版。

在对小说修改的同时，作为北影厂编剧的杨沫，还在厂长汪洋的支持下，将小说改编成电影剧本，由北影厂拍成了电影，作为向国庆十周年的献礼。

北京电影制片厂的第一个厂标叫“中央电影局北京电影制片厂”。1949年1月31日，北平和平解放。毛泽东等中央领导人在西苑机场检阅部队。汪洋当时是华北电影队的负责人，跟踪拍摄了《毛主席朱总司令莅平阅兵》。1949年4月20日，北平电影制片厂成立,《毛主席朱总司令莅平阅兵》就成了北影的第一部影片。1949年10月1日之后，正式确定了“北京电影制片厂”这个名称。汪洋担任厂长职务35年，领导北影厂生产了近200部优秀影片。其中《青春之歌》是汪洋尤为关注的影片。

白杨（中）

《青春之歌》的剧本很快写出来了。在汪洋的领导下，崔嵬、谢芳、秦怡、康泰、于洋等著名导演和演员参加了这部影片的制作。影片的主角林道静由谢芳饰演，谢芳因此一举成名。谢芳1935年出生，1951年进入中南文工团，即后来的中南人民艺术剧院，做歌剧演员。她对《青春之歌》的社会背景并不熟悉。1953年，崔嵬兼任中南人民艺术剧院院长，和谢芳有两年时间的交集。后来崔嵬离开武汉到北京拍电影，分别六年之后，他请谢芳出演《青春之歌》中的林道静。《青春之歌》电影上映后，谢芳从武汉调到北京成了北影的演员。杨沫和谢芳因《青春之歌》结缘，成为最好的朋友。

《青春之歌》自出版后，前后销售达500万册，被翻译成日、英、法、越、朝、俄、希腊、阿拉伯、印尼、保加利亚、阿尔巴尼亚等十多种文字出版。2019年9月23日,《青春之歌》入选"新中国70年70部长篇小说典藏"。

三

1958年至1960年，是杨沫最为忙碌的几年。她身患较严重的冠心病，但一点儿都不敢松懈。在倾注很大心血后，长篇小说《青春之歌》出版，电影《青春之歌》上映。杨沫成为举国知名的女作家。1960年，杨沫被全国妇联授予"三八红旗手"的荣誉称号。同年，她搬到柳荫街的小院。

明清时期，柳荫街是旧河道，当地人称之为清水河或月牙河。1952年将河道改为暗沟，1965年改称柳荫街。早先，柳荫街并没有几棵柳树，现在看到的柳树成荫，是1965年后开始大量栽种的。柳荫街不仅因有恭王府成为北京旅游的热点，还因先后有徐向前、叶剑英、杨尚昆、张爱萍、杨成武等党和国家领导人、老将军在此居住，而成为北京市军民共建的文明街道。

1962年，杨沫被调到北京市文联担任专业作家，并任北京市文联副主席、北京市作协筹委会副主席。在柳荫街的小院里，她写了《房客》《红红的山丹花》《我的医生》《汇报》《素不相识的大娘》等多篇短篇小说。这几篇小说全采用第一人称写法，表现的又都是抗日烽火中根据地的战士、干部、群众和“我”这个八路军女战士的关系。他们在艰苦的岁月里，掩护和抢救了“我”，帮助教育了“我”，表现出大公无私、自我牺牲的品质，高度的革命觉悟与坚忍不拔的意志。

搬进柳荫街后，杨沫的身体好了许多。每天她都要在柳荫街一带漫步，此时，她开始构思《青春之歌》下部的写作了。1966年，“文化大革命”爆发了。作为北京市文联副主席、老舍先生的副手，杨沫在“文革”一开始就被“靠边站”了。她目睹了当年8月23日老舍被批斗的情景。

1968年，在审查杨沫的历史时，她被视为“特大特嫌”，是“混入党内的阶级敌人、假党员”，《青春之歌》则被说成是“特大毒草”长期被禁。1969年秋，杨沫被定为“反动文人”，还被剥夺了组织生活，直到1971年初才得以恢复。可是，北京市文化局创评组也没有叫她回去工作，以致她成为组里最后调回的作家。

恢复了组织生活后，她不顾亲友们的劝阻，冒着风险一个人偷偷跑到西郊香山租了一间民房，立即开始了另一部反映抗日战争时期的长篇小说《东方欲晓》的写作。《东方欲晓》分为三部，第一部主要写沦陷后的北平地下斗争，第二部是抗日根据地的斗争，第三部则将根据地和敌战区的斗争结合呈现。1976年8月初，杨沫完成了小说初稿。

进入《东方欲晓》第一部修订阶段，她发现许多章节不尽如人意，需要改写甚至重写。《东方欲晓》第一部的改写、重写工作，是从1977年在柳荫街的小院开始的，进展还算顺利，但这个节奏很快被一阵忙碌打乱了。

四

1978年，杨沫很忙碌。1月，她率领中国作家代表团访问巴基斯坦。同月，恢复全国文联及各协会的筹备组成立。4月，文化部举行揭批“四人帮”万人大会，为大批受迫害的文艺工作者平反。5月27日至6月5日，中国文学艺术界联合会第三届全国委员会第三次（扩大）会议在北京召开。中共中央宣传部、文化部、对外友协等单位的负责人出席了开幕式、闭幕式。文联副主席茅盾致开幕词。全国文联主席郭沫若以《衷心的祝愿》为题作了书面发言，副主席周扬、傅钟、巴金、夏衍出席并讲话。黄镇代表中宣部在会上作了《在毛主席革命文艺路线指引下，为繁荣社会主义文艺创作而奋斗》的报告。这次大会，是文艺界拨乱反正的一次盛会。杨沫是大会主席团成员之一，全程参加了会议。

会议结束后，杨沫回到柳荫街的住宅，心情难以平静。老舍夫人胡絜青在这次文联扩大会上的发言时时在她的耳畔回响。当年与老舍一起工作的情景、他的音容笑貌，不断在她的眼前浮现。作为历史见证人，她不想再沉默了。她奋笔疾书，写了一份长达10页、近3000字的信件，寄送给黄镇部长。此外，她希望组织帮她创造一个安心写作的环境，以便早日完成《东方欲晓》这部作品。

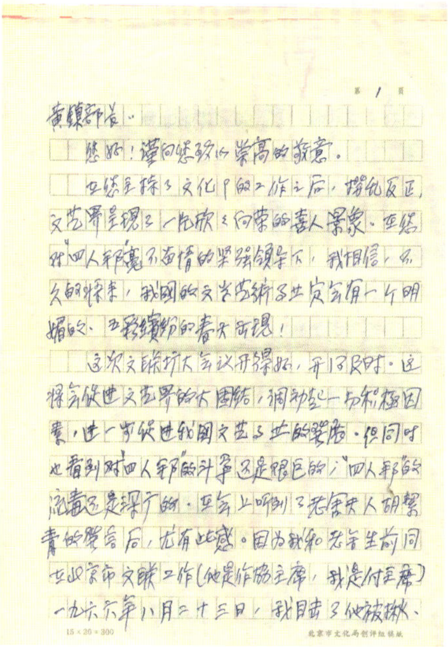

第 1 页

黄镇部长：

您好！谨向您致以崇高的敬意。

在您主持了文化部的工作之后，拨乱反正，文艺界呈现了一派欣欣向荣的喜人景象。在您对"四人帮"毫不留情的坚强领导下，我相信，不久的将来，我国的文学艺术事业定会有一个明媚的、五彩缤纷的春天出现！

这次文联扩大会议开得好，开得及时。这将会促进文艺界的大团结，调动起一切积极因素，进一步促进我国文艺事业的繁荣。但同时也看到对"四人帮"的斗争还是艰巨的，"四人帮"的流毒还是深广的。在会上听到了老舍夫人胡絜青的发言后，尤有此感。因为我和老舍生前同在北京市文联工作（他是作协主席，我是付主席）一九六六年八月二十三日，我目击了他被揪、

15×20=300　北京市文化局创评组稿纸

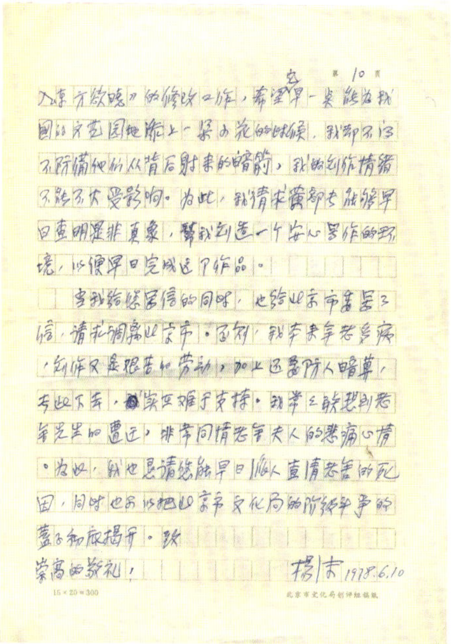

第 10 页

《东方欲晓》的修改工作，希望早一点能为我国的文艺园地添上一朵小花的时候，我却不得不防备他们从背后射来的暗箭，我的创作情绪不能不大受影响。为此，我请求黄部长能够早日查明是非真象，帮我创造一个安心写作的环境，以便早日完成这个作品。

当我给您写信的同时，也给北京市委写了信，请求调离北京市。否则，我年老多病，创作又是艰苦的劳动，加上还要防人暗算，长此下去，实在难于支持。我常常联想到老舍先生的遭遇，非常同情老舍夫人的悲痛心情。为此，我也恳请您能早日派人查清老舍的死因，同时也可以把北京市文化局的阶级斗争的盖子彻底揭开。致

崇高的敬礼！

杨沫 1978.6.10

15×20=300　北京市文化局创评组稿纸

1978年6月10日杨沫致黄镇部长信函首页与末页

在全国文联和北京市文联的支持下，杨沫暂时离开北京，先后到天津和浙江杭州去修改《东方欲晓》。在天津期间，起初，效率是很高的，每天可以写2000字到3000字，很快《东方欲晓》的稿纸一天天厚了起来。

1978年11月的月末，"《东方欲晓》按计划修改——重写着。一些人物在脑子里逐渐清晰起来……而且，那情感的波澜与思想的浮沉也常常摧心裂肝似的刺激着心扉"。而就在这种写作渐入佳境的时刻，她在天津睦南道招待所的食堂里遇到了一个搞分子生物学和中西医结合工作的青年科学家，打乱了她写作的节奏。在抓紧写作的同时，她开始调查了解这个勤奋而又遭到打压的青年科学家刘亚光的经历和科研情况。1979年

11月，她完成了44万字的《东方欲晓》的第一部。因为这个有关科研与“四化”建设的课题更加吸引她，她搁置了小说第二部，用日记的形式先记录下了自己的所见所闻、所思所感。1980年6月24日，北京市文学艺术工作者第四次代表大会在京召开，杨沫是主席团成员。经大会选举，曹禺为本届文联主席，杨沫为副主席。6月30日，杨沫致闭幕词，结尾时，她充满激情地说：“我们广大文艺工作者，一定要为党为人民争气，努力写出、演出、唱出更多更好的文艺作品，同心同德，团结一致，尽我们的力量，把‘四化’搞上去。”1980年6月，《东方欲晓》由浙江人民出版社出版发行。

1980年10月，长篇报告文学《不是日记的日记》由湖南人民出版社出版。《不是日记的日记》记叙了杨沫从1978年到1981年的生活、写作和

杨沫正在精心修改新创作的长篇小说《东方欲晓》

斗争，有她写作《东方欲晓》的甘苦，有她在苏杭一带度过的不平凡的日夜，有回忆与美国华人女作家聂华等重逢的喜悦，有记叙参加北京市文代会以及参加国际女作家大会的情况，但更多的是描写她参与科研斗争的详细经过。她大胆触及时事，提出“四化”建设中人才建设的重要问题，真实地流露出内心的欢愉、欣喜、痛苦与激愤心情。杨沫把自己和祖国的命运紧紧地联系在一起，她的勇气、热情、责任感、正义感不减当年。

杨沫签赠友人的《不是日记的日记》

1982年末到1983年上半年，杨沫整理修改了从1945年至1982年的约50万字的日记，名为《自白——我的日记》(1985年，花城出版社出版)。1983年第六期《花城》杂志上发表了她在“文革”十年中写的日记《风雨十年家国事》，详细地记叙了老舍、白杨、萧军、骆宾基等人的经历，也真实地记录了她的亲身经历、感受及家庭变故的不幸，以及那个年代中许多感人的事迹。1986年，花城出版社出版了她的第三部长篇小说《芳菲之歌》。

《芳菲之歌》完成后，杨沫拖着病体，开始顽强地创作“青春三部曲”的最后一部《英华之歌》。这部书，是杨沫在身体很差的状态下创作的。笔者保存有她1987年春写给时任北京市文联党组副书记邵荣昌的一封已残破不全的信。读信得知，杨沫从广东带着刚刚开头的长篇小说《英华之歌》回到北京，参加第六届全国人民代表大会五次会议。为了能安心创作，她决定仍在香山租一个房子进行写作。结果，会议期间她心脏病发作，连闭幕式都来不及参加，就匆匆离场，到租住的寓所静养。

在致邵荣昌的信中，杨沫提到“将参加中国作协组织的作家去波兰访问”，但最终并未成行。本来杨沫是这次访问团的团长，因在病中，她斟酌再三，还是放弃了出访的机会。这位已经年届73岁的老人在1987年4月19日的日记中写道：“去国外，一则累，说不定像华罗庚那样猝死在国外；二则，我舍不得放下《英华之歌》，它没写成，是我终身大事，它写成了，如果能出去，则生死由之了。”“最近钟惦棐和司徒慧敏相继去世。故人多做鬼，我这年纪为了未完成的书，决定不去波兰。”字里行间，透露出老人唯恐无法完成最后一个心愿的紧张。

1988年秋冬之际，北京市文学艺术工作者第五次代表大会在京召开。杨沫当选为北京市文联主席。本届副主席有作家浩然和管桦。杨沫是继老舍、曹禺之后的第三任北京市文联主席。

1989年，在中华人民共和国成立四十周年和北京和平解放四十周年之际，杨沫终于完成了《英华之歌》。1990年，小说由花城出版社正式出版。《英华之歌》是《青春之歌》的续集，与《青春之歌》《芳菲之歌》组成了“青春三部曲”。这部长篇小说呈现在读者面前的是1939年至1942年的历史画卷——林道静、卢嘉川、江华先后来到冀中敌后根据地十三分区开展工作。这里硝烟弥漫，敌人频繁扫荡、围攻、蚕食；抗日军民与敌人针锋相对、殊死斗争。与此同时，党内又正清查“托派”。小说围绕着严酷的斗争，展示了人物丰富的情感世界，揭示了人性的复杂与变化。林道静、卢嘉川、江华，以及柳明、曹鸿远等人物的爱情和命运，在这部小说中，较之前两部有着更充分的展现。

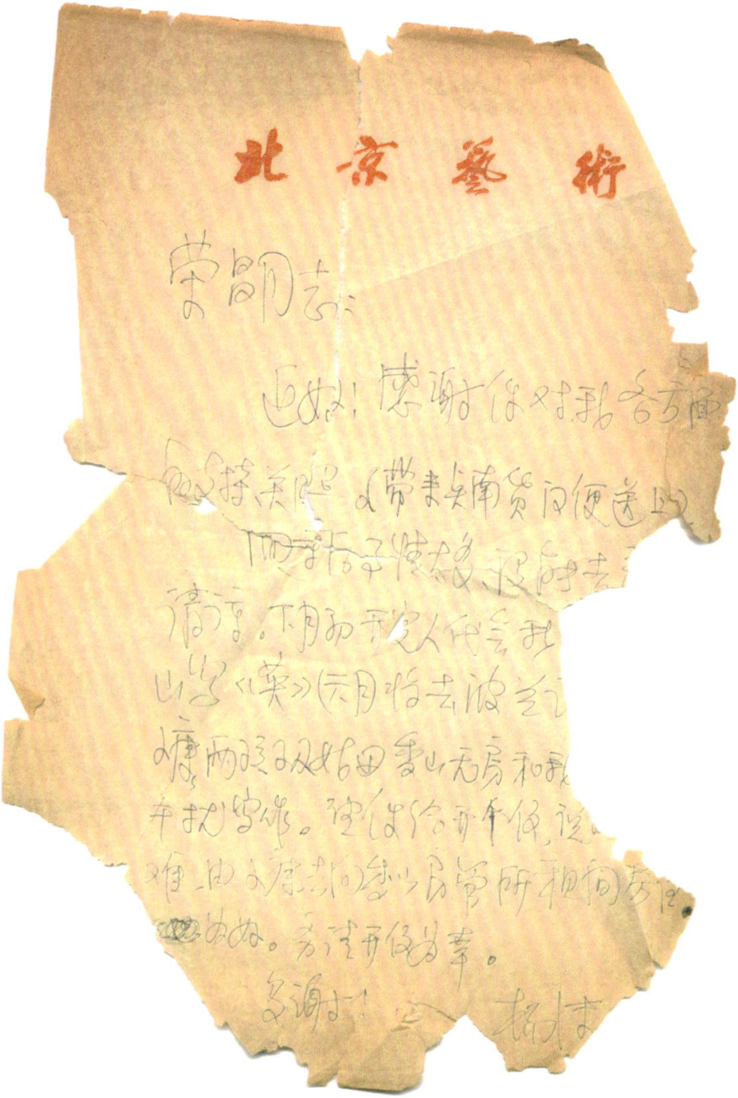
北京藝術

荣昌同志：

杨沫

杨沫致邵荣昌信札残篇

1991年10月，“杨沫文学创作学术研讨会”在北京召开，参加会议的有作家、学者、文学编辑。大家对杨沫半个世纪创作生活中的不懈追求、执着的热情表示崇高的敬意，对她在文学上所取得的成就给予高度的评价。

已近耄耋之年的杨沫，此时的身份有全国人大代表、中国文联委员、中国作协理事、北京市文联主席、《北京文学》主编。职务多，社会活动多，但她的笔并没有停歇。1994年，在她80岁时，北京十月文艺出版社出版了《杨沫文集》第七卷。

1995年12月11日，杨沫因病在京逝世，终年81岁。

杨沫一生有过三次婚姻：学富五车的张中行，资历深厚的马建民，脚踏实地的科学家李蕴昌。他们都是河北人。张中行是河北香河县人，中国著名作家、哲学家、语言文字学家。马建民是河北深泽县人，是杨沫的入党介绍人，作家老鬼的生父，担任过北京师范大学的副校长。李蕴昌是河北新城县（今高碑店市）人，毕业于燕京大学，是化工专业的高级工程师。

2020年3月8日下午5时初稿

2020年4月13日下午5时修订

2025年1月21日中午12时修订

管桦：石板房胡同里的歌声

管桦是我国当代著名的作家、诗人、画家，是继老舍、曹禺、杨沫之后的北京市文学艺术界联合会的第四任主席。他于1947年创作的中篇小说《小英雄雨来》，在新中国成立初期曾被教育部编入了全国中小学语文教科书。

一

管桦原名鲍化普，1922年出生于河北丰润县（今唐山市丰润区）女过庄。他的父亲是一个有豪爽之气、敢同恶势力斗争的乡村文人，早在1927年就参加了革命。母亲是个心地善良的农村妇女，但在命运面前却从不低头，她有绘画的艺术才能，还会讲故事。小时候，管桦的文化生活就是听妈妈讲故事。

1938年，因父亲参加了共产党领导的以李运昌为首的冀东人民抗日武装起义，管桦和弟弟、妹妹随母亲避居天津。这个时候，管桦开始读鲁迅、茅盾、巴金等前辈的作品。1940年，在父亲的支持下，他和弟弟参加了八路军，随即进入晋察冀华北联合大学文学系学习。这时正处于抗日战争艰苦阶段，反动势力甚嚣尘上。在这种形势下，我们的革命队伍中除战士外，几乎所有干部都用化名，并且时常更改。其目的是以假乱真，迷惑敌人，同时也防止敌人知道真实身份，加害亲人。因此，鲍化普化名管桦。据后来管桦讲，他之所以选择“管”，是因为一个典故——春秋时期，齐桓公的贤相管仲与鲍叔牙是至交。管仲曾经说过：“生我者父母，知我者鲍子也。”两人情同骨肉，亲如一家。管桦从这个古老的“管鲍”之交得到启发，于是由姓“鲍”改为姓“管”了。开始的时候，他叫“管华”。用了一个时期，一次同志开玩笑说：“你要管理中华呀？”他随机应变，就在“华”字旁边添了一个“木”字，变成“管桦”，并且回答说：“顶大就是管管森林罢了。”新中国成立后，他也曾想改过来，但因大家都熟悉这个名字了，也就一直用下来。

1941年，管桦从华北联合大学文学系毕业。历任冀东区党委机关报《救国报》随军记者，冀东军区政治部尖兵剧社文艺队副队长、队长，冀察热辽军区文工团副团长。他的主要任务是写作歌词、剧本和文艺通讯，间或写点小说。1945年，他的父亲在一次激战中牺牲。1946年，管桦加入了中国共产党。这一年，冀东新华书店出版了他的反映土地改革的中篇小说《荆各庄的故事》。他在1947年写的剧本《归队立功》曾受到冀察热辽军区和九纵通令嘉奖，荣获朱德奖章一枚，并记大功一次。1948年，管桦因病调到东北鲁迅艺术学院文学研究室任研究员。除了歌词创作，他还写了《小英雄雨来》第一章。研究室主任、著名作家周立波看了之后，给予了肯定和赞赏。在周立波的鼓励下，管桦把这个儿童故事继续写成了一个中篇小说。这个小说，先后由三联书店和河北人民出版社出版过单行本。

二

新中国成立后，管桦在中央音乐学院创作组专门从事歌词写作。1952年，创作组转到北京中央乐团为作曲家写词。自此，管桦居住在西黄城根南街东侧的石板房胡同24号。

石板房胡同形成于清代,《光绪顺天府志》记有“石板房”。民国之后析出三条胡同，分别为石板房头条胡同、石板房二条胡同、石板房三条胡同，简称为头条、二条、三条。1965年将石板房头条定名为石板房胡同。石板房胡同南北曲折走向，北起图样山胡同，南端东折通向后达里，西侧通向西黄城根南街，全长450米，均宽5米。

自1952年，管桦住进石板房胡同24号平房小院，到1985年乔迁新居，搬到朝阳区坝河之滨的一幢楼房，他在石板房胡同24号居住了33个年头。

那时候，石板房胡同24号平房小院里住的几乎都是中央乐团创作组的作曲家和词作家，李焕之、张文纲等都住在这里。张文纲担任创作组组长。1951年，管桦和张文纲奔赴朝鲜前线深入生活，根据真人真事创作了具有丰富艺术表现手法和强烈感染力的大型合唱作品《飞虎山》。1950年11月上旬，抗美援朝第一次战役后，志愿军335团5连在飞虎山守备战斗中，发扬了我军英勇顽强、不怕牺牲、前仆后继的优良作风，坚守阵地五昼夜，打垮了以美国为首的“联合国军”一到两个营的兵力30余次进攻，为我主力部队围歼军隅里、凤鸣里一带之敌赢得了时间，做出了贡献。战后荣获38军授予的“英雄部队”、志愿军领导机关授予的“二级英雄连”光荣称号。

1951年9月，在罗马尼亚布加勒斯特举行了“人民友谊”主题歌曲国际比赛,《飞虎山》获得三等奖。30年后，管桦在写给北京军区战友文工团张非的信中，对这个作品评价说:“我一直认为它是一个好作品，因为它是一个以爱国主义和国际主义为主题的作品，音乐方面有它独特新颖的民族风格和雄伟的革命气魄，当时给人民以鼓舞和留下了深刻印象，并曾获世界上的声誉。”

1951年至1957年，管桦为少年儿童写了多首歌曲。当时的中央人民广播电台就在石板房附近。在央广电台少年广播合唱团任团长兼指挥的李文玉同志，三天两头来院内约稿。

管桦创作于1953年的《我们的田野》(张文纲作曲)，原是儿童组曲《夏天旅行之歌》中的第三曲，是一首深受少年儿童喜爱的抒情歌曲，是从20世纪50年代直到现在都经常广播、演唱的优秀少儿歌曲代表作之一。在1980年“第二次全国少年儿童文艺创作评奖”中获一等奖，2009年5月入选庆祝中华人民共和国成立七十周年优秀歌曲100首。管桦希望通过少年儿童的独特视角描绘祖国的秀美山川，表达了少年儿童热爱祖国与大自然的心声和建设祖国的雄心壮志。

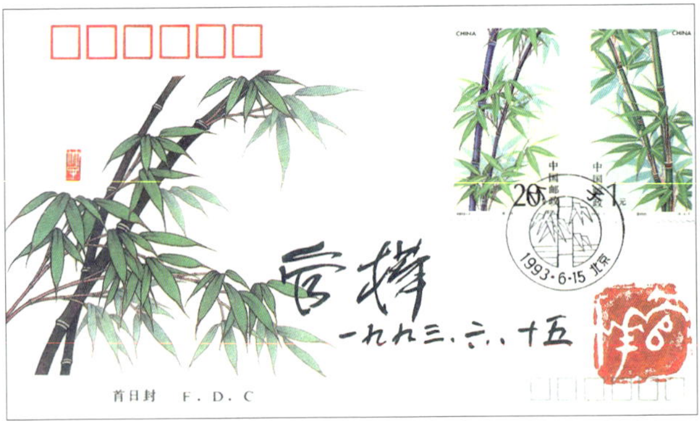

管桦在《竹子》首日封上的签名

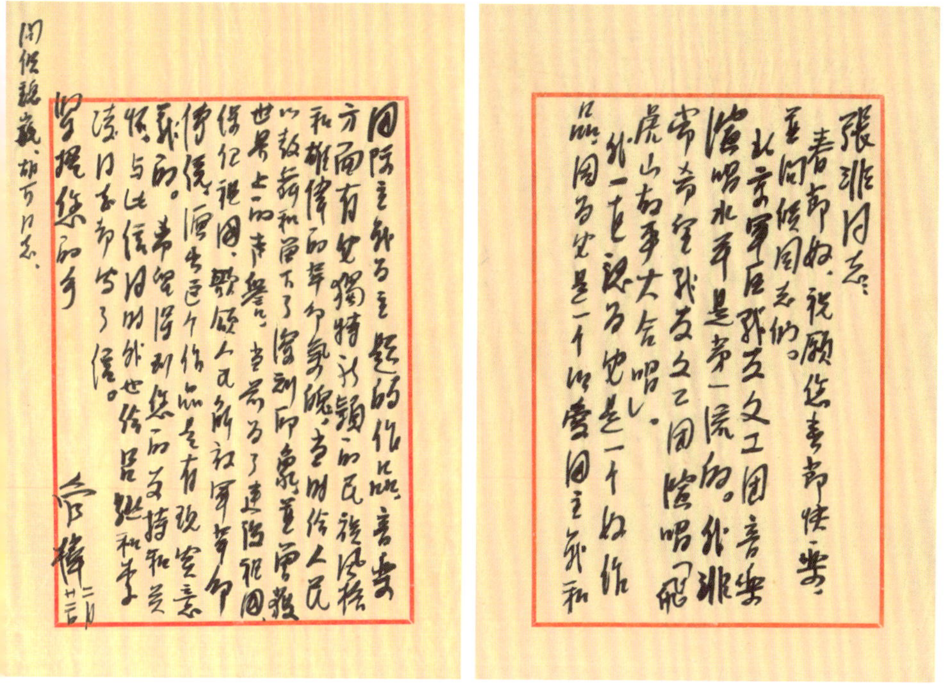

管桦致战友文工团张非信函

1953年，管桦对新中国的少年儿童能在和平环境里幸福成长，感到十分欣慰。特别是节假日里，孩子们穿上漂亮的衣裙，胸前飘着红领巾，在公园里欢笑奔跑的形象给他留下了很深的印象。为此，他和女作曲家李群合作写了《快乐的节日》（初刊于《歌曲》1954年第四期），作为“六一”儿童节的祝贺。

“小鸟在前面带路，风儿吹向我们。我们像春天一样，来到花园里，来到草地上。鲜艳的红领巾，美丽的衣裳，像许多花儿在开放。”这首歌用充满想象力的儿童语言，欢快流畅的旋律，唱出了孩子们活泼的性格和快乐的心情，极具儿童情趣。它由中央人民广播电台少年广播合唱团首唱后，获得了一代又一代少年儿童的喜爱。

1957年，管桦与著名的女作曲家瞿希贤合作了《听妈妈讲那过去的事情》。1980年，该歌曲获得全国第二次少年儿童歌曲评奖一等奖。同时期，管桦还和瞿希贤合作了《早操歌》。

在石板房胡同居住的日子里，管桦在为少年儿童们写作歌词的同时，还为少年儿童写童话故事。1956年，中国少年儿童出版社出版了他的童话《老虎和黑熊》。1956年，河北人民出版社出版了《熊的故事》；1957年，出版了《竹笛》。1957年，中国少年儿童出版社出版了《狐狸》和《慕士塔克山的故事》。

三

1957年，为响应党提出的文艺工作者到工农兵群众中去的号召，管桦和夫人李婉带着孩子们离开北京，回到他的家乡冀东农村落户。

1958年，中国青年出版社出版了他的第三个中篇小说《辛俊地》。小说讲述了农民战士辛俊地的战斗和爱情故事，展现了具有强烈个人英雄主义色彩的辛俊地和组织之间的冲突，也表现出辛俊地自尊、自爱的复杂人性，最终以辛俊地的个人悲剧收场。小说出版后，在《文艺报》上引起了热烈的讨论。在农村生活将近十年，1966年，他们一家才回到北京石板房胡同24号院的平房小院。在冀东时期，管桦写了短篇小说集《三只火把》《山谷中》《葛梅》。

从1970年起，管桦开始写作长篇小说《将军河》，经过多年的时间，数易其稿，终于完成了这部视野开阔、规模宏大的文学巨著。《将军河》

以第二次世界大战为背景，生动地描绘了我国华北将军河地区军民团结抗日的历史画卷。小说以一系列紧张、曲折、惊险的情节，展示了人类社会善与恶的厮杀、文明与野蛮的苦斗，还有对人生的深刻思索、对爱情的热烈追求、对命运的奋力抗争，富有华北地区浓郁的生活气息。

管桦多才多艺，小的时候受母亲的影响，非常喜欢书法绘画，尤其擅长画墨竹。他喜欢养竹、画竹，因为他喜欢竹子的品格。竹子与松树、梅花一样，具有傲霜、耐寒的特点，它经冬不凋，决不向恶劣的环境屈服。他非常喜欢宋代徐庭筠的诗句："未出土时先有节，便凌云去也无心。"我国古代的先贤常常把竹子的"节"与人的"节操"相联系，把竹子的中空与人的"虚心"相联系。管桦继承了古代先贤的传统思想，在一首题为《凌云直上》的咏竹诗里，他这样写道："根生大地，渴饮甘泉，未出土时便有节。枝摇星月，叶拍苍天，直到凌云高处，依然虚心。"

1957年，管桦一家回老家河北省丰润县女过庄安家落户的时候，曾在他居住的"草舍后院土墙边"移栽了几竿青竹。在北京石板房胡同24号的平房小院里也栽种了青竹。

管桦喜欢画竹，也常常送给朋友。他的夫人李婉曾在中华全国总工会工作，当她的同事知道管桦会画竹子，便向她要。管桦总是抽出空来，为李婉的同事精心绘制。

1985年，管桦乔迁新居，住进了朝阳区坝河之滨的一幢楼房。他依旧爱画竹，直到2002年离世。

2020年2月10日下午5时初稿

2020年4月15日修订

2025年1月21日下午1时修订

王亚平：新中国改造民间艺人和民间艺术的奠基人

王亚平是我国著名的现代诗人、剧作家、曲艺家。20世纪30年代，他开始新诗创作。1946年秋，到冀鲁豫解放区从事革命文艺工作并转向剧本和曲艺唱词创作；1949年调北京工作，先后任《人民日报》文艺副刊主编、《新民报》总编辑，北京市人民政府文教局文艺处处长、北京市文联党组书记兼秘书长，并主持《北京文艺》和《说说唱唱》杂志的编辑工作。他在曲艺方面的贡献最大，其组织领导、参与实践，对提高曲艺的社会地位和艺术品位、扩大曲艺的社会影响意义重大。

一

王亚平，1905年3月11日生于河北威县一个农民家庭。10岁时，到邻村一所小学读书，起名王福全。1918年，他以王福全之名，考入县立高小。他的老师王伯廉赐其字为“减之”，意谓“人无全福者，应‘减之’，取相救之意”。15岁，考入位于邢台的直隶第四师范学校。因受新文化运动的哺育，喜爱新诗文，学写新诗，曾参加学校“文艺研究社”试演话剧。他的第一部诗集为《红蓼集》。

1926年，学校因闹学潮遭到当局的打击。省长命令学校解散。王福全被迫回到家乡，致力于新教育。他还与无政府主义者革非等组织“友声社”，出版刊物《友声》，并发表文章《奴化欤？赤化欤?》。地方旧势力以“宣传赤化，蛊惑青年”为由告到吴佩孚那里，王福全和革非被通缉。王福全藏匿于磁县，躲避一时，后远走河南开封，改名“王亚平”。据他后来说，“王亚平”，意为争得亚洲、祖国、个人有一个和平的环境。以后，他的作品大都用这个名字发表、出版。

“九一八”事变后，王亚平痛恨东北沦亡，积极投入文艺界抗日救亡运动。1931年冬，与袁勃等人在北平创办《紫微星》《新地》杂志，发表反对《何梅协定》的剧本《香槟酒》、反映工人生活的叙事诗《南北楼》等作品。1932年冬，参加在上海成立的以蒲风为首的中国诗歌会，结识新诗战友。因自幼受到民间说唱艺术的熏陶，王亚平主张诗歌创作应追求民族化和大众化。

1934年秋，王亚平到青岛，筹编《诗歌新辑》《现代诗歌》《诗歌季刊》等。1935年，与老舍、王统照、臧克家等组成“避暑录话社”。这时，他深感三座大山压迫下的中国，农民逃荒、都市冷落，遂感情激愤地写了一些诗。诗集《都市的冬》(托好友蒲风请时在日本的郭沫若题写书名、蒲风作序)、《海燕的歌》先后出版；并以“一二·九”运动为内容，写成专题诗集《十二月的风》。由于反动派控制舆论非常严密，革命诗文更难发表，为了迷惑敌人，使特务不易侦知作者，他用笔名“罗伦”在《诗歌季刊》上发表作品。这个笔名，从字面和读音上看，很像外国人的译名，可以迷惑敌特的视听。

1936年10月，王亚平参加了筹备召开鲁迅先生追悼大会的工作，遭到国民党反动当局的驱逐而离开青岛，赴日本自费留学。在日本，他结识了郭沫若。

“七七”事变后，1937年7月24日，王亚平回国投入抗日斗争，创办了诗刊《高射炮》，郭沫若为诗刊命名时说：“让诗人的声音像高射炮一样。”同年9月，王亚平参加战地服务队，任《救亡日报》特约通讯员，战斗在苏、浙、湘、鄂等省，满怀激情地宣传抗日，写歌词、诗和通讯，写标语，演话剧，在黑夜里行军，在硝烟炮火中，“思想受到考验，身体得到锻炼”。

1938年，中华全国文艺界抗敌协会成立，不久，“文协”会刊《抗战文艺》在汉口创刊。王亚平是刊物的忠实读者。为了在抗战中发挥通俗文艺的作用，老舍组织了“怎样编制士兵通俗读物”座谈会。王亚平应邀出席座谈会。会上，他结合自己在前方工作八个月所得到的经验发表了自己的观点：

> 我认为旧瓶装新酒究竟是有限度的，超过了一定的限度就会无效。像《小放牛》《五更调》一类的腔调，在抗日情绪高涨的现阶段，无论士兵或民众，都不愿意听的。换言之，便是他们接受文艺程度高了，进步了。正如大家所谈到的一样，一定要与他们的生活有关，形式要竭力求其通俗化。以往流行在知识分子之间的有些歌，搬到乡下去就没有效用，例如：“起来，不愿做奴隶的人们。”第一，老百姓就不懂得“奴隶”是什么。我们在金华下乡宣传，就试验失败了。后来我们改用极通俗的歌，而且跟他们的生活直接联系起来，譬如下乡去宣传兵役运动，我们唱的歌词是：“张老弟，李大哥，一起来当兵。日本兵来家不保，田地失去活不成。当兵去，当兵真英雄；拿起锄头拿起枪，一起去打日本兵。”农民听了不但懂，而且都感动，也

都会唱。这是我所说的第一点。第二，一般人的想象，总以为难民是很伤感的，急于需要安慰，但事实上并不完全这样。金华有五千难民，在说完了家破人亡的种种自身的痛苦之后，跟着就表示要打回老家去的情感。因此，我们也不应一时给他们安慰，而要激发他们抗敌的感情。第三，有许多歌曲音符复杂，士兵就不会唱，即使勉强学会了，唱出来也颠颠倒倒的，有些歌曲看去虽然好像淡薄，但士兵却很欢迎，如《大刀进行曲》就是被士兵欢迎的一个歌。总之，第一要“中国化”，第二要“战斗化”，第三要“通俗化”，这是我们从工作经验里得出结论来的三化主义。附带说一句，用本地话来写，自然更加容易收效些。

王亚平的发言引起与会人员的共鸣。穆木天先生问道：“那么戏剧的情形怎样呢？”王亚平谈了自己的认识：

戏剧也一样。第一，要独幕剧。第二，要与观众生活发生关系。譬如对伤兵演戏，最好演《再上前线》之类；对士兵演戏，则演《保卫上海》《保卫浦东》等等；到乡村去演戏，以演敌人的残暴效果最大，如《守住我们的家乡》就是一个效果很好的戏。还有，哑剧在乡村里特别收效。这是因为用国语演出，有的还是听不懂的，哑剧纯粹用动作表现，使大家都看得懂了。

正是在这个时期，王亚平与老舍的接触开始频繁，关系更加紧密，为他们在新中国成立后共同推动大众的通俗的文艺工作奠定了基础。

1939年末，王亚平到重庆，加入了“文协”。在这段时间内，他主动接近党组织，聆听周恩来的政治时事报告，接受郭沫若的指导，积极参加爱国民主运动和进步文艺活动，在协助党组织掩护文艺界人士和进步青年奔赴延安方面，做了大量的工作。革命斗争生活激发了他的创作热情，这个时期也是他创作的丰收季节，他创立了“春草诗社”，团结了进步的诗歌工作者；研究了杜甫的诗，写成《杜甫论》；创作了《生活的谣曲》《火雾》《中国，母亲的土地啊》等诗集和《永远结不成的果实》散文集，以及与戈矛合著的《诗歌新论》；学习了毛泽东同志《在延安文艺座谈会上的讲话》，对文艺为人民服务有了进一步的认识。

1945年3月，郭沫若亲自主持了文艺界举办的王亚平四十寿辰和创作十五周年庆祝大会，《新蜀报》还出了“纪念亚平创作十五周年专辑”。同年4月，《抗战文艺》为庆祝第一届文艺节并“文协”成立七周年，出版纪念特刊，老舍、郭沫若、茅盾等纷纷发表文章。王亚平创作了诗歌《我爱那样一条河流——为文艺节而歌》：

我爱那样一条河流，
那涌不尽浇不息的泉源
来自爱自由人类的心头。
它不需要点点闪亮的星斗，
映照在蓝荡荡的水面，
叫闲荡没事的哥儿来欣赏；
它不欢喜缤纷的花瓣儿，
滴落在涟涓的波纹上，
给风月的雅人添无聊的愁伤。
…………

我爱那样一条河流，
我愿撑着篙，打着唿哨，
做那条河流上的一个水手，
让我的口哨吹得呼呼响，
吹来清爽的雨露，
喊动澎湃的波流，
我和我比星星还多的好伙伴
踏着风浪，迎着多光的新的雷电，
勇敢而愉快地划向自由的海洋。

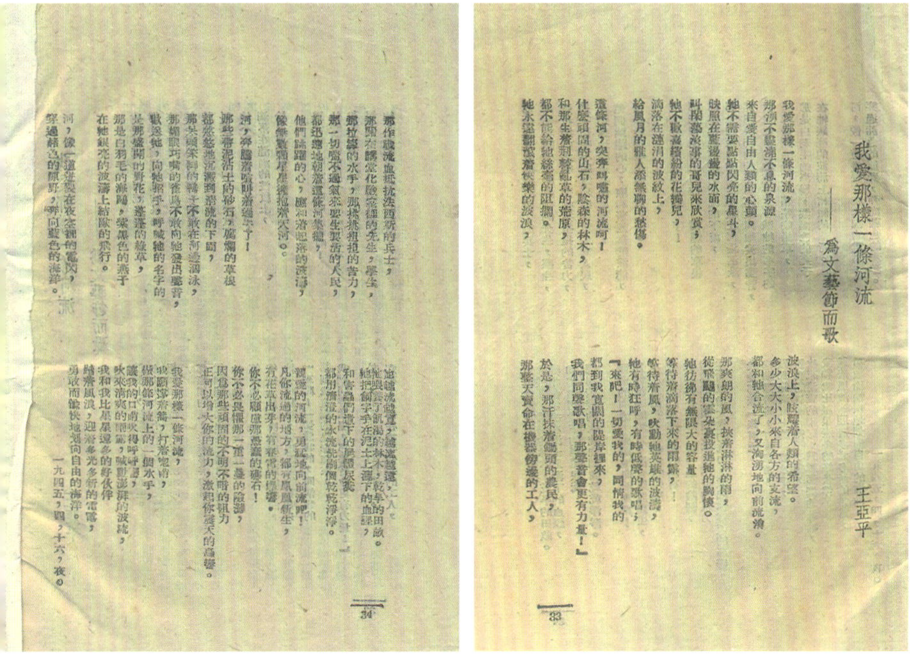
我愛那樣一條河流
——爲文藝節而歌
王亞平

我愛那樣一條河流，
那源不盡湧不息的泉源
來自愛自由人類的心頭。
牠不需要點點閃亮的星斗，
映照在藍澄澄的水面，
叫閑蕩浪事的哥兒來欣賞；
牠不歡喜繽紛的花瓣兒，
滴落在漣漪的波紋上，
給風月的雅人添無聊的愁傷。
這條河，突奔叫嘯的河流呵！
什麼頑固的山石，陰森的林木，
和那生着荊棘亂草的荒原，
都不能給牠絲毫的阻攔。
牠永遠翻滾着快樂的波浪，
波浪上，閃耀着人類的希望。
多少大大小小來自各方的支流，
都和牠合流了，又洶湧地向前流淌。
那爽朗的風，挾着淋淋的雨，
從飛馳的雲朵裏投進牠的胸懷。
牠彷彿有無限大的容量
等待着滴落下來的雨露，
等待着風，吹動牠英雄的波濤，
牠有時狂呼，有時低聲的歌唱；
「來吧！一切愛我的，同情我的
都到我寬闊的堤岸裡來，
我們同聲歌唱，那聲音會更有力量！」
於是，那汗抹着鋤頭的農民，
那整天賣命在機器傍邊的工人，

33

那作戰流血抵抗法西斯的兵士，
那關在講堂化驗室裡的先生，學生，
那拉縴的水手，那挑挑担担的苦力，
那一切喘不過氣來要生要活的人民，
都迅速地朝着這條河集攏，
他們踴躍的心，應和着迴落的波濤，
像無數顆星星擁抱着大河。
河，奔騰着吶喊着過去了！
那些帶泥沾土的砂石，腐爛的草根
都悠悠地沉澱到溪流的下面，
那呆頭笨腦的鴨子不敢在河邊泅泳，
那媚眼巧嘴的雀鳥不敢向牠發出鶯音，
歡送牠，向牠招手，呼喊牠的名字的
是那盛開的野花，蓬蓬的綠草，
那是白羽毛的海鷗，紫黑色的燕子
在牠銀亮的波濤上結隊的飛行。
河，像一道迸裂在夜空裡的電閃，
穿過赭色的原野，奔向藍色的海洋。
[illegible]流越寬，越流越遠，[illegible]
牠[illegible]了飢渴的林木，乾旱的田畝，
牠把[illegible]在泥土上遺下的血跡，
和害蟲們遺下的屍體尿糞
都用清澄的水流洗刷個乾乾淨淨。
寶愛的河流，勇猛地向前流吧！
凡你流過的地方，都有鳳凰新生，
有花草出芽，有春雷的爆響。
你不必顧慮那懸崖的礁石！
你不必畏懼那一重一疊的險灘，
因為那些頑固的不明不暗的阻力
正可以增大你的流力，激起你震天的轟響。
我愛那樣一條河流，
我願撐着篙，打着唿哨，
做那條河流上的一個水手，
讓我的口哨吹得呼呼響，
吹來清爽的雨露，喊動澎湃的波流，
我和我比星星還多的好伙伴
踏着風浪，迎着多光多新的雷電，
勇敢而愉快地划向自由的海洋。
一九四五，四，十六，夜。

34

王亚平诗作《我爱那样一条河流》，发表于《抗战文艺》纪念特刊

1946年，受党的委派，王亚平奔赴解放区，任冀鲁豫解放区文联主任。途经南京梅园新村时，受到周恩来的接见和教导："到解放区后，要深入群众，多做革命事务!"在三年的解放战争和土地改革斗争中，在王亚平任主任期间，文联主编了《平原文艺》，并出版综合性通俗刊物《新地》和《平原画刊》；在区党委宣传部的领导下，在团结边区的文艺工作者、改造民间艺人和民间艺术，配合伟大的解放战争进行宣传、鼓励群众方面都做出了突出的成绩。在这一段时间里，王亚平和边区军民朝夕相处，汲取了大量民间文学的营养，创作了不少诗歌、散文、唱词等作品。《百鸟朝凤》《打黄狼》写成后，被艺人们传唱，并得到解放区的奖励。

二

1949年4月，王亚平调到北京《人民日报》负责文艺版的编辑工作，后任《新民报》总编辑。同年7月，中华全国文学艺术工作者代表大会在北平召开。王亚平作为华北代表团代表出席会议。华北代表团人数众多，团长萧三，副团长田间和高沐鸿；王亚平和阮章竞、胡苏为代表团委员。王亚平和胡风、艾青、李广田、柳亚子、柯仲平、俞平伯、田间、冯乃超、何其芳、臧克家、安娥、厂民、冯至为大会诗歌组委员兼召集人。大会期间，中华全国曲艺改进会筹备委员会成立，王亚平和赵树理、连阔如、王尊三等任常务委员。

1950年5月28日至31日，北京市文学艺术工作者代表大会在北京召开。王亚平任大会筹备委员会秘书长。5月28日上午，大会开幕。王亚平报告大会筹备经过。通过老舍、欧阳予倩、李伯钊、王亚平等37人为大会主席团成员。来宾郭沫若、沈雁冰、周扬、翁独健、彭真、吴晗、田汉、徐悲鸿等相继讲话。5月28日下午，吴晗作报告《解放前的北京市新文艺运动》，李伯钊作报告《北京市文艺普及工作问题》。5月29日，王亚平作报告《1950年北京市文教局文艺工作计划和实施情况》。5月30日上午，各代表团开小组会，讨论吴晗、王亚平、李伯钊的报告，酝酿文联理事候选人名单。5月31日，讨论并通过文联章程草案，用不记名投票方式选出老舍等45人为文联理事。王亚平任秘书长兼编辑出版部部长。

王亚平一方面担负繁重的组织行政工作，还与赵树理筹办《说说唱唱》，并任副主编；一方面坚持文艺创作，陆续出版了《黄河英雄歌》《穆林女献枪》《第一支颂歌》《李秀真传歌》《青春的中国》等诗集，《百鸟朝凤集》等曲艺集，还创作了剧本《女教师》，该剧还曾赴朝慰问过志愿军。

1953年，他以元曲《张生煮海》为依托，并研究了有关龙女的神话传说，写成剧本《张羽煮海》。此剧由北京市评剧团改编成评剧，由著名评剧演员李忆兰扮演龙女琼莲，生动地塑造了一个热爱生活、追求自由、反抗压迫的少女形象，在这出戏里，她的演唱和表演得到了北京市民的肯定，反响很大，在北京市的戏剧会演中得了奖。后来，其他省市的剧团观摩后也排练演出。

20世纪50年代中期，王亚平在政治运动中被牵连，以莫须有的罪名受到错误处理。以下为中国作协1962年记载的采访王亚平的记录：

> 目前王亚平在研究室工作，正在搞曲艺史，这是一项新的工作，要准备很多资料，工作较忙。组织上指示：要搞好研究工作，进行业余创作。自己为了重新回到党的队伍，没有向组织上提出想搞创作的要求，服从工作需要。美术出版社约他为《牛郎织女》写一套完整的诗，以便配画，虽已应下，尚未动

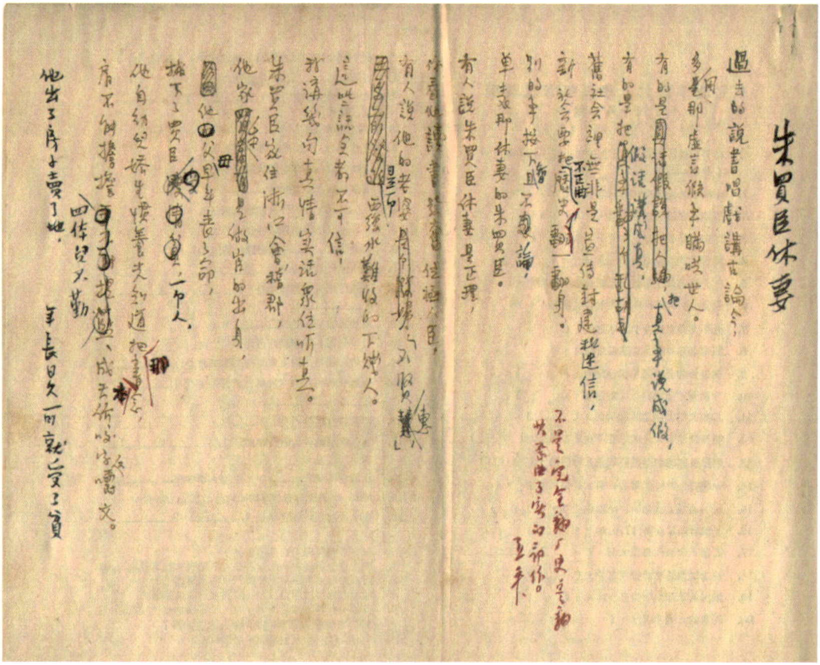

朱買臣休妻

赵树理、王亚平修改刘乃崇新鼓词《朱买臣休妻》手稿

手。他很希望能有机会出去参观访问。他说，他可以随时写写东西，如果路费有困难，甚至可以自费参观，以稿费作路费。

他说，他生活上没什么问题，每月有糖、豆补助，身体还好，只有季节性的气喘。最大问题是烟不够，因为行政15级不发高级烟，他原行政12级，犯错误后降3级，现在只是王尊三同志每月给他一条烟。

1957年到1976年，他身处逆境，《张羽煮海》被禁演，于是他沉默地读书，写些与老友赠和的诗，学习鲁迅著作，写读书笔记30多万字，出

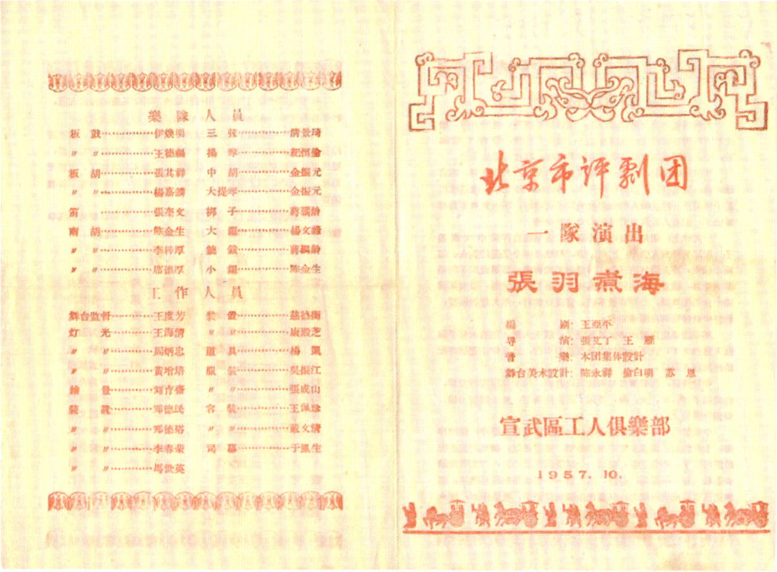

樂隊人員

板鼓	伊煥明	三弦	儲景琦
〃〃	王德龢	揚琴	紀恒倫
板胡	張其祥	中胡	金振元
〃〃	楊嘉謨	大提琴	金振元
笛	張孝文	梆子	蔣瑞綸
南胡	陈金生	大鑼	楊文鑫
〃〃	李梓厚	鐃鈸	蔣鵬綸
〃〃	席德厚	小鑼	陈金生

工作人員

舞台监督	王度芳	效音	慈德衡
灯光	王海清	〃〃	康殿芝
〃〃	周炳忠	道具	楊凤
〃〃	黃培培	服装	吳振江
繪景	刘存睿	〃〃	張成山
裝置	郑德民	容装	王佩珍
〃〃	郑德裕	〃〃	戴文清
〃〃	李春棠	司幕	于鳳生
〃〃	馬世英		

北京市评剧团

一隊演出

張羽煮海

編劇：王亚平
导演：張艾丁 王雁
音樂：本团集体設計
舞台美术設計：陈永祥 俞白明 苏恩

宣武區工人俱樂部

1957. 10.

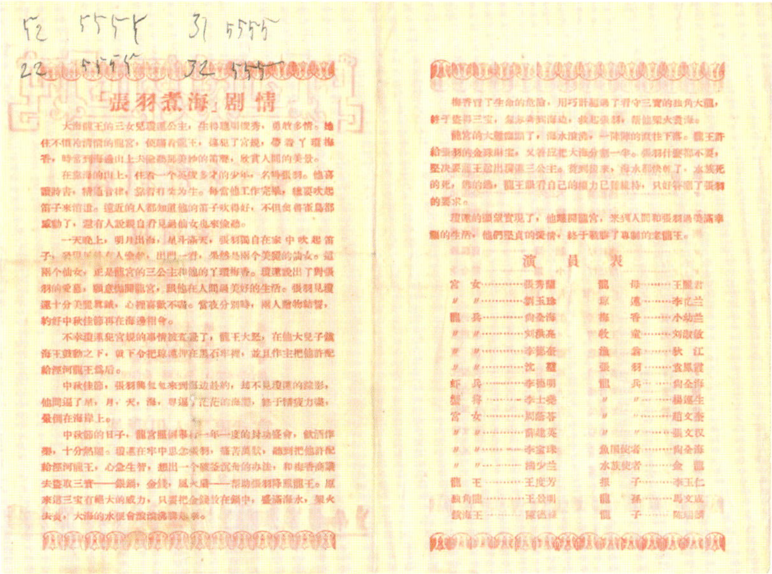

52 5555 31 5555
22 5555 32 5555

「張羽煮海」剧情

大海龍王的三女兒瓊蓮公主，生得聰明俊秀，勇敢多情。她住不慣冷清清的龍宮，偷瞞着龍王，違犯了宫規，帶着丫環梅香，時常到海邊山上去聆聽那美妙的笛聲，欣賞人間的美景。

在靠海的山上，住着一个英俊多才的少年，名叫張羽。他喜讀詩書，精通音律，靠打柴为生。每當他工作完畢，總要吹起笛子來消遣。鄰近的人都知道他的笛子吹得好，不但禽兽雀鳥都感動了，還有人說親自看見過仙女也來偷聽。

一天晚上，明月出海，星斗滿天，張羽獨自在家中吹起笛子，忽見窗外有人偷聽，出門一看，竟然是兩个美麗的仙女。這兩个仙女，正是龍宮的三公主和她的丫環梅香。瓊蓮說出了對張羽的愛慕，願意離開龍宮，跟他在人間過美好的生活。張羽見瓊蓮十分美麗真誠，心裡喜歡不盡。當夜分別時，兩人贈物結誓，約好中秋佳節再在海邊相會。

不幸瓊蓮犯宫規的事情被查覺了，龍王大怒，在他大兒子鎮海王鼓動之下，就下令把瓊蓮押在黑石牢裡，並且作主把她許配給涇河龍王為后。

中秋佳節，張羽興冲冲來到海边赴約，却不見瓊蓮的蹤影，他問遍了星，月，天，海，尋遍了茫茫的海疆，終于精疲力盡，暈倒在海岸上。

中秋節的日子，龍宮照例舉行一年一度的封功盛會，飲酒作樂，十分熱鬧。瓊蓮在牢中思念張羽，痛苦萬狀，聽到把她許配給涇河龍王，心急生智，想出一个破釜沉舟的办法，和梅香商議去盜取三寶——銀鍋，金錢，風火扇——幫助張羽降服龍王。原來這三宝有絕大的威力，只要把金錢放在鍋中，盛滿海水，架火去煮，大海的水便會沸騰滾滾起來。

梅香冒了生命的危險，用巧計騙過了看守三寶的独角大龍，終于盜得三宝，急急奔到海边，救起張羽，幫他架火煮海。

龍宮的大鍋煮开了，海水沸騰，一陣陣的直往下落。龍王許給張羽的金珠财宝，又答应把大海分给一半。張羽什麼都不要，堅決要龍王放出瓊蓮三公主。看到後来，海水都快干了，水族死的死，逃的逃，龍王眼看自己的權力已難維持，只好答應了張羽的要求。

瓊蓮的願望實現了，她離開龍宮，来到人間和張羽過着美滿幸福的生活。他們堅貞的愛情，終于戰勝了專制的老龍王。

演員表

宮女	張秀蘭	龍母	王麗君
〃〃	劉玉珍	瓊蓮	李忆兰
龍兵	向金海	梅香	小幼兰
〃〃	刘洪亮	牧童	刘淑敏
〃〃	李德奎	漁翁	秋江
〃〃	沈鑫	張羽	袁鳳霞
虾兵	李德明	龍兵	向金海
蟹将	李士尧	〃〃	楊蓮生
宮女	周蔭蓉	〃〃	趙文奎
〃〃	翁建英	〃〃	張文权
〃〃	李宝珠	魚围使者	向金海
〃〃	満少兰	水族使者	金鑫
龍王	王度芳	报子	李玉仁
独角龍	王金明	龍孫	馬文成
鎮海王	陳德林	龍子	陈福清

由王亚平任编剧的《张羽煮海》戏单

版过《写在母亲像前》《灿烂的星辰》等诗集。在他保存的这一时期写的诗稿中有一首《赠郭老》，回顾了郭沫若先生的革命经历和创作生涯。

烽烟滚滚罩山城，寿诞五十贺先生。
今日江山多灿朗，会瞻丰颜已高龄。
革命长河巨浪涌，女神展翅向“星空”。
为反帝封引“洪水”，“棠棣”花发血染红。（送出征）
一朝北伐身许党，十年隐迹困东京。
螺居千呼惊雷震，心向延安红线通。
呼救危亡返沪上，促动抗战长“三厅”。
蒋贼谋叛起皖变，八路卫国歼敌兵。
“屈原”名剧颂雷电，神州解放旌旗红。

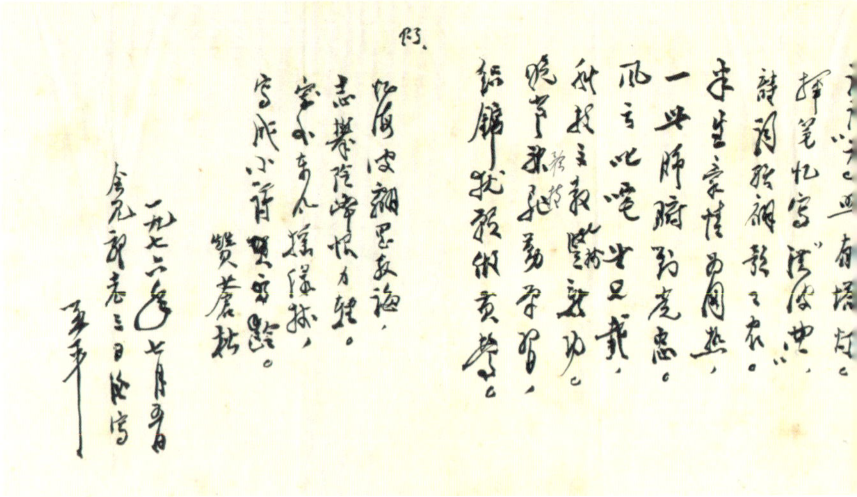

1976年7月王亚平在与郭沫若会面后所作《赠郭老》

文苑会师百花盛，“讲话”高照有明灯。
挥笔忆写“洪波曲”，诗词联翩歌工农。
半生豪情为国热，一世肺腑对党忠。
风云叱咤廿七载，科技文教树新功。
晚节矜持勤学习，织锦犹愿做黄莺。
忆海波翻思教诲，志攀险峰恨力轻。
室外东风摇绿枝，写成小诗赞苍松。

1976年后，王亚平被压抑了多年的创作激情像火山爆发一样喷涌而出，为伟大祖国的建设开始新的歌唱。他创作出版了大量的抒情诗和文章。他在生命的最后几年里，仍不顾病痛的折磨，笔耕不辍。除去研究学习古典诗歌和民歌，他还写了诗歌50余首，包括追忆自己人生道路的

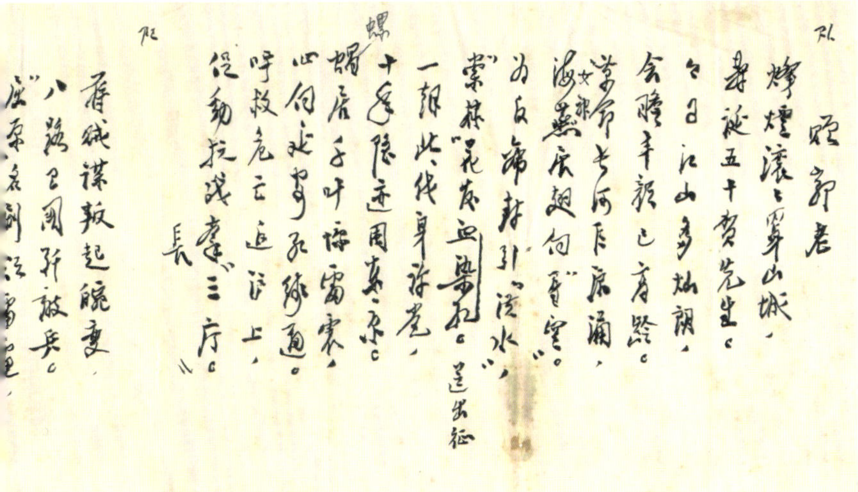

三部曲《嘱咐》《期待》《火光》，另有散文《登雄关而壮天下》《犹闻“雷电颂”声音》《老舍的故事》等20余篇，回忆录《赵树理的创作生活》《一首诗的诞生》及其他诗歌评论文章20余篇。直至逝世前两天，他还应邀撰写回忆茅盾的文章。

1983年4月6日，王亚平带着不尽的创作激情和规划，坐在他日夜执笔耕耘的书桌旁，溘然长逝。

2021年12月27日初稿

2025年1月22日晚6时修订

陶钝：曲艺百花坛的浇灌人

陶钝于1923年考入北京大学，在北京大学读书时，曾积极参与北大学生救国运动。1931年，陶钝不顾白色恐怖的威胁毅然加入中国共产党。抗战期间，他参加了游击队，在党组织的领导下从事文化教育工作。

1949年7月，中华全国文学艺术工作者代表大会在北京召开。陶钝作为华东代表团的代表，参加了这次盛会。新中国成立后，陶钝曾出任山东省曲艺改进协会的主任、山东省文联副主席。1958年8月，陶钝在全国曲艺工作者代表大会上当选为新成立的中国曲艺工作者协会的副主席。此后，又担任了中国曲艺家协会的第二任主席和中国文联副主席。

一

1901年10月29日，陶钝出生于山东省诸城县（今诸城市）昌城镇徐家河岔村的一个小地主家庭，原名徐宝梯，字步云。在家乡私塾读书十年，后考入山东省立第一中学。1923年，考入北京大学预科。两年后，升为本科，在政治系读了四年。在校期间，曾积极参与北京大学学生救国运动，与李大钊、路友于等共同探讨过当时的革命斗争形势。

1930年10月，陶钝到山东省曲阜第二师范教书。1931年1月，他回到北大，在北大第三宿舍参加了读书会。同年5月29日，由清华大学徐子佩介绍加入中国共产党。“九一八”事变以后，他在济南第一师范教书时，积极参加群众救亡活动。1932年3月20日，被反动军阀韩复榘逮捕，虽遭到非法拷问，但没有暴露组织关系，最终被判处死刑，在济南教育界的营救之下获得转机，但他仍然被关押在监狱四年多。1936年出狱后，与中共党组织失去联系。抗日战争爆发后，陶钝参加了抗日游击队，在党所领导的山东抗日根据地从事文化教育工作，是山东省文化界救亡协会（山东省文联前身）的创始人之一。在党的领导下，积极团结文化界人士参加抗日斗争。

在毛泽东同志《在延安文艺座谈会上的讲话》指引下，针对当时宣传教育群众的实际需要，陶钝以自己对农村生活和农民思想感情的深刻理解，致力于通俗文学的创作，接连发表了《杨桂香鼓词》长篇唱本和《上升》（1946年1月）、《黄犍》（1946年2月）、《麦黄杏》（1946年6月）等短篇小说，真实而生动地反映了共产党领导下山东抗日根据地军民的斗争生活。

1947年9月，陶钝由刘知侠、姜立田介绍重新加入中国共产党。1948年9月，济南解放，陶钝随军进入济南城。他以满腔热情参加城市工作，同时着手筹备建立新的文艺机构，指导文工团的宣传演出活动。

1949年7月2日，中华全国文学艺术工作者代表大会在北京隆重开幕。陶钝作为山东省的代表随华东代表团出席盛会。阿英任华东代表团团长，代表还有陆万美、张凌青、冯毅之、虞棘、王力、王希坚、王淑明、吕蒙、胡考、马少波、夏征农、陈叔亮、黄源、贾霁、刘知侠等。

7月19日，大会结束。后来，山东省文联成立，陶钝任研究部副部长。山东省曲艺改进协会成立后，陶钝任主任。

二

新中国成立后，陶钝在山东曲艺改进协会主任的岗位上，对开展山东的曲艺工作，团结、教育和改造旧艺人，以及扶持地方戏曲等方面，做了大量卓有成效的工作。与此同时，他笔耕不辍，为曲艺艺人修改了许多旧曲目，并写了一些新鼓词，让艺人们演唱。

1952年，陶钝到山东省莱芜县（今莱芜市）乡下搞农业合作社试点。其间他坚持写作，1953年终于完成了长篇小说《为了革命的后代》。

小说中的故事基本上是真实的。解放战争时期，山东有过这样一个后方托儿所，在残酷的敌我战争中，保育员们为了保护革命的后代，带着这些孩子跋山涉水，经历了千辛万苦，安全归家。

这个小说虽以解放战争为背景，但并没有写战争场面。陶钝说，这是因为他虽然参加过抗日战争和解放战争，可是一直在后方做文化工作，在地方上做群众工作，没下过连队，也没有参加过一次战斗。没有体验过战士的生活，怎能写前方呢？要写，只能写后方，写群众。小说写完后，由于各种原因，陶钝把书稿置之箱底，多年后才得以出版。

1955年1月4日，陶钝调往中国曲艺研究会，任副秘书长。1956年，为了解各地戏曲发展现状，增强区域间戏曲交流，实现曲艺健康发展，中国曲研会将全国划分为中南区、江浙区、西南区、西北区和东北区五个区。自6月开始，陶钝离京到各地调研，首先将南方作为调研重点，先期抵达武汉，再到长沙、南昌、杭州、南京、郑州……每到一处，立即召开文艺工作者座谈会，了解当地曲艺发展情况，鼓励各地遵照党的方针政策促进曲艺发展，多创作富有时代气息的现代剧。

1957年2月，中国曲艺研究会创办《曲艺》杂志，赵树理任主编，陶钝任副主编。

1958年8月14日，中国曲艺工作者第一次代表大会在北京中国文联大礼堂举行开幕式。大会主席团由赵树理、老舍、田汉、刘白羽、邵荃麟、王亚平、侯宝林、骆玉笙、白凤鸣等31人组成，陶钝为大会秘书长。陶钝向大会作了报告《曲艺工作者在总路线的光辉照耀下前进》。中共中央宣传部副部长周扬在会上讲话。8月15日，中国作家协会副主席、北京市文联主席老舍等作了大会发言。8月16日上午，文化部副部长郑振铎、中国曲艺研究会副主席赵树理等发言。下午全体代表通过了《中国曲艺工作者协会章程》，并进行了中国曲艺工作者协会理事、常务理事、正副主席的选举。赵树理被选为主席，周巍峙、韩起祥、陶钝、王少堂、高元钧被选为副主席。曲艺工作者代表大会对于配合工农业生产运动，对于宣传技术、文化革命，整顿曲艺队伍，提高广大曲艺工作者的政治和艺术水平，为社会主义建设服务是有重大意义的。

大会结束后，作为曲协副主席，陶钝在此前到各地考察调研的基础上，将精力集中到长篇曲艺的挖掘与整理方面。

三

自中国曲艺工作者第一次代表大会召开至1966年，陶钝一直在曲协任副主席。1969年9月起，陶钝到“五七”干校劳动，直至1972年才返回北京。1977年5月，已经76岁高龄的陶钝被分配到文学艺术研究所做顾问。

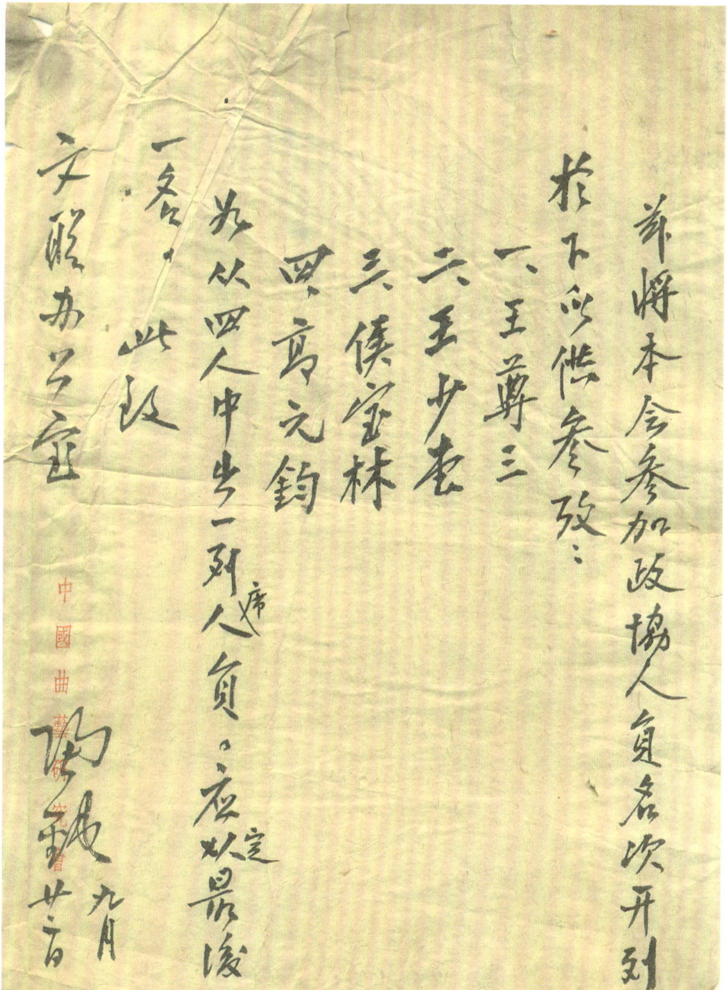

茲將本會參加政協人員名次开列
於下，以供參攷：
一、王尊三
二、王少堂
三、侯寶林
四、高元鈞
並從四人中出一列席人員。應以定最後
一名。此致
文聯办公室
中國曲藝研究會
陶鈍 九月廿日

陶钝报文联办公室关于曲协参加政协人员名单

1978年5月27日至6月5日，在中国文联第三次全国委员会第三次（扩大）会议上，陶钝以《拨乱反正，繁荣曲艺》为题作了发言。会议期间，组建成立了恢复中国曲艺工作者协会筹备工作领导小组，陶钝任组长。6月底7月初，在陶钝的倡议下，全国曲艺座谈会在北京崇文门饭店召开，来自全国各地、部队和中央直属单位的曲艺工作者近百人参加会议。

会议期间，中山公园音乐堂组织举办了规模空前的曲艺演出，在社会上和文艺界产生了很大影响。会议确定了今后曲协工作的主要任务：一是组建中国曲艺团，二是建立中国曲艺学校，三是成立中国曲艺出版社，四是成立中国曲艺研究所，五是在全国范围内恢复曲艺厅。

1979年元旦，曲协主办的《曲艺》在停刊13年后也得以复刊。

1979年10月，中国文学艺术工作者第四次代表大会在北京召开。按照文代会议程的统一安排，中国曲艺工作者第二次代表大会于11月4日至10日在京西宾馆举行。作为中国曲艺工作者协会筹备工作领导小组组长的陶钝致大会开幕词。开幕词中，陶钝感慨地说："中国曲艺工作者第一次代表大会是1958年召开的，至今已有21年了。从1949年成立中国曲艺改进协会筹备委员会算起，已有30年了。30年来，我们的国家经历了伟大而艰巨的里程，曲艺事业的发展走过了一段极不寻常的道路。有顺利，也有曲折；有欢乐，也有悲痛……我们曲协主席赵树理同志，副主席王少堂同志和长期热心曲艺事业的老舍、田汉、阿英同志含冤去世……30年的历史，从正反两方面给我们提供了许多非常宝贵的经验，其中不少是付出了血的代价换取来的。我们应该通过这次大会，认真地加以总结，这对我们今后更好地开展工作，完成新的历史时期赋予曲艺战线的光荣使命，是十分重要的。"大会上，曲艺家代表白凤鸣、骆玉

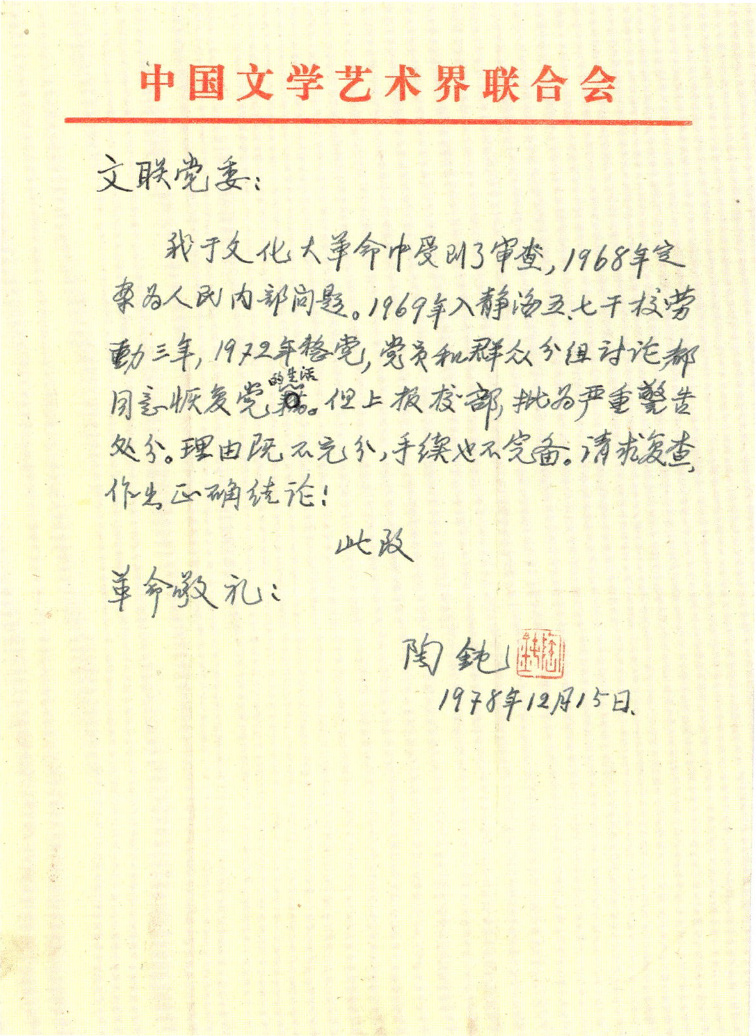
中国文学艺术界联合会

文联党委：

我于文化大革命中受到了审查，1968年定案为人民内部问题。1969年入静海五七干校劳动三年，1972年整党，党员和群众分组讨论都同意恢复党的生活。但上报校部，批为严重警告处分。理由既不充分，手续也不完备。请求复查，作出正确结论！

此致

革命敬礼！

陶钝

1978年12月15日。

1978年12月15日，陶钝致文联党委的信

笙、高元钧、侯宝林、马增芬、夏雨田、常宝华、袁阔成等相继发言。

曲代会选举陶钝为主席，韩起祥、高元钧、侯宝林、骆玉笙、罗杨、吴宗锡、蒋月泉、李德才为副主席。11月10日下午，第二次曲代会举行闭幕式，闭幕式由陶钝主持。周扬到会表示祝贺，并做了重要讲话。他指出：曲艺是一种能够很好地为广大人民群众服务的艺术，一定要重视它，发展它……要不断创新新节目，又要不断积累保留节目。曲艺节目既可以歌颂，也可以批评讽刺，但都要掌握原则，注意分寸。要按照不同曲种分别办曲艺学校或训练班，培养接班人。副主席侯宝林致闭幕词，他特别强调了会议代表向有关文化部门提出的重要建议，比如：建议文化部和部分省、市建立曲艺学校；建议文化部文学艺术研究院设立曲艺研究所；建议文化部建立直属曲艺表演单位——中国曲艺团；要求各地解决曲艺演出场所问题；等等。

曲代会结束后，年届八旬的陶钝为推动曲艺事业奔走于各地。他多次到各地调研，参加各地召开的曲艺工作会议。在陶钝的关怀与推动下，1980年3月17日，全国第一家曲艺专业出版社——中国曲艺出版社成立；中国北方曲艺学校、中国艺术研究院曲艺研究所也于1986年成立。

1983年3月10日至18日，中国曲艺家协会在郑州召开全国农村曲艺座谈会，来自各省、自治区、直辖市的近百位代表参加，时任中国文联副主席、中国曲协主席的陶钝做了《千方百计使曲艺为农民服务》的报告。1984年8月25日至9月3日，在陶钝的倡议下，召开了天津、河南、山东三省市河南坠子研讨会，乔月楼重登上了阔别20余年的舞台，其演出在全国引起强烈反响。1985年11月16日到17日，天津市曲艺家协会、北方曲艺学校、天津市曲艺团、天津实验曲艺杂技团联合举办了天津市著名老曲艺家舞台生活45—60周年纪念座谈会及专场演出，文化部、中国曲协等单位领导及曲艺界代表200余人到会祝贺并观看演出，担任中国曲协顾问的陶钝题写了祝词庆贺。1988年11月，陶钝在全国第五次文代会上被选为中国文联名誉委员，并担任中国曲艺家协会顾问。

1996年11月14日，陶钝在北京病逝，享年95岁。

2021年5月23日上午初稿

2025年1月24日上午10时修订

阮章竞：富有时代色彩的千篇诗作

阮章竞是著名诗人、剧作家。1949年7月，中华全国文学工作者协会成立，他是全国委员会候补委员。新中国成立后，先后任中共华北局宣传部文艺处处长、中国作协党总支书记、《诗刊》副主编、北京作家协会主席。著有长篇叙事诗《漳河水》，长诗《圈套》《白云鄂博交响诗》，组诗《新塞外行》，大型歌剧《赤叶河》,《阮章竞诗选》等。1956年写的童话诗《金色的海螺》，由上海美术电影制片厂改编成剪纸动画片。

一

阮章竞，1914年1月31日出生于广东省香山县沙溪（今中山市沙溪镇）溪角村的一个贫苦家庭。他只上了四年小学，尔后一直刻苦自学。13岁起当油漆学徒，20岁奔赴上海，开始从事文学创作。1936年，受冼星海、吕骥等进步文艺家的影响，参加抗日救亡活动，在工人、学生中教唱歌曲、当指挥。

抗战爆发后，他奔赴太湖一带做流动抗日宣传工作。1937年底，他北上太行山抗日根据地，任八路军游击队指导员。1938年5月，在太行山八路军剧团任政治指导员、艺术指导员，兼任民族革命战争艺术学校和前方鲁迅艺术学校教员。1939年1月1日，加入中国共产党，同年被选为中华全国文艺界抗敌协会晋东南分会常务理事。1941年，他在百团大战著名的黄崖洞保卫战中，准确判断敌情，使剧团摆脱日军进攻，化险为夷。此时期创作的作品最多，主要包括四幕话剧《未熟的庄稼》、小歌剧《比赛》、独幕话剧《糠菜夫妻》等。

阮章竞在抗日战争和解放战争时期，长期在漳河两岸工作，有着丰富的农村生活经验。1947年2月，他连续创作了《送别》《圈套》《盼喜报》等诗作。被他自己称为“俚歌故事”的《圈套》获晋冀鲁豫边区文学特等奖。这首反映农村阶级斗争的长篇叙事诗，情节比较曲折。他用生动活泼的群众语言来写，简明朴实，不事夸张，反映了土地改革运动中尖锐复杂的阶级斗争，揭露了地主阶级“好皮好面藏黑心”的反动阴谋，也如实地写出了农民群众身上存在着的传统思想的影响和某些缺点。《送别》是“记豫北某村参军小景”，描绘了一位老大娘送儿子参加解放战争的动人场景。《盼喜报》是拟以一个士兵的妻子的口吻给丈夫写信，鼓励他在前方杀敌立功，夫妻之间的关怀爱护和爱国热情交织在一起，表现得真切感人。

1949年3月，阮章竞写出歌唱妇女翻身解放的长篇叙事诗《漳河水》，反映了太行山区妇女在封建传统习俗的野蛮压迫下遭受的苦难，热情歌颂了她们在共产党领导下获得解放和新生。作品生动地描写了荷荷、苓苓、紫金英三个不同类型的妇女从封建压迫下解放出来的过程，指出了参加集体生产劳动是妇女解放的正确途径。作品还通过对群众中仍然存在的轻视妇女的思想展开批评，生动反映了劳动群众在政治翻身后，逐步从传统思想中解放出来的情景。

1949年7月中华全国文学艺术工作者代表大会在京召开，阮章竞作为华北代表团成员出席大会。中华全国文学工作者协会成立后，他当选为全国委员会候补委员。同年8月，他作为代表随以萧华为团长的中国民主青年代表团，前往出席即将在匈牙利首都布达佩斯举行的世界民主青年第二次代表大会。在赴布达佩斯参加世界青年代表大会的火车上，他即兴为同团的郭兰英写的《妇女自由歌》获大会奖励。郭兰英在第二届世界青年和学生联欢大会上，演唱了这首由阮章竞作词、山西民歌配

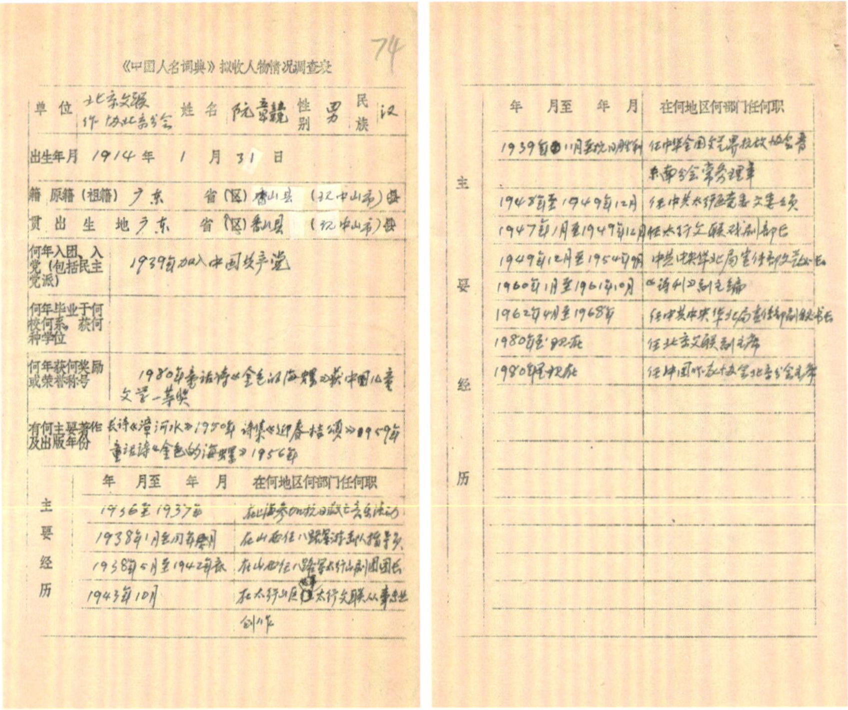
《中国人名词典》拟收人物情况调查表

74

单位	北京文联 作协北京分会	姓名	阮章竞	性别	男	民族	汉
出生年月	1914年1月31日						
籍贯 原籍（祖籍）	广东省（区）香山县（现中山市）县						
籍贯 出生地	广东省（区）香山县（现中山市）县						
何年入团、入党（包括民主党派）	1939年加入中国共产党						
何年毕业于何校何系、获何种学位							
何年获何奖励或荣誉称号	1980年童话诗《金色的海螺》获中国儿童文学一等奖						
有何主要著作及出版年份	长诗《漳河水》1950年 诗集《迎春桔颂》1959年 童话诗《金色的海螺》1956年						

主要经历

年 月至 年 月	在何地区何部门任何职
1936至1937年	在上海参加抗日救亡音乐活动
1938年1月至同年[illegible]月	在山西任八路军游击队指导员、
1938年5月至1942年底	在山西任八路军太行山剧团团长
1943年10月	在太行山区任太行文联从事专业创作
1939年11月至抗日胜利	任中华全国文艺界抗敌协会晋东南分会常务理事
1945年至1949年12月	任中共太行区党委文委委员
1947年1月至1949年12月	任太行文联戏剧部长
1949年12月至1954年[illegible]月	中共中央华北局宣传部文艺处长
1960年1月至1961年10月	《诗刊》副主编
1962年4月至1968年	任中共中央华北局宣传部副秘书长
1980年至现在	任北京文联副主席
1980年至现在	任中国作家协会北京分会主席

阮章竞自填《中国人名词典》拟收人物情况调查表

曲的《妇女自由歌》。19岁的郭兰英以其深情的演唱，令欧洲人大开眼界，为新中国赢得了一块颇有分量的奖牌，成为我国最早在国外获奖的民族歌唱家之一。

二

1950年后，阮章竞曾任中共中央华北局宣传部文艺处处长。在第一个五年计划的鼓舞下，他毅然放下之前在太行山上拟订的长篇创作计划，到正在初建的包头钢铁基地去工作，担任中共包头钢铁公司党委委员。

在包钢的三年里，来自四面八方的建设者们为实现工业化的愿望而忘我劳动的崇高精神风貌，无时无刻不在激励着他。当时提出的口号是：一号高炉提前一年出铁。建设者们明明知道困难如山，但迎难而上，他们在忠于党和社会主义祖国的信念的激励下完成了目标——那是1959年10月15日。

那天早晨，阳光灿烂，周恩来总理乘飞机从北京飞来。晚上，在庆祝出铁的宴会上，总理走遍每张桌，向每个国内外专家、技术人员、工人代表微笑敬酒。他说："包克图（包头）蒙古语义是鹿的地方。鹿是善跳跃的动物。包头建设得很快，包头是个大飞跃的城市。"

阮章竞聆听了总理的讲话后，写了三首诗:《新塞外行》《乌兰察布》《白云鄂博交响诗》。1982年，他把这三首诗，作了一些修改，收入《阮章竞诗选》。《白云鄂博交响诗》是一曲反映钢铁工业基地宏伟建设面貌的赞歌。这部长诗以人物为中心，依托白云鄂博的民间传说和草原革命斗争历史，结合开辟、建设矿山的斗争生活，以豪迈的气势和抒情笔调，歌颂内蒙古人民酷爱自由、勤劳勇敢的性格，在展现草原新一代工人成长的同时，塑造了老人阿尔斯朗的生动形象，并以绚丽的笔墨描绘了内蒙古草原的壮丽风光。全诗除序诗“乌兰察布”和终曲“《东方红》起看清晨”外，共分五章，即“白云巴特尔”“阿尔斯朗”“红泉歌”“今天的清晨真迷人”“不落的太阳歌”。全诗注意吸收群众口语，语言朴素而又富时代色彩。

乌兰察布

劈开阴山重重山，填平大壑填山谷。
壑谷填平铺铁道，迎接春天到内蒙古。

凌晨骑马上阴山，大雾封山云封树。
开山大炮声隆隆，群山回荡迎春鼓。

穿过雾海云间道，立马山头看北麓。
蓓蕾带雪遍野开，乌兰察布花簇簇。

花的原野花簇簇，香风荡漾黄沙路。
白云鄂博云中山，藏在原野云深处。

阮章竞从包钢回到北京后，1960年1月，任《诗刊》副主编。《诗刊》杂志创办于1957年，是中国作家协会主管的国家级诗歌刊物，以发表当代新诗为主，兼及古体诗、诗坛动态、诗歌评论、诗歌翻译。毛泽东、朱德、陈毅等老一辈无产阶级革命家都曾在《诗刊》发表作品。艾青、贺敬之、卞之琳、穆旦、余光中、洛夫、北岛、舒婷、于坚、西川等不同流派地域的诗人，都曾在《诗刊》发表他们的作品。《诗刊》历任主编有臧克家、李季、严辰、邹荻帆、张志民等；徐迟、郭小川、袁水拍、葛洛等曾任副主编。阮章竞在《诗刊》工作到1961年10月。虽然在《诗刊》工作时间不长，但他对于那一段经历念念不忘。他对《诗刊》编辑部内部的评价是：坦诚不藏。他对《诗刊》的同人亦有评价：克家热烈，徐迟多才，小川执着，水拍善思想，葛洛任劳任怨。

阮章竞在《诗刊》工作期间，曾经批阅、处理过上千篇诗作，其中不乏佳篇。他原则性强，不轻易错过新人佳作，对知名的老一辈诗人的不被看好的作品亦会妥善处理。

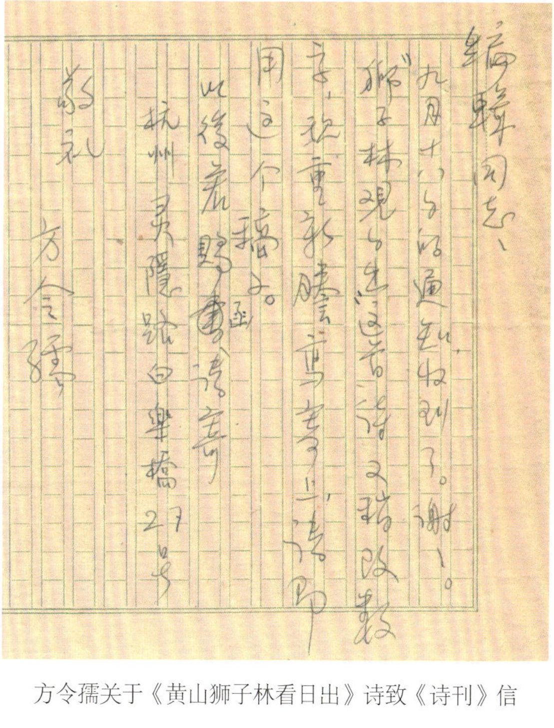
編輯同志：
九月十六日的通知收到了。謝謝。
獅子林觀日出這首詩又請改数字，我重新謄寫一份，請即用這個稿子。
以後來信請寄
杭州靈隱路白樂橋27號
敬禮
方令孺

方令孺关于《黄山狮子林看日出》诗致《诗刊》信

1961年6月,《诗刊》约老诗人方令孺写一首诗。时在黄山休养的方令孺信笔写下了旧体诗《黄山狮子林看日出》。寄给编辑部后，编辑白婉清、丁力看后，认为“作为旧体诗既无味道，又不合格律，也无新意”，建议“不用，婉退”。副主编葛洛则认为:“是我们主动约来的，诗本身也还说得过去——从内容说，至少比俞平伯的《临江仙》有点意思；不合韵，我觉得无大关系。再者，诗又不长。因此我主张予以发表。”最后，他建议请阮章竞、臧克家也看看。阮章竞看后一锤定音,“是否考虑作为配搭处理”。最终结果，方令孺的《黄山狮子林看日出》刊登在《诗刊》总第54期。

阮章竞虽然是南方人，但对他来说一生最为重要的经历是抗日战争时期在太行山区的岁月。可以说，正是在太行山地区多年的生活与战斗经历为他的创作积累了丰厚的素材，使他的人生观、世界观和艺术观发生了巨大的变化。1963年，他曾两次回太行山，在一些同时代的老同志那里，找到几个残缺不全的油印本和哼哼回忆起来的小唱曲。他根据这些材料整理出《秋风曲》(1938年10月写于屯留)、《民兵之歌》(1941年至1942年)、《姜四娘》。《姜四娘》是根据真人真事写的。1942年，日寇疯狂反复“扫荡”太行山，在“抉剔清剿”时抓住武乡县胡蛮岭的姜四娘。她坚贞不屈，最后饿死山上。当年，阮章竞听到她的事迹后，曾写过一首短歌，但手稿已遗失。这次他重返太行山，在与老同志夜晚闲谈时，有个同志还能唱出“胡蛮岭，姜四娘，挺立高岩腰不弯”的一些段落。阮章竞根据这些小节歌词的依稀印象，追忆记下这首诗，以缅怀许许多多像姜四娘那样宁死不屈又没有留下名字的太行山普通妇女。

这次的太行之行，他还找到了1944年太行韬奋书店出版的《柳叶青

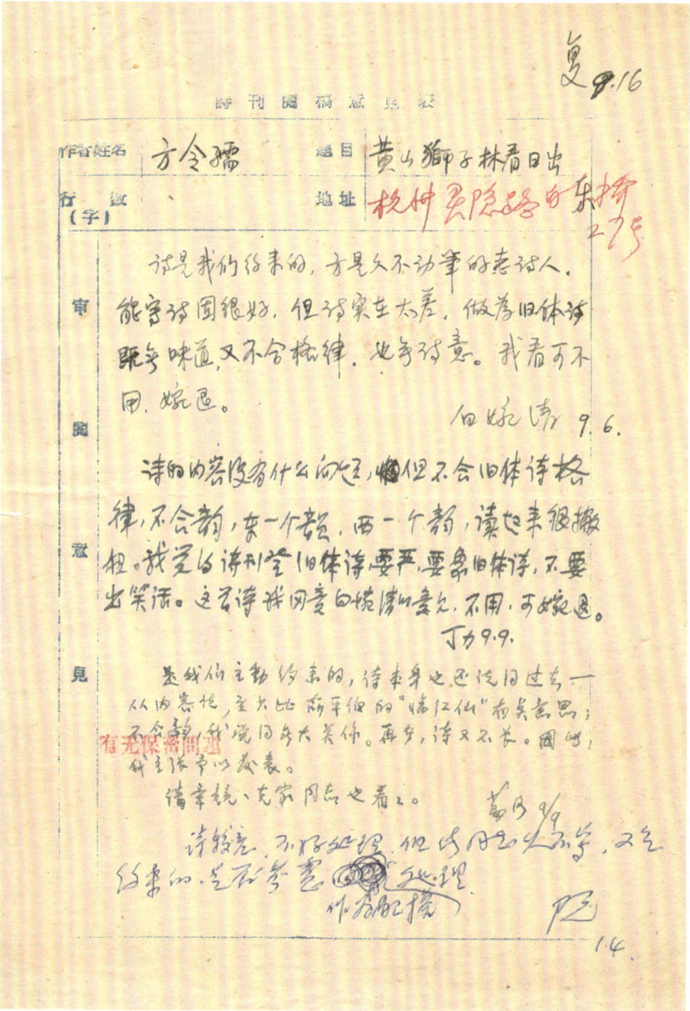

复 8.16

詩刊閱稿意見表

作者姓名	方令孺	題目	黄山狮子林看日出
行政（字）		地址	杭州

審閱意見：

诗是我们约来的，方是久不动笔的老诗人。能写诗固很好，但诗实在太差，做为旧体诗既无味道，又不合格律，也无诗意。我看可不用，婉退。

白婉清 9.6.

诗的内容没有什么问题，但不合旧体诗格律，不合韵，东一个韵，西一个韵，读起来很蹩扭。我觉得诗刊登旧体诗要严，要象旧体诗，不要出笑话。这首诗我同意白婉清的意见，不用，可婉退。

丁力 9.9.

是我们主动约来的，诗本身也还说得过去——从内容上，至少比前年伯的“临江仙”有点意思；不合韵，我说问题不大。再者，诗又不长。因此，我主张可以发表。

请章竞、克家同志也看看。

葛洛 9/9

有无保密问题

1.4

阮章竞批阅方令孺《黄山狮子林看日出》发稿单

青》小剧本。《柳叶青青》是他1943年春以诗剧形式试写的一首演唱长诗，随后改编成小歌剧，更名为《比赛》进行演出。

三

阮章竞自1962年任中央华北局宣传部副秘书长，直到1968年。此后，他基本停止了写作。1970年冬，他想起童年，百感交集，于是想把儿时所遇记录下来。断断续续地写，回忆录写成已是1985年秋。《故乡岁月》是阮章竞的回忆录之一，分为三卷：《童年》《少年》《夜茫茫》。这部作品是老人对青少年时期的回忆，也是其走上革命道路前的准备阶段。内容真实，文字质朴，尤其是对家乡地域风情、世间冷暖、父母养育之恩的描述，更让人读之难忘。

1980年6月29日，中国作家协会北京分会第一次会员代表大会召开，制定了协会章程，选举了由47人组成的第一届理事会。阮章竞当选为主席。副主席有雷加、吴组缃、萧军、骆宾基、端木蕻良、张志民、管桦、王蒙。北京作家协会的前身是1950年成立的北京市文学艺术界联合会文学创作组。1963年2月成立了北京作协筹备委员会，“文化大革命”开始后即停止工作。1978年9月筹委会重新恢复工作。

1985年4月人民文学出版社出版的《阮章竞诗选》书影

1982年7月，阮章竞编选完成了《阮章竞诗选》。

1988年11月30日至12月3日，中国作家协会北京分会召开了第二次

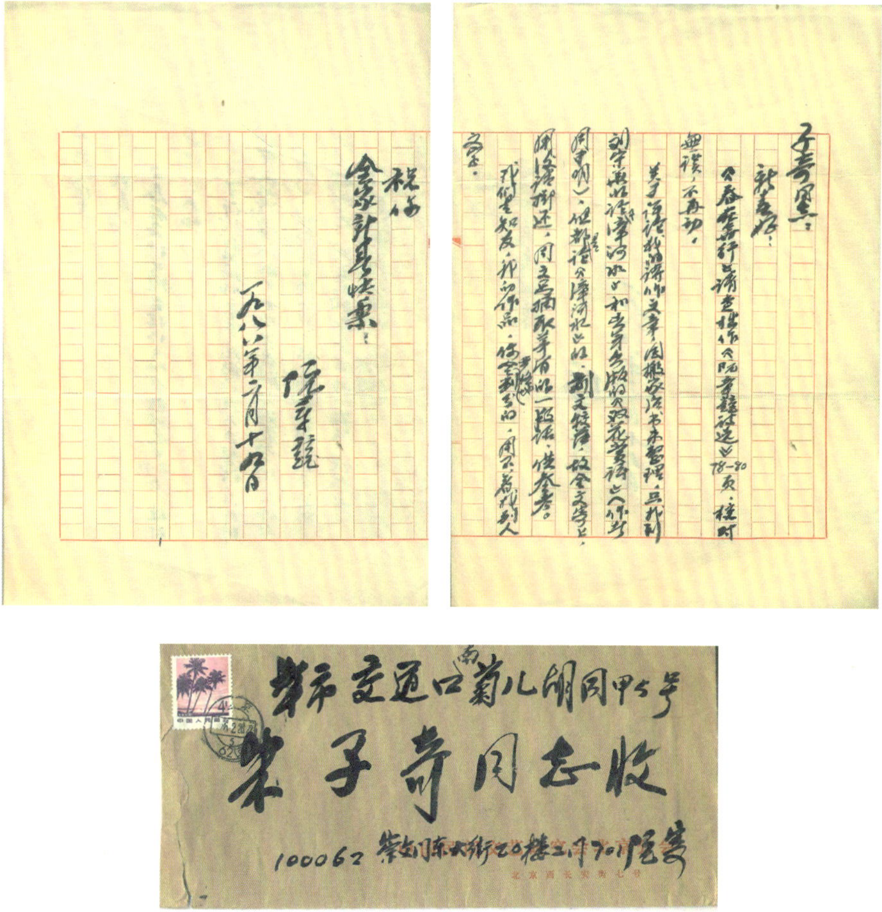

阮章竞1988年2月21日致朱子奇信，提及阮诗作及关于《漳河水》的评论文章

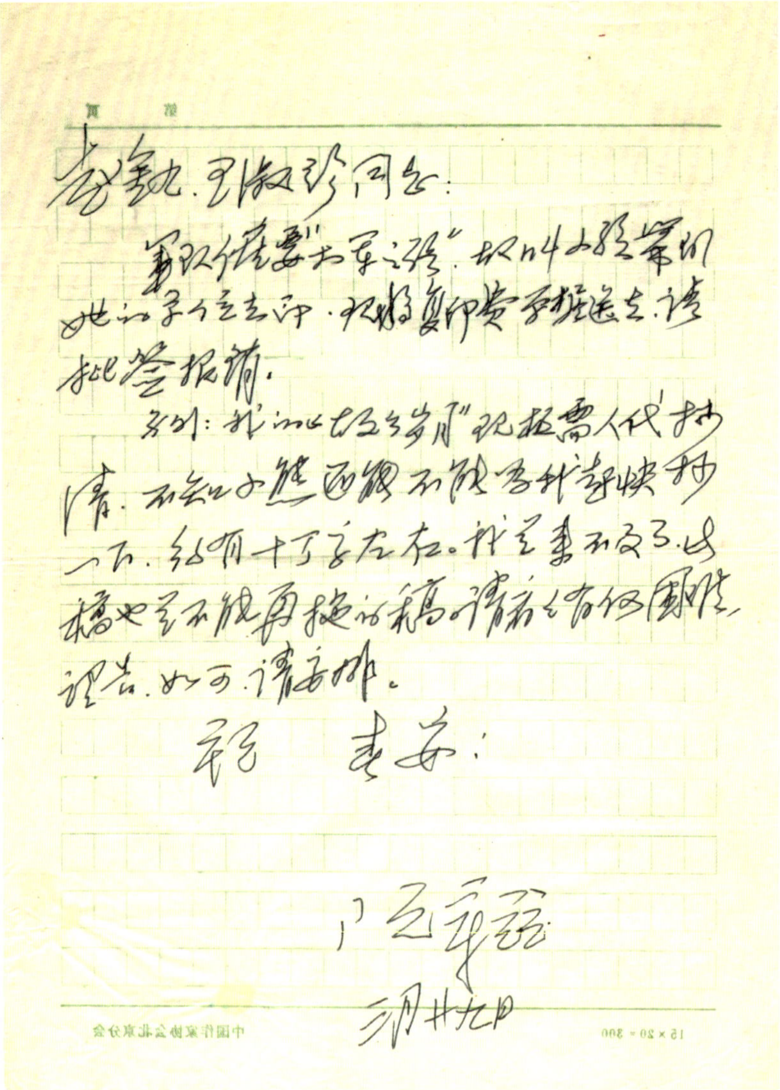

阮章竞写给朋友的信，提及《故乡岁月》的抄清事宜

阮章竞同曹禺、丁玲等老一辈文艺工作者在纪念延安文艺座谈会五十周年纪念封上的签名

代表大会，会议决定将“中国作家协会北京分会”更名为“北京作家协会”。阮章竞不再担任主席，由小说家兼词作家管桦接任。这一年，阮章竞74岁。

晚年，阮章竞专心创作长篇小说《山魂》。发表小说《白丹红》，纪实文学《赵亨德》《五阴山虎郝福堂》。长篇小说《山魂》第一卷《霜天》，获中国文联晚霞工程支持，于1997年出版。1999年在《香山报》发表的诗歌《我终于来得及为你歌唱——澳门》是其绝笔。

2000年2月11日，阮章竞在北京逝世，享年87岁。

2020年2月27日中午11时初稿

2025年1月24日下午5时修订

萧军：银锭桥西海北楼“蜗蜗居”

萧军是我国当代著名作家，“东北作家群”的领军人物，其代表作品有短篇小说集《跋涉》(与萧红合著)，长篇小说《八月的乡村》《五月的矿山》等。1942年5月2日，萧军参加了延安文艺座谈会。1980年后，萧军任中国作家协会顾问、北京作家协会副主席、第五届北京市政协委员。

一

1951年，萧军来到北京，居住在北京西城区东北部的鸦儿胡同6号。鸦儿胡同，属西城区什刹海街道，东南起小石碑胡同，与烟袋斜街相连；西北至甘露胡同。元代称沿儿胡同，为后海北沿。明代称广化寺街。清代改称鸭儿胡同，亦作鸦儿胡同，为正黄旗地界。鸦儿胡同全长820米，是北京城中比较长的胡同之一，有市级文物保护单位广化寺。

萧军晚年的很多文章都注明写于“银锭桥西海北楼”，指的就是位于鸦儿胡同6号的这座砖木结构的两层西式小楼。萧军的卧室和书房就在二楼。“海北楼”是书房的名字。萧军曾作诗云：“两树桑榆一树椿，旭日小阁庇荫荫。窗临后海泓泓水，银锭桥西岸北寻。家居环瞩殊豁然，一线西瞰雨后山。树影憧憧无限好，风光似此拟神仙。”

萧军居住了近半辈子的鸦儿胡同6号是其租住张公度，人称张公的住宅。张公度，民国期间毕业于中国陆军大学，是程潜的部下，先后在国民政府军事委员会参谋本部、军令部、军政部任职，少将军衔。

从1948年开始，萧军就受到东北局错误的批判和处理：被扣上“反苏、反共、反人民”的罪名，剥夺写作、工作的权利，排挤出文坛。为了争取生存空间、保留写作权利，1951年初，44岁的萧军以养病为由，与家人先后来到了北京。经人介绍，租住了张公度家的房子，成了鸦儿胡同6号（原48号）的房客，一住就是几十年。即使他被平反后，担任北京市作协副主席那段时间，他和家人也从未彻底搬出那座小楼。他在这里生活了整整37年，直到去世。

1966年后，萧军的家被挤占，只给他留下一间不足2平方米的储藏室作为写作室，乐观的萧军以“有窝就下蛋，有水就行船”自勉，又把这里戏称为“蜗蜗居”。实际上，这是一个室中之居，小如蜗牛庐壳，状似房间壁橱。书房虽小，但他并不因身处逆境而消极，他说：“在困难的条件下做工作，这便是当年鲁迅先生常常教导我的——要有‘韧性精神’。”他题诗明志，贴于墙上：“蜗居虽小亦何嫌，芥子须弥两大千。苍狗白云瞰去住，镜花水月幻中看。虫沙几历身犹健，烽火频经胆未寒。一笑回眸七十载，闲将琴剑娱余年。”萧军在这座小楼的书房里，修订了他的成名作《八月的乡村》及《生死场》，写下了长篇小说《五月的矿山》（约32万字）、书信集《鲁迅书简注释》《萧红书简注释》等，撰写了《吴越春秋史话》和《吴越春秋史话京剧本》（约35万字）、《武王伐纣京剧本》（四部，约20万字）等上百万字的作品。

二

萧军的身上有许多光环：创作第一部抗日小说，是鲁迅先生的忠实弟子，去过延安，多次与毛主席交谈并且受到毛主席赏识，以及在东北任鲁迅艺术学院院长，创办《文化报》等。

萧军原名刘鸿霖，1907年7月3日（农历五月二十三日）生，辽宁义县人。小时在村里私塾读书，10岁时随父亲到长春，继续读书。1925年后，开始自谋生活。曾投入吉林省城军阀部队34团所属骑兵营当了骑兵，后被选拔为文书见习上士。

1927年考入东北陆军讲武堂所属“宪兵教练处”（当时在沈阳）第七期学习法律和军事。八个月毕业后，被分配到哈尔滨实习。实习期满即辞去宪兵职务回到沈阳，插队考入东北讲武堂第九期预科入伍生队（又名第六教导队）学习初级军事。1928年冬，入讲武堂本校（校址在沈阳市东郊东山嘴子）炮兵科。

萧军具有东北汉子的刚直耿介的性格。1930年春季，临近毕业时，有一次到野外挖步兵掩体。一个叫丁国英的学员不小心用铁锹捅坏了一个掩体，第二总队步兵科第一队中校队长朱世勤，不容分说左右开弓打了丁国英一顿嘴巴。带队学员赶紧赔礼，也被打了一顿。萧军忍耐不住，站出来与这个队长讲理，队长不等他把话说完，又是一个巴掌扇过来。萧军火冒三丈，抡起手中铁锹，照队长头顶就劈了过去，骂道：“给脸不要脸，我劈死你个王八蛋！”旁边一个学员拉住了萧军，铁锹偏了一点儿，砸在队长的肩上，他当即就趴下了。萧军从容地到总部“自首”，靠朋友们说情，他免了一死，被关了两个星期禁闭，最后被讲武堂开除。

被开除后，萧军曾在昌图陆军24旅充当过数月准尉见习官。这时，萧军原来的学校“宪兵教练处”缺少一个教练学兵军操、军事学和武术的少尉助教，于是他担任了这个职务，一直到1931年“九一八”日本入侵沈阳为止。那个中校队长朱世勤，曾在日本留学，《塘沽协定》时据报载成为汉奸。

萧军发表第一篇作品是在1929年，在沈阳讲武堂学习时。这是一篇以反对军阀为内容的短文《懦……》，投寄给当时的《盛京时报》副刊。为不暴露自己，他署名“酡颜三郎”。从字面上看，像日本人的名字，实际上还有其他含义。“酡颜”，是酒后脸发红的意思，那时萧军青春年少，红颜赤颌；“三郎”则来源于他和两个好友结拜，按年龄长幼的排行，他排第三。

1931年春至1934年夏，萧军在哈尔滨从事反满抗日文艺活动时，使用的就是“三郎”的笔名。后来据他自己讲，“三郎”暗喻《水浒》中的“拼命三郎石秀”。石秀的刚直不阿、义勇兼备的品格，既为他所衷心倾慕，又是他本身所特有的长处，以此作笔名，不外乎是学石秀的为人。1933年10月，他用这个笔名，秘密自费出版了他和萧红的小说散文合集《跋涉》。萧军六篇，萧红五篇。萧红署名“悄吟”。

1934年6月，受政治、经济环境所迫，萧军和萧红从哈尔滨化装并化名秘密出走，经大连到青岛。当时，萧军用名“刘军”或“刘均”，任《青岛晨报》副刊编辑。在青岛期间，他开始与上海的鲁迅通信。通信时使用的名字“萧军”是特意取的。取“萧”为姓，是因他喜爱京剧《打渔杀家》中的老英雄萧恩，又因为他是辽宁人，古时辽宁人多姓萧；取“军”作名，一则他原本行伍出身，二则当时正处于国民党反动派掀起反共高潮、“围剿”红军之际，对此，他十分气愤，为了表达自己拥护中国共产党、热爱中国工农红军的感情，就把“红军”一词一分为二，作了

《跋涉》封面及扉页

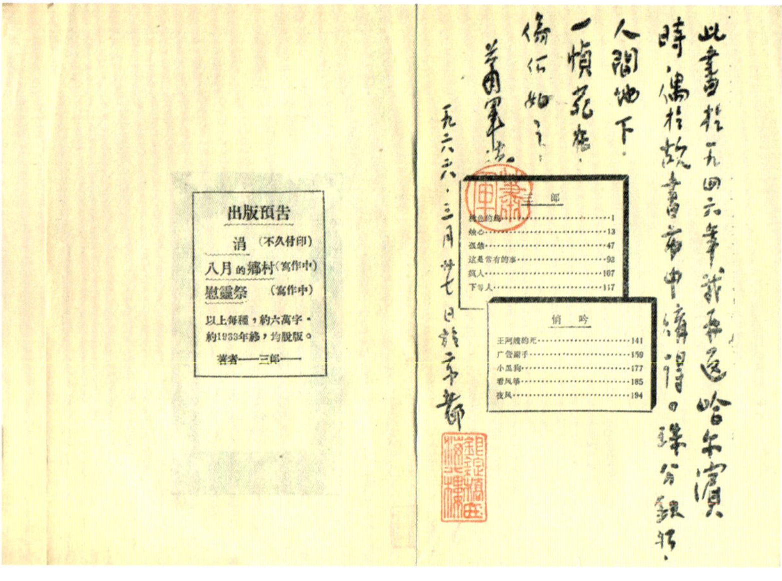

《跋涉》目录页出版预告中还推介了《八月的乡村》等新作

萧红和他的笔名。两个字合起来就是“小（萧）小（萧）红军”。这种做法，看起来似乎幼稚，在当时险恶的形势下却难能可贵。可以想见，在那种白色恐怖严重的年代，沾上“红”字边，就可能有危险。他和萧红名字组成“红军”，一旦被人识破，就会招来杀头之祸。

在青岛待了一段时间后，萧军和萧红到上海，参加鲁迅所领导的革命文艺活动。1934年11月30日，他们和鲁迅第一次见面，后在鲁迅引见下，得以担任《海燕》《作家》月刊编辑。1935年7月初，萧军和萧红、叶紫三人，自费组织了“奴隶社”，秘密出版“奴隶丛书”。其中就有他的以中国共产党领导下东北人民革命军反满抗日活动为题材的长篇小说《八月的乡村》。鲁迅特为作序，并给予高度评价：“这《八月的乡村》，即是很好的一部，虽然有些近乎短篇的连续，结构和描写人物的手段，也不能比法捷耶夫的《毁灭》，然而严肃，紧张，作者的心血和失去的天空，土地，受难的人民，以至失去的茂草，高粱，蝈蝈，蚊子，搅成一团，鲜红的在读者眼前展开，显示着中国的一份和全部，现在和未来，死路与活路。凡有人心的读者，是看得完的，而且有所得的。”在这部书早期出版的若干版本上，他的署名是“田军”，这个笔名，多用于在当时的“非法”刊物上发表的作品。

1936年10月19日，鲁迅先生逝世。萧军参加了鲁迅丧事中的各项具体工作，移灵去沪郊虹桥路“万国公墓”落葬时，萧军是16位抬棺者之一；同时，还担任了一万余人送葬队伍游行示威的“总指挥”。在墓前他代表“鲁迅先生治丧办事处”全体同人和作家月刊社、译文月刊社、文学季刊社全体同人致了悼词，并与人合力编成了《鲁迅纪念集》。

鲁迅先生逝世周月时，萧军到鲁迅先生坟前，将新出版的《作家》《译文》《中流》各样焚烧了一本，这事被狄克、马蜂知道了，便在他们的小报上污蔑鲁迅先生、讽刺萧军。萧军咽不下这口气，要亲手狠揍狄克和马蜂，并下达“战书”：某日晚上在徐家汇决一雌雄。狄克自知不是对手，就鼓动马蜂应战，他权当证人。萧军练过武术，又进过讲武堂，刚一交手，马蜂就被摔倒在地，着实挨了萧军几拳头。法国巡捕闻声赶来询问，萧军笑嘻嘻地回道：“没事，我们练摔跤呢！”

抗日战争爆发后，萧军和萧红到了武汉。1938年3月，萧军第一次到延安。因丁玲、聂绀弩约他去西北战地服务团工作，萧军便从延安到了西安。在西安，萧军和萧红离婚。萧军后来到成都，任《新民报》副刊编辑并兼任中华全国文艺界抗敌协会成都分会理事，与进步作家、教授、学生等进行救亡活动。1940年夏，第二次去延安。在延安，他曾任“文协”延安分会理事，延安“鲁迅研究会”主任干事、鲁艺教员等，参加了延安文艺座谈会和一些群众文艺活动。

抗战胜利后，萧军离开延安，随文艺大队去张家口，在张家口组织“鲁迅学会”。1946年秋，前往哈尔滨。同年冬，到佳木斯担任东北大学“鲁迅艺术文学院”院长。1947年春，返回哈尔滨，在中共东北局支持下创办了“鲁迅文化出版社”，任社长；创办《文化报》，任主编。同年夏，参加了黑龙江省富拉尔基土地改革。主办《文化报》期间，《文化报》发表的一些文章引起了哈尔滨《生活报》不满，因此两报发生了一场“批评与反批评”的论争。结果是，中共东北局做出决定，不再给予萧军文化活动方面物资援助。自此，萧军被排斥出文艺界。

1949年春，萧军离开哈尔滨去抚顺，在抚顺矿务局总工会资料室工作，兼写劳动英雄、劳动模范等传记。同时，兼任抚矿京剧团顾问。该团曾上演萧军编写的历史剧《武王伐纣》（共四部，连演44天），颇得观众好评。

三

1951年，萧军一家从东北来到北京，住进了鸦儿胡同张公宅。因东北局一时没有给转工作关系和供给关系，他一大家子生活非常拮据。后来，萧军被北京市“文物组”聘为文物研究员，生活才有了转机。1954年9月，萧军的《八月的乡村》再版；11月，长篇新作《五月的矿山》出版。

1958年，萧军因在延安时期写的一篇文章受到批判，生活再度陷入困境。为了生活，他决定弃文从医，参加中医培训学习。1959年5月，萧军写信给彭真，请求市政府给予他考试和行医的机会。9月1日，萧军接到了去北京文化局谈话的通知。10月1日，他被安排到北京市戏曲研究所任研究员，每月发给生活费110元。萧军对此不得其解。直到1984年1月26日，彭真邀请曹禺夫妇和萧军夫妇到家里小聚，萧军才得知当年他致信彭真后的情况。原来，彭真接到萧军的信，立即作出批示，大意是：萧军在东北有什么错误，我不过问。有一条——共产党是不能饿死人的，总得给他们一条出路。而且，他又是《八月的乡村》的作者、鲁迅先生的弟子，影响面很大。因萧军对戏剧有很高的造诣，在延安曾与阿甲等排演过京剧，后来和妻子组织过京剧团，还编写过剧本，故萧军被安排到北京市文化局所属戏曲研究所。1959年，参编《京剧汇编》丛书。

北京市戏曲研究所的前身是1958年成立的北京市戏曲编导委员会。1958年7月，文化部将在京所属的中国京剧院、评剧院、青艺、儿艺等42家文化事业、企业单位交由北京市管理。同年12月，北京市成立了戏曲编导委员会，主任荀慧生，副主任曾伯融、杨毓珉。当时编辑《京剧汇编》，是为了给有关文化部门、戏曲团体、剧作家提供研究、整理、改编或演出的资料，使优秀的京剧传统剧目得到保存、传播、继承和发扬。

《京剧汇编》的整理出版得到在京的戏曲团体、老艺人、剧本收藏家和前辈老艺人亲属的积极支持，他们捐赠了珍藏的自清代以来的京剧秘本，还有许多在京老艺人参与了临时性的口述、勘校工作，对继承戏曲遗产、研究京剧沿革和今后的整理改编工作，提供了极大的便利和有益的基础。

《京剧汇编》的编辑出版遵循以下原则：保存剧本原貌，剧情不作改动，只改原剧本中的错别字、不通顺的句子及过分冗长不必要保留的句子。同剧目有两个及以上藏本，相互校勘，只选一本。剧情凌乱，词句太欠妥当，或部分缺失的，请老艺人、票友说戏，反复核定，以求真实。剧目场次较多，藏本只有一部分，则多个藏本相拼补充完整。

1958年下半年至1959年上半年，编辑人员工作效率很高。而后三年困难时期问题显露，出版社纸张短缺，不能刊印，适逢再次精简机构，编导委员会属逐步精简撤编之列。9月,《京剧汇编》工作暂停。之后，荀慧生、曾伯融、杨毓珉分别调离。

萧军是1959年国庆十周年后投入《京剧汇编》的整理、编辑工作的。他对京剧有着浓厚的兴趣，又有编写京剧剧本的基础，所以对征集上来的“藏本”“秘本”的修订、整理工作进行得很顺畅。他亲手修订的剧本，文通语顺，焕然一新。

根据有关资料，1957年2月至1959年共编辑《京剧汇编》94集。萧军的整理、编辑工作，是从第92集开始的。笔者保存萧军整理、修订的京剧藏本二册，一册是李万春藏本《瓦岗寨》，最后一页末尾，萧军署：1959年10月22日改毕。

《瓦岗寨》又名《徐茂公智降邱瑞》。提要是萧军写的：

> 隋末，天下纷争，群雄竞起。程咬金、徐茂公等聚兵瓦岗。宇文化及奏请炀帝遣兵部尚书邱瑞挂帅往征。徐茂公设计擒宇文化及子先锋宇文成龙杀之，更利用反间计使隋炀帝赐死邱瑞；命王伯当假扮钦差、校尉等人到长安，接邱氏母子来山寨。邱瑞遂投瓦岗。

《瓦岗寨》藏本原稿系李万春所录，字迹工整，但道白和唱词多不通畅，且词不达意处甚多。萧军对此稿本逐字逐句进行了推敲、加工，每页都布满萧军的修改手迹，在不改变原意的基础上，有些页面全部进行了修改。

另一册是《京剧汇编》第98集之七《搜山打车》，是余胜荪藏本。余胜荪是余叔岩的三弟，由于他哥哥余叔岩学谭派已经成名，他不想走哥哥的老路，就学程长庚的腔调与其兄抗衡。程长庚是四大徽班进京时三庆班的主角，是谭鑫培的义父。程长庚的唱腔特点是采用汉调的优异处又掺入京剧元素，很耐人寻味。程长庚死后，周子衡继承了程长庚的唱法。余胜荪拜周子衡为师，细心琢磨程长庚唱法，还专门找人仔细研究对比程长庚唱法与谭鑫培唱法的不同之处。余胜荪立志宗程长庚唱法，但是，他太墨守成规了，不敢对程长庚的唱腔的基本法则做任何改动，所以，他终究未唱出自己的特点来。

《搜山打车》演绎的故事是：明成祖以靖难为名，兴兵直取金陵。建

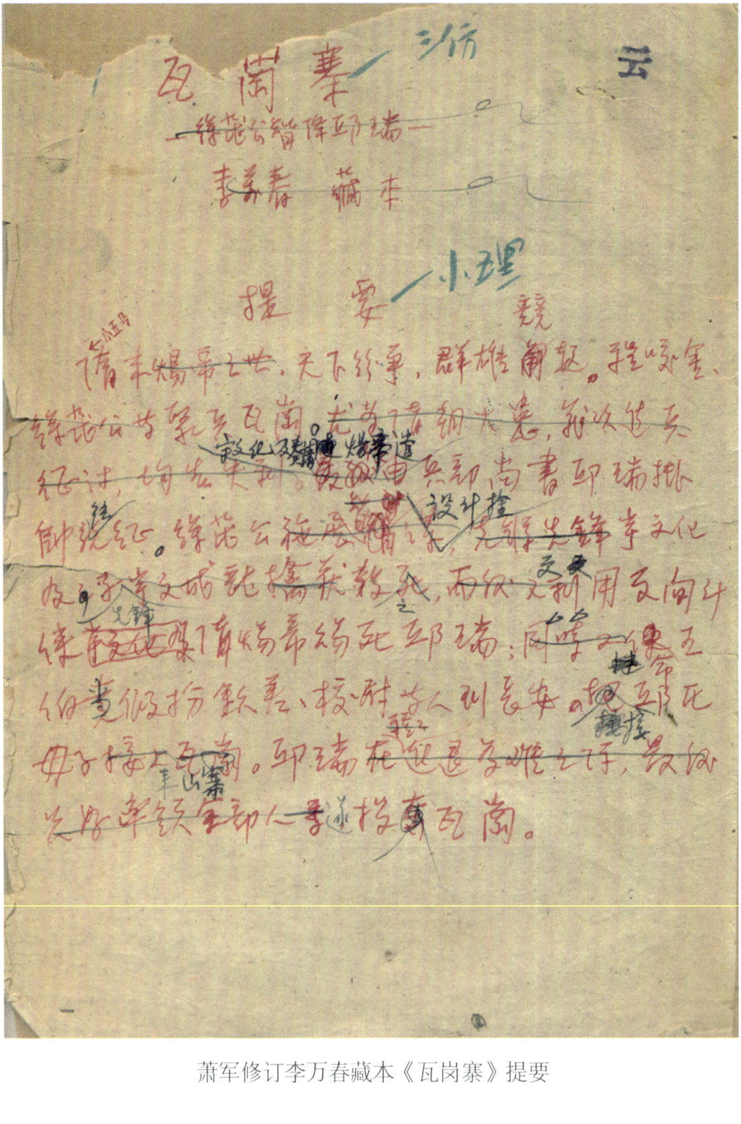

萧军修订李万春藏本《瓦岗寨》提要

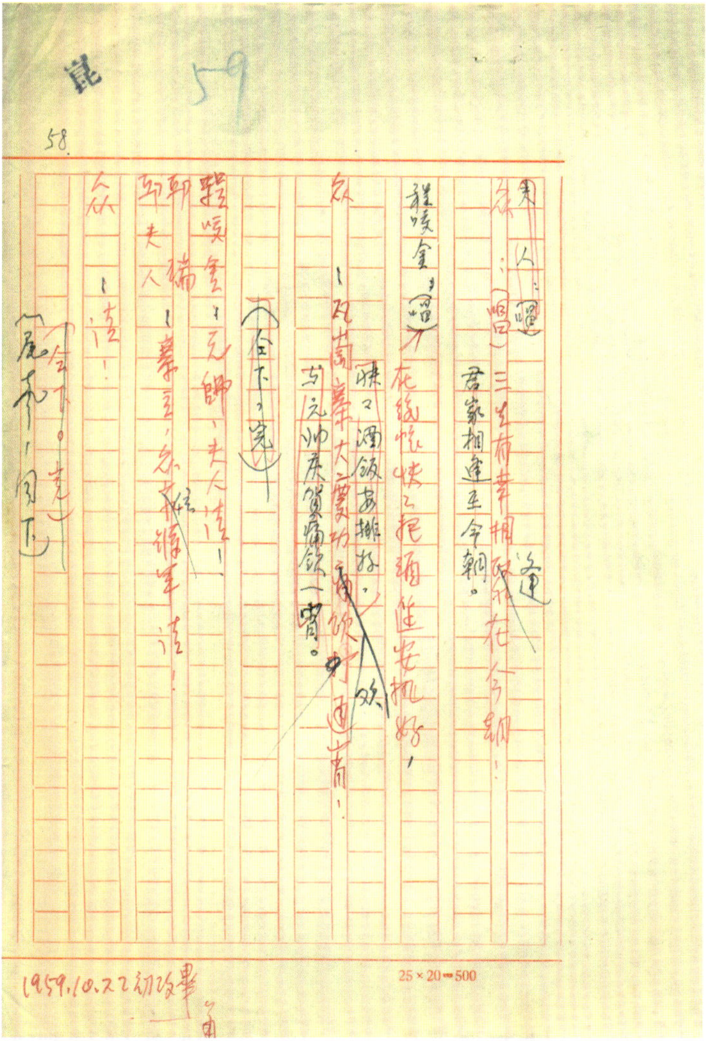

萧军修订《瓦岗寨》末页，红字为萧军手迹

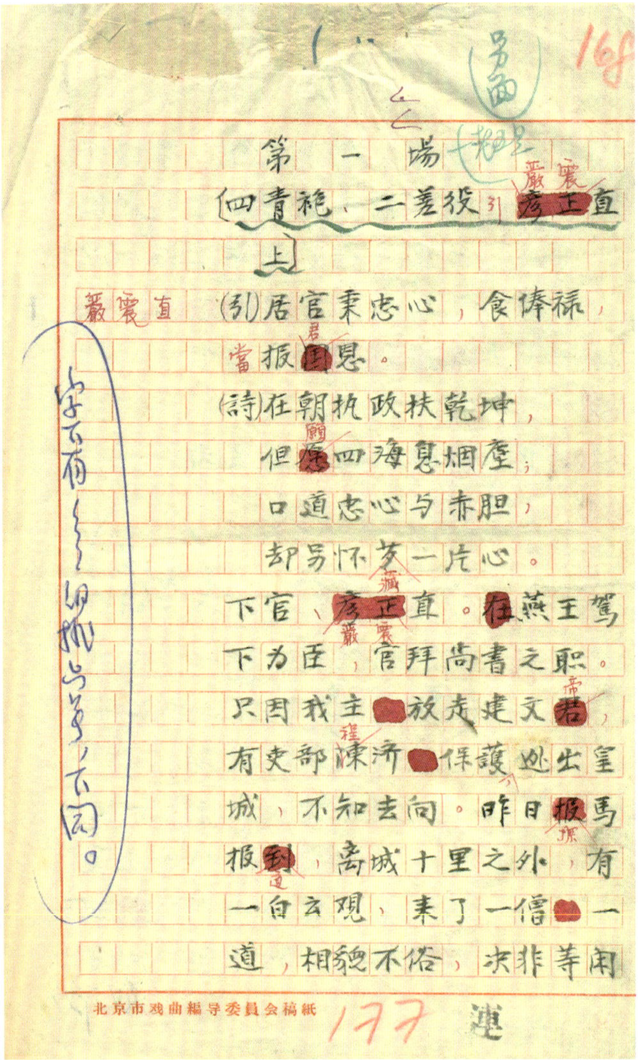
第一場

四青袍、二差役引[redacted]直上

嚴寰直

(引)居官秉忠心，食俸禄，当振[redacted]恩。

(詩)在朝执政扶乾坤，

但[redacted]四海息烟塵；

口道忠心与赤胆，

却另怀苍一片心。

下官、[redacted]直。[redacted]燕王駕下为臣，官拜尚書之职。只因我主[redacted]放走建文[redacted]，有吏部陳济[redacted]保護逃出皇城，不知去向。昨日[redacted]馬报[redacted]，离城十里之外，有一白云观，来了一僧[redacted]一道，相貌不俗，决非等闲

北京市戏曲編导委員会稿紙

《搜山打车》剧本首页，红字为萧军手迹

文帝与吏部尚书程济乔装逃出，潜居白云观。礼部尚书严震直奉旨搜山，获建文帝，打入囚车，押解入城。程济拦路，痛诋震直。震直悔悟，打车自刎。程济与建文帝遂得逃走。《搜山打车》修改稿，萧军所注日期为1962年6月15日。

1962年新建北京市戏曲研究所，所长荀慧生，副所长曾伯融。《京剧汇编》随之进入戏研所，萧军的主要工作仍然是整理该丛书。至1964年2月，《京剧汇编》又出版10集（95—106集），多为萧军整理。

1964年6月，《京剧汇编》编辑工作中断。最后审订结稿的20余集陆续送达出版社，但未出版。

1966年下半年，戏曲研究所撤销，萧军、荀慧生、曾伯融，隔离审查后一同被送到昌平“农业劳动大学”改造。自此，萧军再次在文坛上“消失”。

1978年后，萧军再次复出。根据北京市委文化出版部《关于肖军同志落实政策的报告》，关于他的历史问题，因为时间长，涉及面广，重新做出全面的结论目前还有较大的困难，正抓紧进行。并派人分别到东北、浙江一带外调。萧军原在市文化局所属戏曲研究所工作，现在戏曲研究所尚未恢复。目前安排他到文联任专业作家开始工作，恢复“文化大革命”前工资待遇。关于他的女儿萧云的工作问题。原是东城区小学教师，“文革”时，因萧军问题被迫离职。经过联系，现已恢复工作。这时，萧军已经是72岁的老人了。

1980年后，萧军任中国作家协会顾问、北京作家协会副主席、第五届北京市政协委员。这以后，萧军频繁参加会议、出席活动。虽年事已高，但他刚直耿介的秉性依旧。1981年4月27日，中国人民政治协商会议北京市第五届委员会第四次会议大会秘书处《情况反映》(十）以《肖

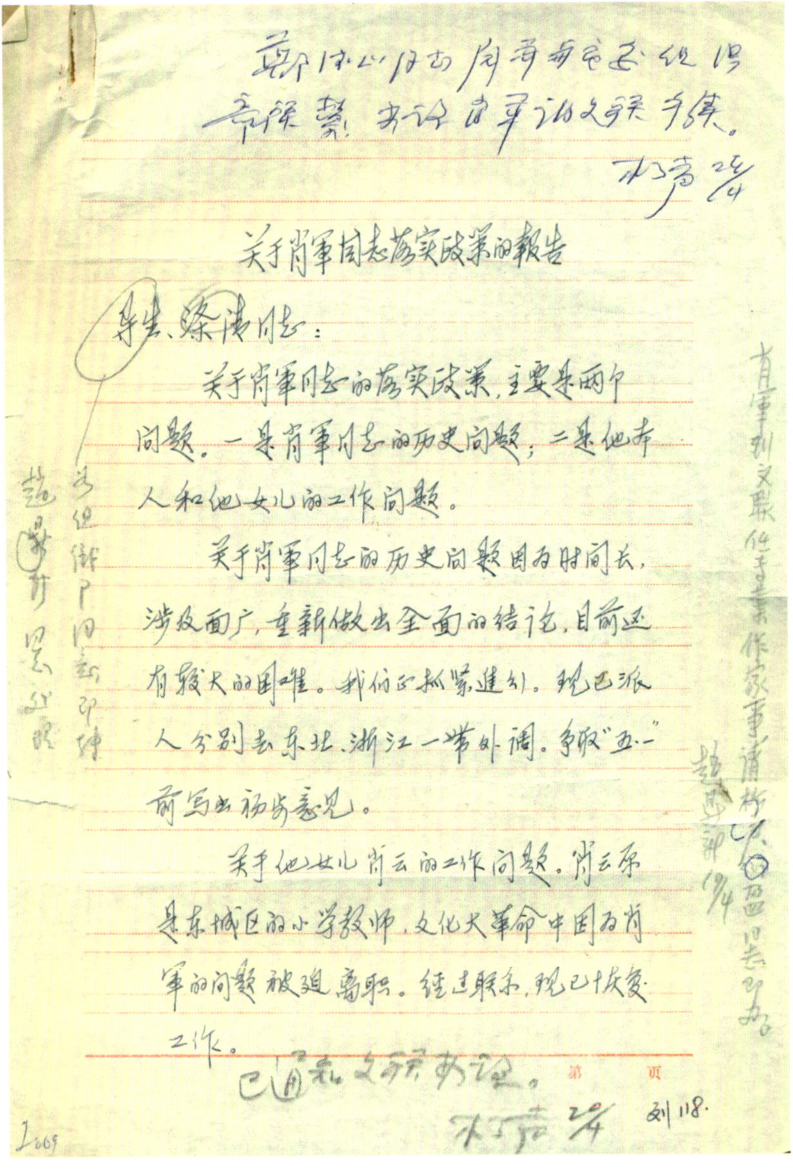
关于肖军同志落实政策的报告

李【?】、徐滨同志：

关于肖军同志的落实政策，主要是两个问题。一是肖军同志的历史问题；二是他本人和他女儿的工作问题。

关于肖军同志的历史问题因为时间长，涉及面广，重新做出全面的结论，目前还有较大的困难。我们正抓紧进行。现已派人分别去东北、浙江一带外调。争取“五一”前写出初步意见。

关于他女儿肖云的工作问题。肖云原是东城区的小学教师，文化大革命中因为肖军的问题被迫离职。经过联系，现已恢复工作。

第　页

已通知文联办公室。

北京市委文化出版部关于萧军同志落实政策的报告

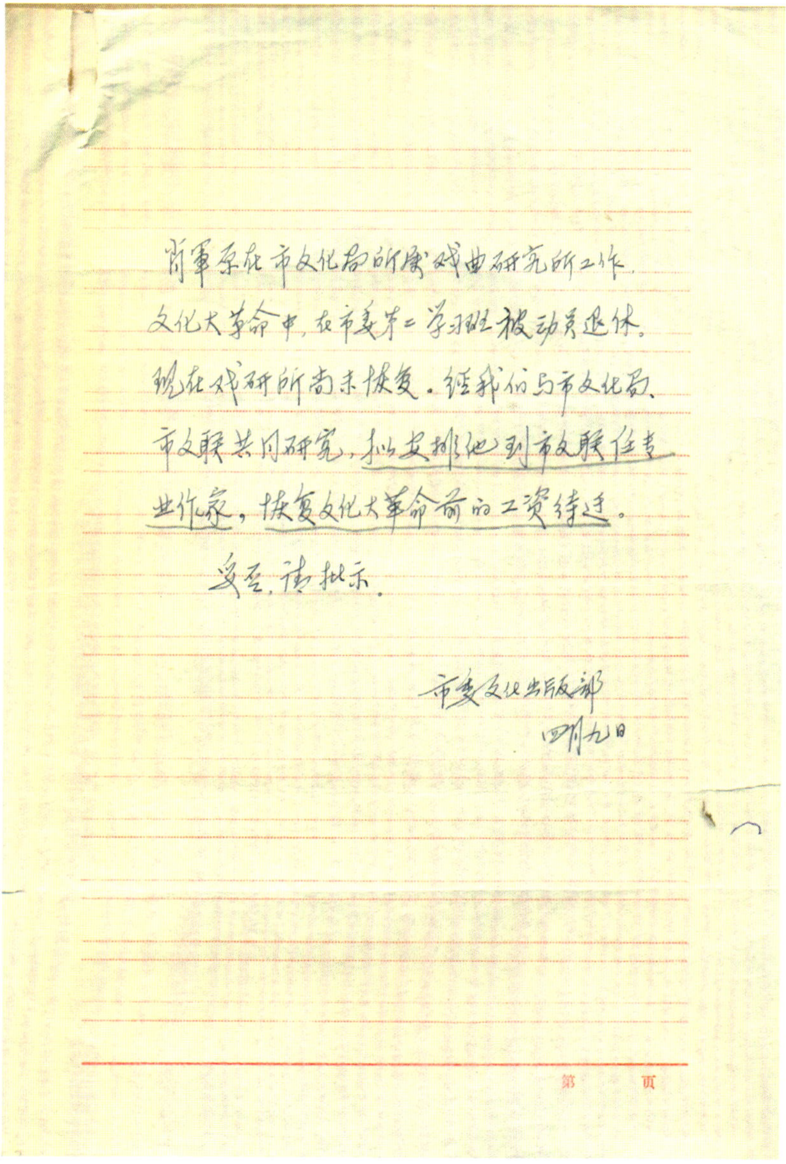
萧军原在市文化局所属戏曲研究所工作，文化大革命中，在市委第二学习班被动员退休。现在戏研所尚未恢复。经我们与市文化局、市文联共同研究，拟安排他到市文联任专业作家，恢复文化大革命前的工资待遇。

妥否，请批示。

市委文化出版部

四月九日

第　　页

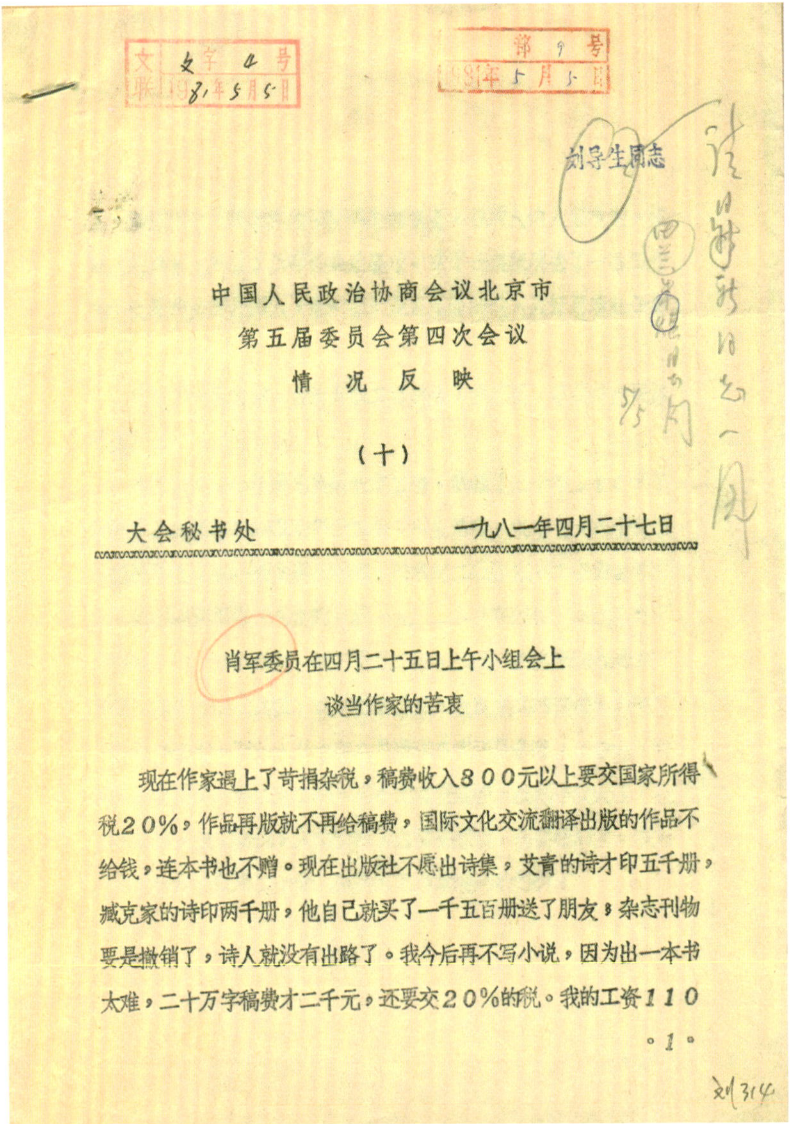

刘导生同志

中国人民政治协商会议北京市

第五届委员会第四次会议

情　况　反　映

（十）

大会秘书处　　　　一九八一年四月二十七日

肖军委员在四月二十五日上午小组会上

谈当作家的苦衷

现在作家遇上了苛捐杂税，稿费收入８００元以上要交国家所得税２０％，作品再版就不再给稿费，国际文化交流翻译出版的作品不给钱，连本书也不赠。现在出版社不愿出诗集，艾青的诗才印五千册，臧克家的诗印两千册，他自己就买了一千五百册送了朋友；杂志刊物要是撤销了，诗人就没有出路了。我今后再不写小说，因为出一本书太难，二十万字稿费才二千元，还要交２０％的税。我的工资１１０

·1·

萧军在北京市政协小组会上的发言

元，前些天有个美国作家访问我和骆宾基，我两人请人家吃饭，没敢上大饭店，只去了三等馆康乐餐厅，吃了一桌就用去了一百五十元，说是因为有外国人，谁叫我们是自愿请的呢，只好忍着肚子疼了。

我写了一篇文章，台湾寄我二百美金，我不要，还要讲点民族气节。

北京市文联去年提出要给我定工资，我领了三十年110元了，我是出土文物，长期领的不是工资，叫生活费。家中七、八个孩子，生活需要么！有一天文联通知我，给我定二级作家，工资为280元，我想问问根据什么定的。我一九三二年从事创作，写过几百万字作品。中国作家谁是一级，谁是二级、三级，摆出来让我看看。再说，事先不跟我商量，这是恩赐观点，改良主义的作法，我吃了这饭也不舒服。因此，从去年八月到现在我还是拿着110元。我现在靠打零工，各杂志二十、三十元随便给些。虽然子女大了，也都有工作，但工资低，又有孩子，都需要照顾，还要帮朋友。我自己每月生活费仅用二十元，真是家家有本难念的经啊！

·2·

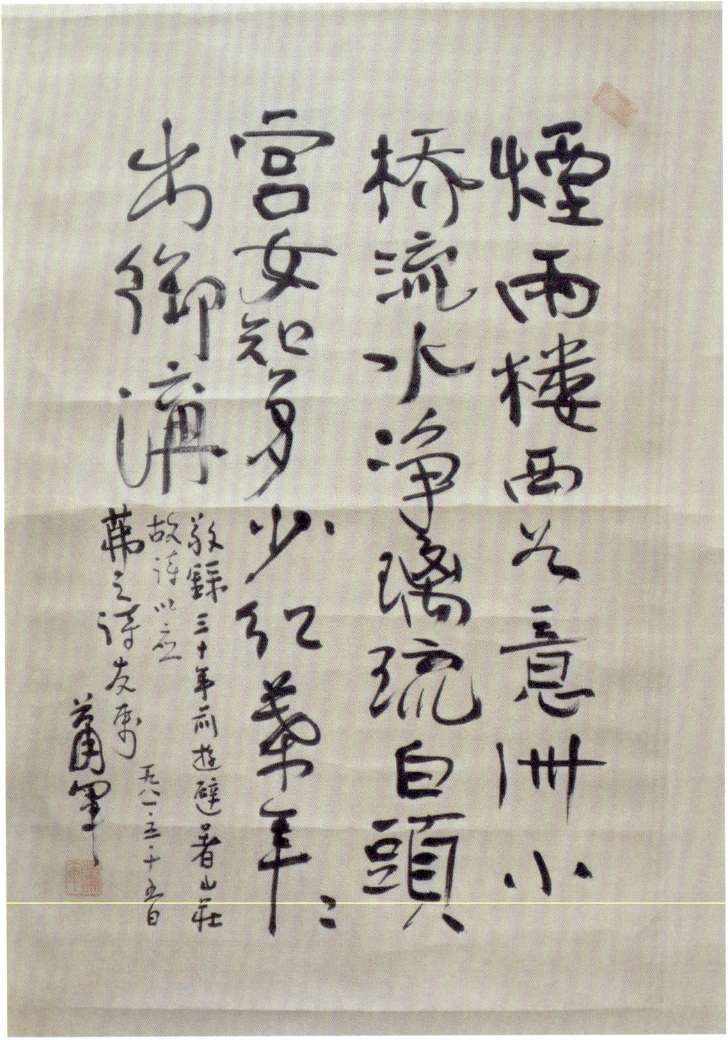

萧军1981年5月15日录旧诗一首

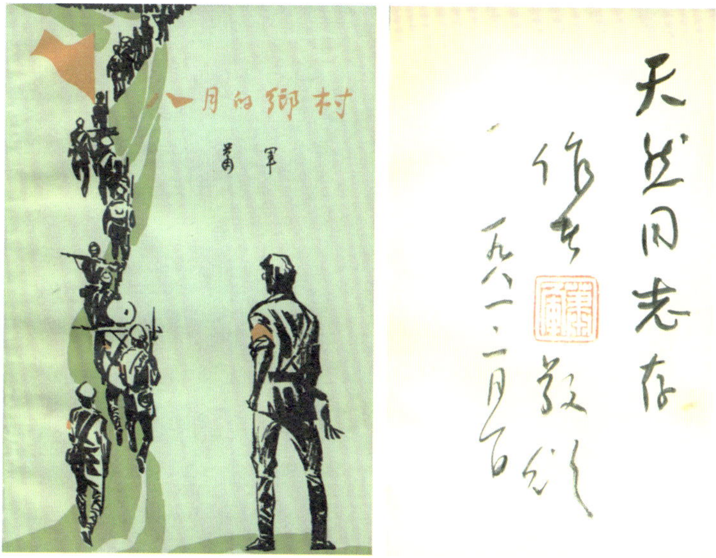

《八月的乡村》封面及前环衬页

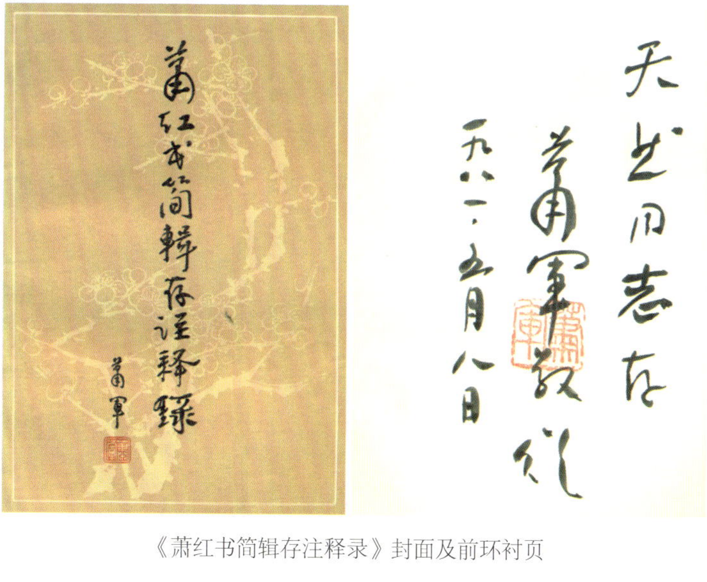

《萧红书简辑存注释录》封面及前环衬页

军委员在四月二十五日上午小组会上谈当作家的苦衷》为题，刊载萧军会上发言摘录。

萧军谈到了作家稿酬、工资定级等诸多苦衷。这份《情况反映》是政协送给时任北京市委常委、北京市委书记（当时设有第一书记）刘导生同志的。他阅后，批转给时任北京市文化局局长、文联党组书记赵鼎新同志。不久，萧军的“身份”得到了解决。

接下来，萧军开始把自己50年来所写下的古体词、诗手录成集。并写了《萧红书简辑存注释录》，修订了《八月的乡村》及《生死场》等。同时，他不断出席各种会议，应邀到各地演讲，带团出国访问，十分繁忙。

1988年6月22日凌晨，萧军永远地离去了。

2020年2月5日晚7时初稿

2020年4月13日下午1时35分修订

2025年1月24日晚9时半修订

端木蕻良：虎坊路30年的生活与写作

端木蕻良1933年开始与鲁迅通信，以其首部长篇小说《科尔沁旗草原》出名。新中国成立后，曾任北京市文联编辑出版部副部长。1980年，端木蕻良当选为北京作家协会副主席。这是他自1950年到北京市文联工作30年来的最高职位。1984年当选为中国作家协会理事。

一

1912年9月，端木蕻良出生于辽宁省昌图县鸑鷟树村，这个村名很美，鸑鷟是个生僻词，即鹭鸶。他本姓曹，满族，他的父亲给他取名曹汉文。到天津读书时，他自作主张给自己改名京平。端木蕻良是他的笔名。他曾经用过几个笔名。最早的笔名是辛人，这是他1930年在南开中学读书时用的笔名。他很小的时候离开家乡，随哥哥就读于天津汇文中学。16岁进入南开中学，当时他和几个同学组织了“新人社”，出版文艺刊物《人间》《新人》。他在刊物上发表文章，就署名“辛人”。“辛人”即“新人”，他把“辛人”作笔名，有意把它同“新人社”名和《新人》刊名联系在一起，表达了自己的人生志向。

1932年，端木蕻良考上清华大学历史系，并加入北平左翼作家联盟，他在刊物上发表的小说处女作《母亲》及其他文章，使用的还是笔名“辛人”。1933年秋天，北平左联遭到破坏，他离开北平到天津，开始创作第一部长篇小说《科尔沁旗草原》。在这个时期，他曾经使用笔名“黄叶”。他的母亲姓黄，他从小爱母亲，遂把母亲的姓用到笔名里，以此表达对母亲的深厚感情。这期间，他经常给鲁迅先生邮寄北方的进步刊物。起初，鲁迅按照左翼作家机关杂志《科学新闻》的地址和辛人、黄叶的笔名与他书信往来。因北平的进步团体已遭破坏，他在天津住在二哥家里，与鲁迅联系时，便化名“叶之琳”。“叶”是采用笔名“黄叶”中的字，“琳”是使人误以为女性，从而迷惑敌人。后来，他考虑信件寄到二哥家里，姓氏不同，容易引起别人的怀疑。因此，他有时写作“曹之林”。

1935年，端木蕻良回到北平，参加“一二·九”运动后，又去了上海。这年，《科尔沁旗草原》完成，成为20世纪30年代东北作家群代表作之一。

1936年夏天，他开始发表短篇小说。在写完短篇小说《鴜鹭湖的忧郁》时，萌生一个念头，想起个新笔名。他选择复姓“端木”作为姓氏，把东北家乡的红高粱的别称“红粱”二字作为名字，成了四字笔名“端木红粱”。当时正处在白色恐怖之中，笔名中有“红”字是有危险的。于是，他把“红”字改为“雪里蕻”的“蕻”。“雪里蕻”是广东的写法，在北方写为“雪里红”。作家王统照认为“端木蕻粱”不像个笔名，他便将“粱”改为“良”。这样，小说发表时，署名便成为“端木蕻良”了。从此，他的大部分作品都用这个笔名。

抗日战争开始，端木蕻良去山西临汾民族革命大学任教。1938年至1940年，任重庆复旦大学教授，编辑《文摘》副刊；后到香港主编《时代文学》杂志，并撰写长篇小说《大时代》。

太平洋战争爆发后，端木蕻良从香港回到内地，在桂林、遵义、重庆、武汉等地主编《力报》《大刚报》副刊及文艺杂志。写京剧《红拂传》，将《红楼梦》《安娜·卡列尼娜》改编为话剧等。

1947年，端木蕻良在位于长沙水陆洲（今橘子洲）的湖南省立音乐专科学校任学科系主任兼教授。1948年秋，回上海主编《求是》与《银色批判》，不久再次去香港。

1949年新中国成立前夕，他从香港回到北京。

二

端木蕻良出生在农村，但他大半生学习、工作、生活都在北京。他还是十来岁的孩子时，就来过北京，那时燕京大学刚刚划定地基，从圆明园运来的华表在地上躺着，大学尚未开工修建。

1932年，端木蕻良参加了北平左翼作家联盟，主编《科学新闻》。也是在这年，他考入清华大学历史系。新中国成立前夕，他从香港回北京参加南郊土改，筹备北京文联。自此，他再也没有离开北京，一直供职于北京市文联。1960年春，他与钟耀群结婚后，一直居住在组织上分配的虎坊路的一个单元楼里，直到1986年春。在这里，他创作了京剧剧本、散文和小说，还创作了著名的长篇历史小说《曹雪芹》。

1950年春，为了团结北京市文学艺术工作者，在建设人民首都的总方针下，开展文艺普及工作，在普及的基础上提高，建设民族的、科学的、人民的大众文艺。5月17日，北京市文学艺术工作者联合会发起人大会在人民艺术厅召开。到会的文艺工作者有133人。选出老舍、欧阳予倩、李伯钊、王亚平、连阔如、徐悲鸿、赵树理、程砚秋、凤子、老

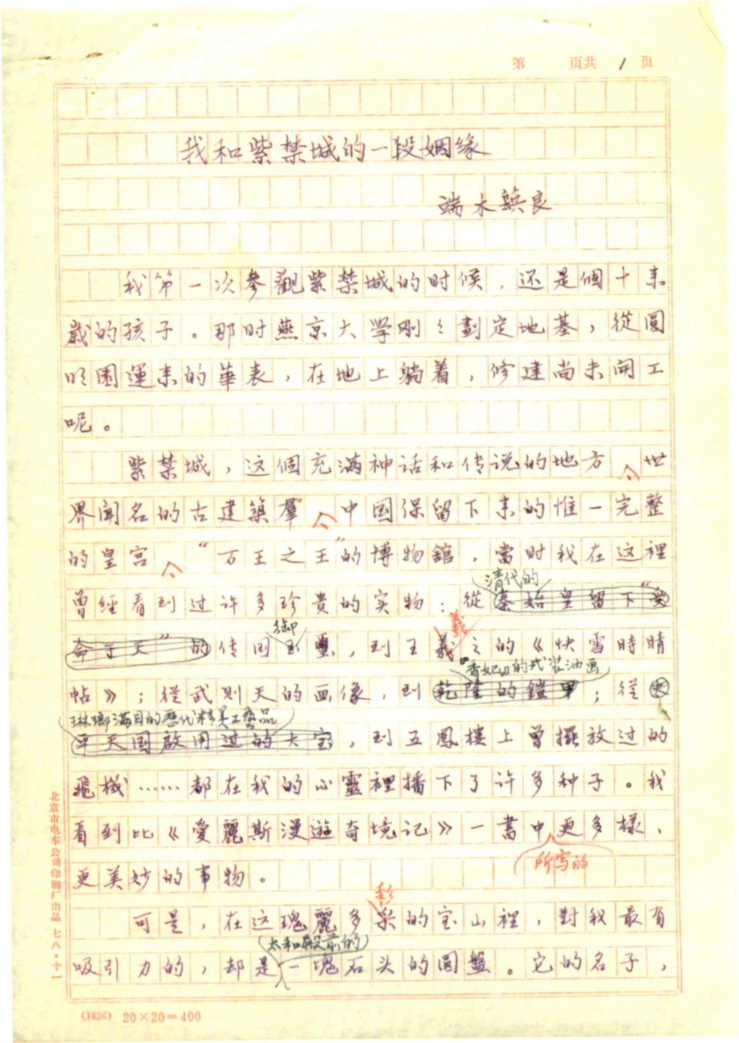

第　页共 1 页

我和紫禁城的一段姻缘

端木蕻良

我第一次参觀紫禁城的时候，还是個十来岁的孩子。那时燕京大学刚刚划定地基，從圆明園運来的華表，在地上躺着，修建尚未开工呢。

紫禁城，这個充滿神话和传说的地方，世界聞名的古建築羣，中国保留下来的惟一完整的皇宫，"万王之王"的博物舘，當时我在这裡曾經看到过许多珍贵的实物：從清代的御玺，到王羲之的《快雪時晴帖》；從武则天的画像，到"香妃"的戎装油画；從琳瑯滿目的歷代精美工藝品，到五鳳樓上曾擺放过的飛機……都在我的心靈裡播下了许多种子。我看到比《愛麗斯漫遊奇境记》一書中所写的更多樣、更美妙的事物。

可是，在这瑰麗多彩的宝山裡，對我最有吸引力的，却是太和殿前的一塊石头的圆盤。它的名子，

北京市电车公司印刷厂出品　七八·十一

(1436)　20×20＝400

端木蕻良《我和紫禁城的一段姻缘》手稿第一页

志诚、李广田、尚小云、苗培时、胡蛮、王松声、焦菊隐、齐白石、曹宝禄、俞平伯、田间、罗常培、周巍峙、王瑶卿、张梦庚、张世荣、端木蕻良、林士良、辛大明、戴爱莲、闻家驷、金紫光、田方、杨振声、韩世昌、王春35人为文联筹备委员。同时成立了北京市文学艺术工作者联合会筹备委员会，推选老舍、李伯钊、赵树理、王亚平、凤子、王松声、苗培时、连阔如、端木蕻良、胡蛮、张梦庚等11人为常务委员。

端木蕻良是怎样到北京文联的呢？据他后来说，是他的中学同学王松声推荐的。当时参加者必须是北京干部，王松声时任文化处处长，端

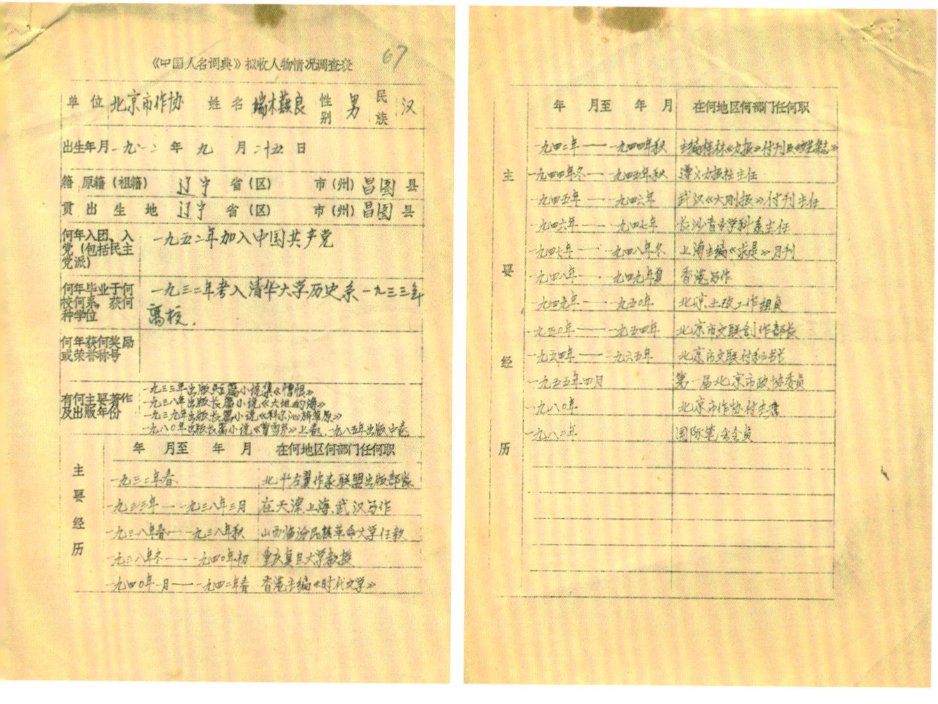

《中国人名词典》拟收人物情况调查表　67

单位 北京市作协　姓名 端木蕻良　性别 男　民族 汉

出生年月 一九一二年九月二十五日

籍贯　原籍（祖籍） 辽宁省（区）　市（州）昌图县
　　　出生地 辽宁省（区）　市（州）昌图县

何年入团、入党（包括民主党派）：一九五二年加入中国共产党

何年毕业于何校何系，获何种学位：一九三二年考入清华大学历史系一九三三年离校.

何年获何奖励或荣誉称号：

有何主要著作及出版年份：
一九三三年出版短篇小说集《憎恨》
一九三八年出版长篇小说《大地的海》
一九三九年出版长篇小说《科尔沁旗草原》
一九八〇年出版长篇小说《曹雪芹》上卷，一九八五年出版中卷

主要经历

年　月至　年　月	在何地区何部门任何职
一九三二年春	北平左翼作家联盟出版部长
一九三三年——一九三八年三月	在天津上海、武汉写作
一九三八年春——一九三八年秋	山西临汾民族革命大学任教
一九三八年冬——一九四〇年初	重庆复旦大学教授
一九四〇年一月——一九四二年春	香港主编《时代文学》
一九四二年——一九四四年秋	主编桂林《力报》付刊及《文艺杂志》
一九四四年冬——一九四五年秋	遵义力报社主任
一九四五年——一九四六年	武汉《大刚报》付刊主任
一九四六年——一九四七年	长沙音专学科系主任
一九四七年——一九四八年冬	上海主编《求是》月刊
一九四八年——一九四九年夏	香港写作
一九四九年——一九五〇年	北京土改工作组员
一九五〇年——一九五四年	北京市文联创作部长
一九五四年——一九六五年	北京市文联付秘书长
一九五五年四月	第一届北京市政协委员
一九八〇年	北京市作协付主席
一九八二年	国际笔会会员

端木蕻良自填《中国人名词典》拟收人物情况调查表

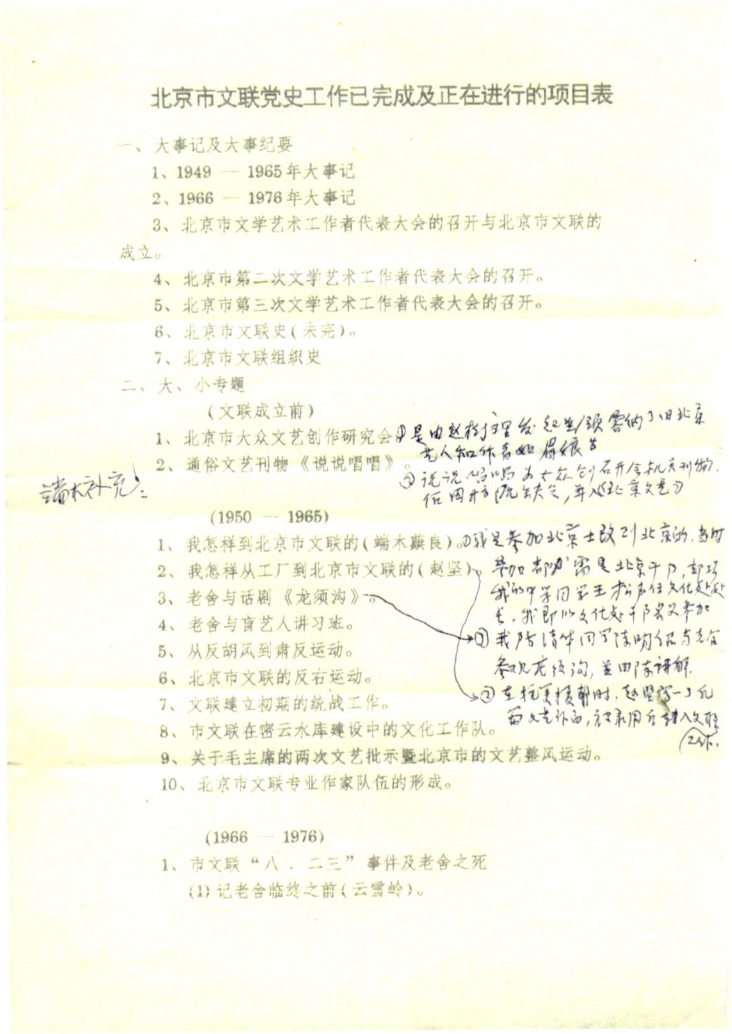

北京市文联党史工作已完成及正在进行的项目表

一、大事记及大事纪要

1、1949 — 1965年大事记

2、1966 — 1976年大事记

3、北京市文学艺术工作者代表大会的召开与北京市文联的成立。

4、北京市第二次文学艺术工作者代表大会的召开。

5、北京市第三次文学艺术工作者代表大会的召开。

6、北京市文联史（未完）。

7、北京市文联组织史

二、大、小专题

（文联成立前）

1、北京市大众文艺创作研究会。①是由赵树理[illegible]领导的团结旧北京艺人知识分子[illegible]

2、通俗文艺刊物《说说唱唱》。②《说说唱唱》为大众创作研究会机关刊物，后因稿源缺乏，并入《北京文艺》

端木补充：

（1950 — 1965）

1、我怎样到北京市文联的（端木蕻良）。①我是参加北京土改到北京的，当时参加者以为是北京干部，却巧我的中学同学王松声任文化处处长，我即以文化处干部名义参加

2、我怎样从工厂到北京市文联的（赵坚）。

3、老舍与话剧《龙须沟》。②我陪清华同学陈明绍看老舍《龙须沟》，并由陈讲解。

4、老舍与盲艺人讲习班。

5、从反胡风到肃反运动。

6、北京市文联的反右运动。

7、文联建立初期的统战工作。

8、市文联在密云水库建设中的文化工作队。

9、关于毛主席的两次文艺批示暨北京市的文艺整风运动。

10、北京市文联专业作家队伍的形成。

②在抗美援朝时，赵坚写一个反面文艺作品，被采用后转入文联工作。

（1966 — 1976）

1、市文联“八．二三”事件及老舍之死

(1) 记老舍临终之前（云雪岭）。

端木蕻良补充北京市文联党史工作项目表

木蕻良即以文化处干部名义参加。

经过紧张的筹备工作，大会于1950年5月28日上午在劳动人民文化宫开幕。

大会结束后，端木蕻良作为北京市文联理事和编辑出版部副部长、专业作家，开始了他的新的历程。1952年，端木蕻良加入中国共产党。自此至1980年，他先后任北京市文联副秘书长、北京市作协副主席、中国作协理事。

1960年，端木蕻良与钟耀群结婚，住进了虎坊路的“作家楼”。在这里居住的20多年里，他写有京剧《戚继光斩子》，评剧《罗汉钱》《梁山伯与祝英台》等。他一直以首钢为生活基地，和首钢工人共同编写厂史《钢铁的凯歌》。他还写了一部长篇小说《北方》，遗憾的是在“文化大革命”中佚失；还写有散文、短篇小说等，发表在报刊上。

1963年，端木蕻良患高血压偏瘫，1967年发展成冠心病，1973年以后加重。但他没有因此而消沉，1976年以后，他带病开始酝酿并动笔创作长篇历史小说《曹雪芹》。《曹雪芹》是端木蕻良晚年颇为重要的作品，极具特色，影响卓著，他以学贯古今的文化眼光和炉火纯青的艺术笔法，把曹雪芹的一生写成了一部史诗。

三

1980年初，已经78岁的端木蕻良仍在抱病撰写小说《曹雪芹》。一篇文章使老人彻夜难眠。这是文艺杂志《十月》1980年1月号刊登的骆宾基写的《生死场，艰辛路》。文章涉及端木蕻良与女作家萧红的往事，情节上对端木蕻良有指责。

提到萧红，不能不提萧军、端木蕻良与骆宾基，他们都是东北很有才气的作家，在20世纪30年代因萧红关系互相认识，先是老乡、好友，后来因萧红三人反目。他们三人与萧红的关系并不复杂。萧军与萧红1938年在西安离婚。同年4月，萧红与端木蕻良到了武汉，5月，端木蕻良与萧红举行婚礼。1940年，端木蕻良与萧红到香港。1941年12月7日，日本偷袭美国珍珠港，太平洋战争爆发。不久，端木蕻良独自离开香港，回内地。1941年，骆宾基到香港，萧红病重时，曾得到他的照顾。据说，骆宾基是萧红去世前44天的陪伴者。萧红因庸医误诊、病情恶化等诸多因素，于1942年1月22日不幸病逝。

萧红的去世，熟悉的朋友，包括萧军和骆宾基，都对端木蕻良多有指责。面对指责甚至谩骂，或许端木蕻良认为这是他本人的隐私，无须公布于众，故此前从没写过说明事实的文章。

这次面对骆宾基的文章，端木蕻良没有再沉默，但也没有撰文在报刊上公开辩驳。他给北京市文联党组写了一封说明信，以澄清事实。

市文联党组负责同志：

1980年1月号文艺杂志《十月》，刊有骆宾基写的《生死场，艰辛路》——萧红简传。其中所述不符事实，涉及我处虽未提名，但明眼人一望可知。

在党的十一届五中全会之后，全国上下乘此大好形势，每个中国人都应顾全大局、识大体，为实现四个现代化，争分夺秒做出贡献才是。而骆宾基不此之图，在谈论《生死场》题目下，随心所欲地写别人传记，居然说萧红生命最后的四十天，都是他一个人照顾的。

骆宾基1941年来港后，生活无着，在旅馆打电话找我，我将他接出，使他在时代书店得以寄居。我当时编《时代文学》，将自己长篇《大时代》停了，刊登他的长篇《人与土地》使他能得稿费，维持生活。这都是时代书店人所共知之事。

萧红病重，先住玛丽医院，后在养和医院开刀（说喉咙有瘤），两医院费用昂贵。香港战起，萧红已不能行动，必须找高大旅馆二楼，以防炸弹，我和萧红由九龙迁入香港思豪大酒家二楼，后因中弹，才转移到十层楼的格罗斯打大饭店二楼，我尽全力维护萧红的安全。骆宾基本想早离香港，我因恐战起人手不济，特留他来帮忙，以便我出外跑车子，接洽医院时，有人能在病人旁边照顾。萧红逝世，火化，接洽墓地、安葬、手写“萧红之墓”等等，都是我亲手作的，香港人所共知之事，岂容骆宾基不顾事实，信口雌黄，特别是在打倒“四人帮”三年后的今天，尚且出现此等事情，实在令人不解，为此，特向支部汇报。

此致 敬礼！

端木蕻良

八〇·三月·十五日

究竟端木蕻良和骆宾基的说法，孰是孰非，非亲身经历者，不能说三道四。当事人口述历史，也并非都是事实。笔者不在这里评论。

但端木蕻良自1942年萧红逝世，直到18年后的1960年才再婚，可见他对萧红的感情还没有放下。此外，他一直保存着一缕萧红的遗发，而且经常写诗怀念萧红。他写的这些诗不是为了发表，只是表达他对萧红的感情和思念。1976年以后，端木蕻良几乎每年都要亲去广州银河公墓为萧红

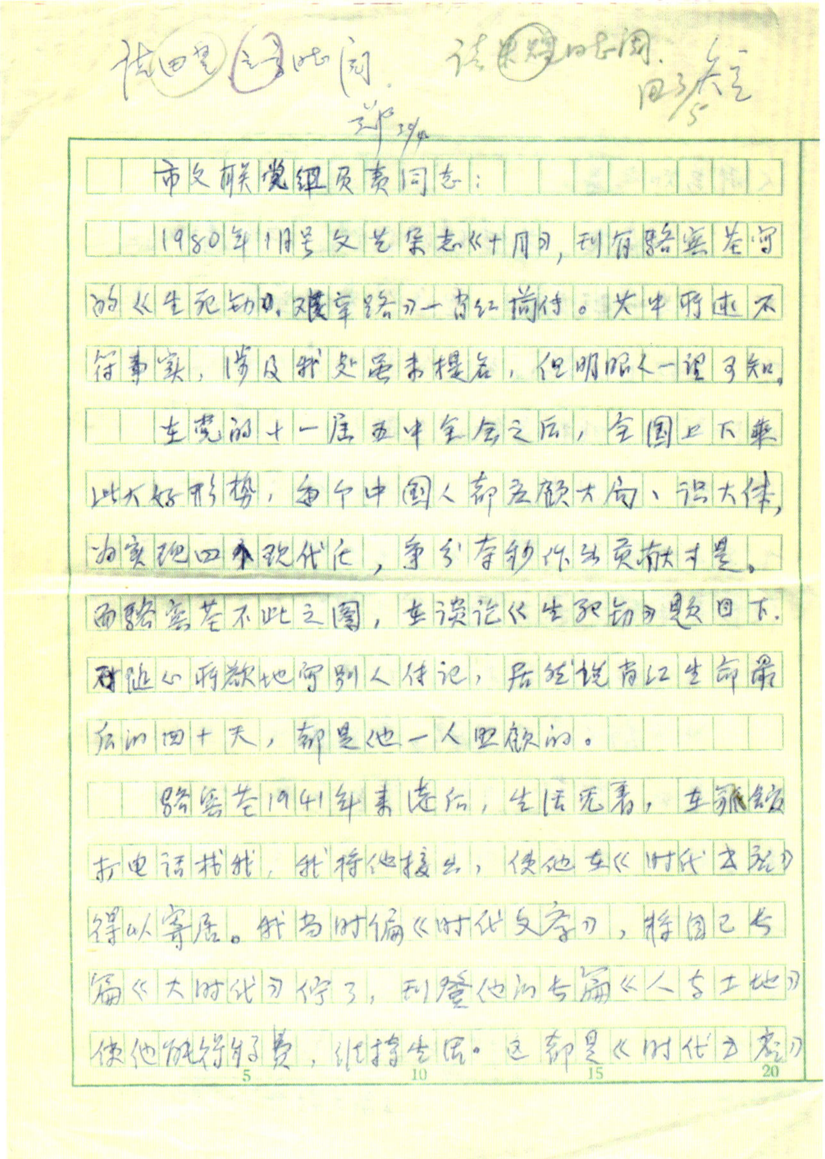

市文联党组负责同志：

1980年1月号文艺杂志《十月》，刊有骆宾基写的《生死场》、艰辛路——萧红简传。文中所述不符事实，涉及我处虽未提名，但明眼人一望可知。

在党的十一届三中全会之后，全国上下乘此大好形势，每个中国人都应顾大局、识大体，为实现四个现代化，争分夺秒作出贡献才是。而骆宾基不此之图，在谈论《生死场》题目下，竟处心积虑地写别人传记，居然说萧红生命最后的四十天，都是他一人照顾的。

骆宾基1941年来港后，生活无着，在旅馆打电话找我，我将他接出，使他在《时代书店》得以寄居。我当时编《时代文学》，将自己长篇《大时代》停了，刊登他的长篇《人与土地》使他能得稿费，维持生活。这都是《时代书店》

端木蕻良写给北京市文联党组的关于萧红情况的函

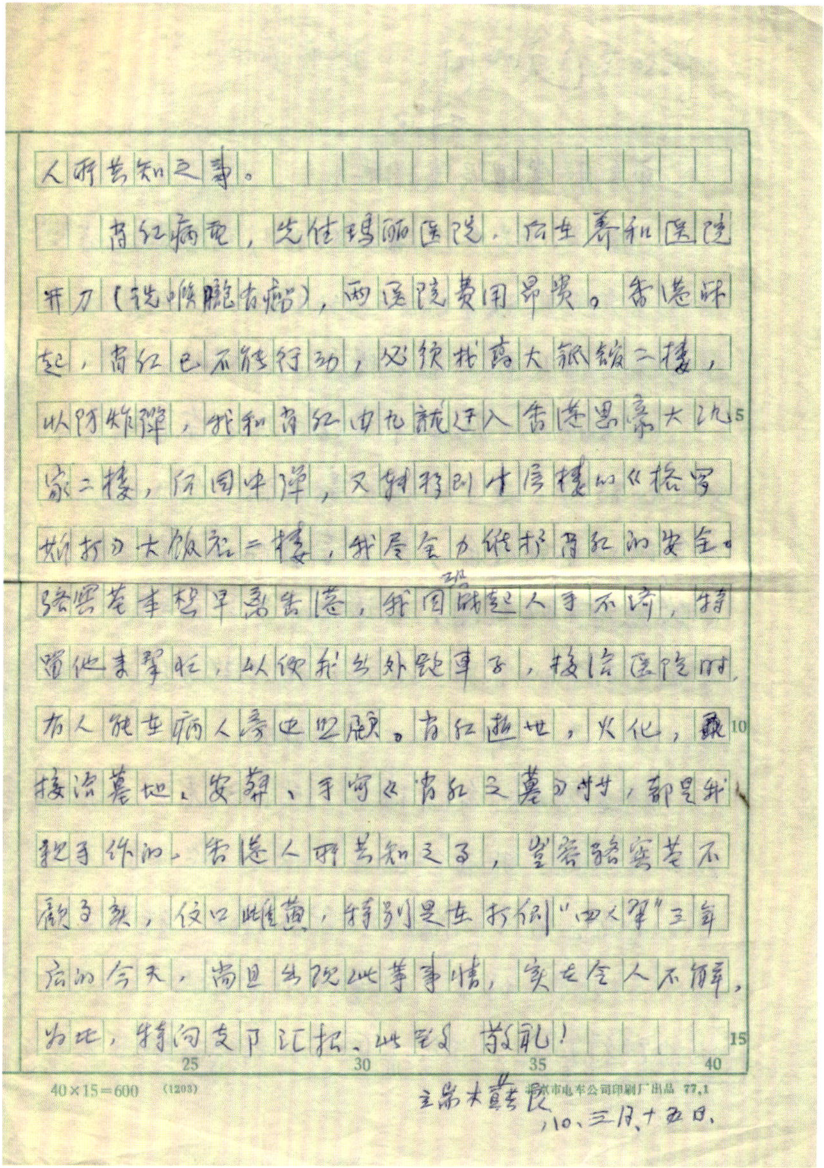
人所共知之事。
萧红病重，先住玛丽医院，后在养和医院开刀（说喉瘤有癌），两医院费用昂贵。香港战起，萧红已不能行动，必须找寻大旅馆二楼，以防炸弹，我和萧红也就迁入香港思豪大酒家二楼，后因中弹，又转移到七层楼的《格罗斯打》大饭店二楼，我是全力维护萧红的安全。骆宾基本想早离香港，我因感到人手不济，特留他来帮忙，以便我出外跑事务，接洽医院时有人能在病人旁边照顾。萧红逝世，火化，联接洽墓地，安葬，手写《萧红之墓》牌，都是我亲手作的。香港人所共知之事，岂容骆宾基不顾事实，信口雌黄，特别是在打倒“四人帮”三年后的今天，尚且出现此等事情，实在令人不解。为此，特向阁下汇报。此致敬礼！
40×15=600 (1203)
北京市电车公司印刷厂出品 77.1
端木蕻良
'80、三月、十五日。

扫墓，自己不能去时就托朋友去，并写悼诗献于墓前。这都是事实。

1980年，端木蕻良当选为北京作家协会副主席。1984年当选为中国作家协会理事。在他的《曹雪芹》中卷出版后不久，他从住了几十年的虎坊路旧宅，迁入朝阳区香河园街道的西坝河新居。

1996年10月5日，端木蕻良因病于北京逝世，享年84岁。

2020年2月14日下午5时初稿

2020年4月15日修订

2025年1月24日晚10时修订

骆宾基：传奇的经历与创作

骆宾基是我国现代作家。1949年6月，他从香港到了北京，同年7月，参加了中华全国文学艺术工作者代表大会，并当选为中华全国文学工作者协会候补委员。之后去济南，曾任山东省文联副主席。1962年，调入北京市文联工作，参加了北京作协筹委会工作。1980年6月，当选为北京作家协会副主席。

一

骆宾基原名张璞君，1917年2月12日生于吉林省珲春县城（今珲春市）内一个经营茶庄的小商业者家庭里。1931年“九一八”事变时，他在县里高小读书。这时，他父亲经营的茶庄已经倒闭，1932年春，他就随父亲到黑顶子山区去务农了。夏末，小学复课，他只身返回县城就读，冬季一毕业，再次回到农村务农。1933年春，随父母回到山东平度老家。暑假考入济南私立正谊中学黄台分校。因父亲病亡，辍学回到家乡。黑顶子山区土地被日本关东军强行“缴用”，家境由此更加贫困。1934年，由胶东到北平。一年后，又回到珲春。后到哈尔滨精华学院学俄语，不久任仅供食宿的国文补习教员。

1936年春，张璞君到上海，受萧红和萧军的影响，开始写作长篇小说《边陲线上》。1937年“八一三”淞沪会战爆发，骆宾基参加了上海青年防护团，从事抗日街头宣传和前线救护工作。为了防止意外，他不再用本名，开始用笔名骆宾基。在特殊年代，因形势险恶，许多进步知识分子出于保护自己改用笔名，在当时几乎成了一种风气。和骆宾基同为东北老乡的作家萧军、萧红、端木蕻良也都是各自笔名。萧军本名刘鸿霖；萧红原名张乃莹；端木蕻良，原名曹京平。

骆宾基后来回忆，那时，他在考虑起一个笔名时，着实费了一些脑筋。恰好有一天他读了唐代诗人骆宾王作于狱中的《在狱咏蝉》一诗：“西陆蝉声唱，南冠客思侵。不堪玄鬓影，来对白头吟。露重飞难进，风多响易沉。无人信高洁，谁为表予心?”他十分欣赏这首咏物诗，因闻蝉鸣而感兴，又借鸣蝉以自喻，真切、凄婉地抒发了自己衔冤难申、无人相信自己高洁的悲愤感情。他为骆宾王的艺术才能所深深吸引，非常赞佩这位被称为“初唐四杰”之一的大诗人。因而他在起笔名时，就将骆宾王名字中的“王”字，换成他所最尊崇的伟大作家高尔基名字中的“基”字，而成“骆宾基”。对这三个字，他又感到太明显，容易让人联想到“骆宾王”。于是，他给“宾”字添上了三点水而成“骆滨基”。淞沪抗战，他为萧殷等编辑的抗日壁报写稿就采用了这个笔名。而后，他在茅盾主编的《呐喊》上发表报告文学《大上海一日》，也使用了这个笔名。自此以后，这个笔名就代替了他的正式用名，而成为常用名了。

1939年11月，《边陲线上》由巴金先生主办的文化生活出版社在沪初版，他在署名时又把“滨”的三点水去掉了。

《边陲线上》是骆宾基于1936年鲁迅先生逝世以后，完成的第一部长篇小说。小说没有完成之前，同为东北作家的萧红的《生死场》和萧军的《八月的乡村》，都得到了鲁迅先生的推荐，在国内产生很大的影响。骆宾基听到这个消息后，很受鼓舞。到了上海后，骆宾基和鲁迅先生通过两封信，谈到他正在写一部反映东北的作品。当时鲁迅先生在病中，答应长篇小说完成后，可以看看。遗憾的是，小说还没有完成，鲁迅先生就逝世了。

二

骆宾基曾于1938年4月，在浙东前方加入中国共产党。1937年10月，上海租界已成“孤岛”，胡愈之、巴人遂介绍骆宾基到浙东嵊县茶场去做抗日救亡宣传工作，由茅盾资助路费，并经冯雪峰约谈，给予原则性指导。1937年12月24日，骆宾基抵达浙东前方茶场。

1938年初，骆宾基先后在茶场附近两个村庄办起了农民夜校，并以毛泽东同志关于抗日战略和游击战争的论著为教材，进而在两个夜校的基础上，组织了农民抗敌协会三界分会，受到当时的宁绍特委邢子陶（新中国成立后曾任杭州市委书记）的重视。不久，被发展为中共党员。

1939年，骆宾基在绍兴专员公署主编《战旗》，接到黄源同志由皖南新四军来信，约他去敌后写报告文学，因而离开绍兴。

1940年6月，骆宾基到达新四军，由于交通关系一时不能去敌后前方体验生活，暂留宣传部工作。10月，骆宾基要求回浙东去。但当他到金华后，形势大变，邵荃麟等同志都早已离开，他不得不到郊区去住，因而和党失去了最后联系的条件，不得已又回到嵊县去找地下党的关系，终未找到，只好离开浙东去了桂林。

在桂林，骆宾基曾与聂绀弩一起去看望当时党在文艺界领导人之一的夏衍同志。在桂林安定下来后，他完成了长篇小说《人与土地》，发表了中篇小说《吴非有》、童话《鹦鹉和燕子》。1940年冬，骆宾基在桂林当选为中华全国文艺界抗敌协会桂林分会理事。这期间，皖南事变发生，聂绀弩西去重庆，夏衍南走香港。骆宾基也离开了桂林，去桂南博白县任教员，以筹集路费。1941年冬，去广州湾，又转澳门，始得进入香港。在香港为茅盾主编的《笔谈》写中篇连载小说《罪证》。香港沦陷后，萧红病重，骆宾基帮助端木蕻良照顾萧红。萧红逝世以后，骆宾基只身离港去澳门。一月之后，他经梧州第二次回到桂林。在桂林乡间，他开始写长篇小说《姜步畏家史》第一部《幼年》。同时也连续发表了一些短篇小说，如《老女仆》《乡亲——康天刚》《一九四四年的事件》等。

1944年春，骆宾基的长篇小说《姜步畏家史》第一部《幼年》在桂林由三户图书社出版。不久，国民党西南战线崩溃，骆宾基离开广西，去了重庆。当年冬，到丰都适存女子中学教书。因在课堂上选《新华日报》社论为教材，引起校内国民党爪牙的注意。1945年寒假前夕，与丰村、杜巴、李钊彭等五人在江轮码头被国民党军统特务逮捕。后经冯雪峰通过邵力子的关系营救而获释。

《双十协定》签订后，在八路军驻渝办事处宋黎的领导下筹办“东北文化协会”，骆宾基和阎宝航、徐中航、杨晦、周鲸文等五人当选为常务理事，未选主席。骆宾基担任秘书长，负责日常事务，团结在渝东的东北流亡人士，开展民主运动，并出版《东北文化》不定期刊。骆宾基任主编，刊物的编辑、付印、发行等工作均由他一人承担。因为刊物宣传团结抗战，成为国民党“东北派”的眼中钉。不久,《东北文化》被迫停刊。骆宾基转到陶行知、李公朴两人主办的“社会大学”任教。不久，离开重庆北上，先经徐州看望母亲，然后转往上海，在郊外写作。

这时，骆宾基的《北望园的春天》已由星群出版社出版。他开始写中篇神话《蓝色的图们江》，短篇小说《由于爱》，继续完成话剧《五月丁香》。后来，骆宾基的母亲来到上海，他们一家在上海租一间亭子间，因房租太贵，又转到杭州租住，开始《萧红小传》的写作。

1946年年尾,《萧红小传》完成，骆宾基回到上海,《萧红小传》在《文萃》(党的地下刊物）连载，当时影响很大，他预支了一笔稿费，去东北探亲。到东北后，1947年3月，骆宾基在去往哈尔滨解放区途中，经长春市郊时被杜聿明的特刑队以“勾结共匪武装叛乱”的罪名逮捕，当夜转解沈阳“东北行辕军法处”，秘密羁押，国民党军统特务少将文强（1975年作为战犯宽大获释）为这一阴谋案件的直接掌握者。1948年8月，即沈阳解放前夕，骆宾基被移解南京军法局，后转特刑厅。当1949年初，代总统李宗仁上台释放政治犯时，骆宾基作为“已决犯”第三批被释放。虽然被释放了，但经常有特务跟踪他。一个在美国新闻处工作的朋友用小汽车把骆宾基从南京送到上海，他才逃出国民党特务的魔爪。

1949年2月，骆宾基一到上海，就去“国际文化服务社”与冯雪峰在电话上取得联系，当晚向冯作了汇报，开始在上海隐匿，以防不测。同年4月，在白色恐怖下，又转走香港，见到邵荃麟同志，同样作了汇报。同年6月，骆宾基离开香港，到了北京，参加了第一届全国文代会，并当选为中华全国文学工作者协会候补委员。

姓名	现名	骆宾基	出生年月	一九一七、二	性别	男
	曾用名	張璞君	家庭出身	地主、资本家	成分	自由职业者
籍贯		山东平度县康家村		民族	汉	
何时参加工作		一九四九年		级别	十一级	
单位地址		北京陶然亭路五十三号		电话	三三、六七〇九	
家庭地址		地安门东大街一三一号		电话	四四.五〇四四	
文化大革命前工作单位及职务		作家协会北京分会付主席				
现在工作单位及职务		北京市委第二学习班、没有职务				
政治安排及社会职务		一九六二年、北京市第三届政协委员 一九六五年 北京市第四届政协委员 一九六四年作家协会北京分会付主席				
何时参加过何种党派		一九三八年加入我党、一九四〇年自动脱党。 一九四五年参加民主同盟。				

骆宾基学习班调查表

解放前后的履历

起止年月	在何部门任何职务
一九三五年夏——一九三六年春	在哈尔滨精华学院任教员
一九三六年春——一九三七年七月	在上海写作长篇小说边陲线上
一九三七年七月——一九三七年十月	参加上海青年防护团、上海别动队分队付
一九三七年冬	在上海写报告文学
一九三七年十二月	在浙东嵊县茶叶改良场任社会组长
一九三八年——一九三九年	在嵊县茶场任茶训班主任
一九三九年	在嵊县中学教书
一九三九年——一九四〇年	在绍兴专员公署任政治教官
一九四〇年七月——九月	在新四军宣传部工作
一九四〇年冬——一九四一年夏	在桂林任文艺界抗敌协会桂林分会理事
一九四一年夏——冬	在广西博白县任教员
一九四一年冬——一九四四年	在香港桂林写作
一九四四年冬	在四川成都适存女中任教员
一九四五年春——一九四六年	在重庆编"东北文化"副刊
一九四六年春——一九四七年春	在上海杭州写作
一九四七年春——一九四九年	在沈阳及南京狱中
一九四九年二月——4月	在上海隐避
一九四九年五月	在香港写作、后到北京
一九四九年十一月——一九五二年	在山东省任文联付主席
一九五二年——一九六二年	专业在北京黑龙江写作
一九六二年——一九六六年	在北京市文联任作家协会付主席市政协委员

三

1949年9月，骆宾基拟定在新中国开国大典之前结婚。他的未婚妻是他在丰都教过的女同学邹天才。当年骆宾基被特务逮捕，这位女同学曾参与营救他的工作。他们的证婚人是茅盾先生，介绍人是教育家方与严，方老还为邹天才改名为邹民才，他说:“现在是人民时代了，不要叫天才了。”

结婚的会场在中山公园来今雨轩。出席婚礼的宾客约300人，都是北平文艺界知名人士，田汉、胡风、杨晦及邵荃麟、葛琴夫妇等都参加了。茅盾、田汉等人在婚礼上讲了话，祝福新婚夫妇。喜宴设在人民日报社宿舍，是由葛琴操办的。

新中国成立后，1949年11月，骆宾基到山东省任省文教委员会委员，并当选为山东省文联副主席。

1952年至1962年，骆宾基先后在北京和黑龙江省从事专业创作。出版了短篇小说集《年假》(1956年，作家出版社)、《老魏俊与芳芳》(1958年，作家出版社)。1960年，六访东北抗日联军第四军军长李延禄，完成了纪实体文学作品《过去的年代》。

1962年，骆宾基调到北京市文联后，发表了代表性短篇小说《山区收购站》(1963年，作家出版社)。从1962年到1964年，他用两年的时间完成了四幕七场话剧《结婚之前》，反映了公社化以后的农村面貌变化。该剧由北京人民艺术剧院连续演出了一两个月，还被列为当年国庆节彩车游行节目接受检阅。骆宾基和导演、演员受到朱德、彭真的接见。1966年至1972年，骆宾基被停止了工作。

1972年春，骆宾基恢复了工作，被安置在北京市文史馆工作。这时，他对古文字学产生兴趣，并克服半身不遂、视力严重衰退等困难，开始从事古文字学研究，出版了两卷本《金文新考》。他运用许慎《说文解字》的方法，对古金文的形、义、音特点和变化进行分析，同时又联系历史文献，考证文字具体的原始含义，特别是提出“族标氏志”说，对古代某些表示部族姓氏的汉字做了解释，丰富了古文字学的内容，对中国上古史的研究做了新的开拓。

1984年吉林人民出版社
出版的《边陲线上》封面

1984年，他的《边陲线上》由吉林人民出版社再版。这版《边陲线上》，是以1939年11月沪初版为底本重印的。据骆宾基《重版自序》，他本人并没有沪初版本，是著名出版家、三联书店编辑常君实先生把自藏本送给了他。

1994年6月，骆宾基病逝，享年77岁。

2020年5月24日下午5时初稿

2022年3月9日中午12时修订

2025年1月24日晚11时修订

叶君健：译于恭俭胡同的“安徒生童话”

叶君健是我国现代著名的小说家、文学翻译家和儿童文学作家，又长期从事对外宣传工作。1953年，叶君健与夫人苑茵以三百匹五幅布的价格购置了位于地安门恭俭胡同的一所小院。在这所小院里，叶君健翻译和创作了许多作品，著名的《安徒生童话全集》也是在这里完成的。

恭俭胡同坐落于北海北门与地安门之间，出胡同的南口就是景山公园，再向南就是故宫，它属于旧皇城。明朝时内官监署设在此。据《明史·职官志》记载，内官监是明内廷二十四衙门之一，职掌木、石、瓦、土、塔材、东行、西行、油漆、婚礼、火药十作，以及米盐库、营造库、皇坛库，凡国家营造宫室陵墓并铜锡妆奁器用暨冰窖诸事。明朝七下西洋的三宝太监郑和，就曾居住在这条胡同里。

因为是明朝官员们的办公场所，平民百姓是不允许在此居住的。清初，这里始名内官监胡同，后讹为内宫监胡同。清朝灭亡以后，这里陆续开始有百姓居住。由于在这里居住的人都不喜欢“内宫监”这个名字，先是把“内”字去掉，之后，有人发现“宫监”与《论语》中的“温、良、恭、俭、让”中的“恭俭”二字谐音，于是改称恭俭胡同。1911年后，胡同的指示牌和门牌上便书写为“恭俭胡同”。

叶君健曾回忆说，刚搬进那胡同时，“虽古色古香，却很寒碜……”。据说，此前房主是清朝宫内掌管煤炭的官员，民国后逐渐破败，便将院子分割出售。叶家购买的小院是原房主家拴马的马房，夏天漏雨，冬天灌风。虽然破旧，但叶君健夫妇终于实现了有一个清静小院的梦想。

叶家置办下小院后，更换门窗、地板，在院子里种上枣树、梨树和柿子树，小院从此旧貌换新颜。在这个小院，叶先生翻译了著名的《安徒生童话全集》。叶先生不仅是声名远播的作家，还肩负着传播中国文化，宣传、介绍中国人民美好生活的特殊使命，因此，叶宅被誉为“外交小院”。

一

据1979年叶君健写的《自传》，1914年，他出生在湖北省大别山南麓黄安县（现名红安县）的一个小村里。14岁在村子里读完私塾，便被在外地商号工作的父亲带到外地去上中学。他很努力，几乎每学期跳一班，三年半的时间读完了初中和高中，后来考上了武汉大学。1936年毕业于武汉大学外文系。在大学，他自修了日语，经学校一位英国文学教授贝尔的资助，到日本东京留学。抗战爆发后，1938年初，在周恩来和郭沫若领导的武汉国民政府军事委员会政治部第三厅从事国际宣传工作。同年，文艺界发起成立中华全国文艺界抗敌协会，他是发起人之一，当时用的名字叫“马耳”。

武汉失守前夕，第三厅解散，叶君健撤退到香港；1940年离开香港，来到重庆。1944年夏天，应聘赴英任中国抗战情况宣讲员。在英国，他走遍了英国各地，向英国的工人、学生、农民和士兵巡回演讲中国人民的抗战努力和战时生活，直到日本投降、第二次世界大战结束为止。此后，在英国文化委员会给他的为期两年的进修助学金的支持下，在剑桥大学国王学院研究欧洲文学。也是在这个时期，他开始翻译安徒生童话，还用英文译了一些中国短篇小说，并以其中茅盾的《春蚕》《秋收》《残冬》三篇故事命名为《三季故事集》。

1948年秋天，叶君健收到一封由画家毕加索、科学家居里和诗人阿拉贡等人署名的公开信，邀请他参加即将在波兰召开的由他们发起的、保卫世界和平的“世界知识分子保卫和平大会”。接着，又收到波兰驻英国大使馆文化参赞的正式邀请，作为波兰的客人去参加该会，并且立即给他入境签证——当时获得去苏联和其他东欧国家入境签证是一件极不容易的事。该会在波兰新收复的城市弗罗茨瓦夫举行。在会上，叶君健遇见了新华社驻捷克的代表吴文涛和专程由山东解放区去的宋平，从他们那里得知了我国大规模解放战争正在进行，全国即将解放。

叶君健回到英国后便登记了船票，准备回国。

二

叶君健从英国动身回到祖国的情况，在他的传记中没有详细记述。倒是在其写给友人陈梦家的信中有些具体的记述。1949年12月12日，叶君健从天津致时任清华大学教授的陈梦家信云：

> 弟于8月由英动身，前日始抵此。国家近年大变，实使人奋兴无已。弟目前暂住天津，大约下周或来北京，以胜仰故都

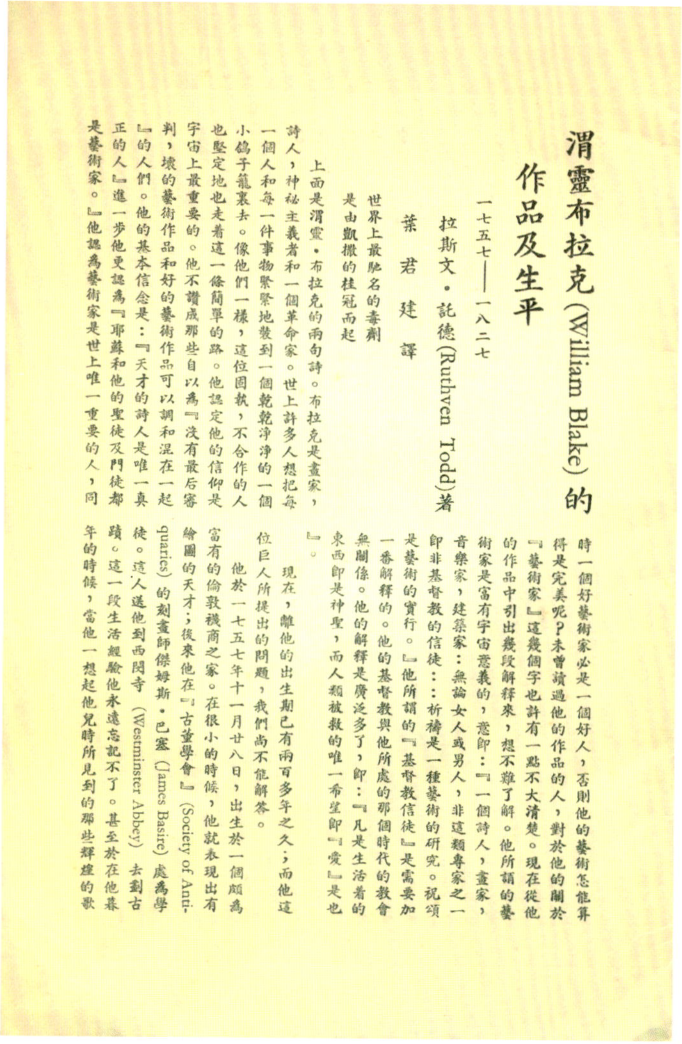

渭靈布拉克(William Blake)的作品及生平

一七五七——一八二七

拉斯文·託德(Ruthven Todd)著

葉君建譯

世界上最馳名的毒劑
是由凱撒的桂冠而起

上面是渭靈·布拉克的兩句詩。布拉克是畫家，詩人，神祕主義者和一個革命家。世上許多人想把每一個人和每一件事物緊緊地裝到一個乾乾淨淨的一個小鴿子籠裏去。像他們一樣，這位固執，不合作的人也堅定地也走着這一條簡單的路。他認定他的信仰是宇宙上最重要的。他不讚成那些自以為『沒有最后審判，壞的藝術作品和好的藝術作品可以調和混在一起』的人們。他的基本信念是：『天才的詩人是唯一真正的人』進一步他更認為『耶蘇和他的聖徒及門徒都是藝術家。』他認為藝術家是世上唯一重要的人，同時一個好藝術家必是一個好人，否則他的藝術怎能算得是完美呢？未曾讀過他的作品的人，對於他的關於『藝術家』這幾個字也許有一點不大清楚。現在從他的作品中引出幾段解釋來，想不難了解。他所謂的藝術家是富有宇宙意義的，意卽：『一個詩人，畫家，音樂家，建築家：無論女人或男人，非這類專家之一卽非基督教的信徒：：祈禱是一種藝術的研究。祝頌是藝術的實行。』他所謂的『基督教信徒』是需要加一番解釋的。他的基督教與他所處的那個時代的教會無關係。他的解釋是廣泛多了，卽：『凡是生活着的東西卽是神聖，而人類被救的唯一希望卽『愛』是也』。

現在，離他的出生期已有兩百多年之久；而他這位巨人所提出的問題，我們尚不能解答。

他於一七五七年十一月廿八日，出生於一個頗為富有的倫敦襪商之家。在很小的時候，他就表現出有繪圖的天才；後來他在『古董學會』(Society of Antiquaries) 的刻畫師傑姆斯·巴塞 (James Basire) 處為學徒。這人送他到西閔寺 (Westminster Abbey) 去劃古蹟。這一段生活經驗他永遠忘記不了。甚至於在他暮年的時候，當他一想起他兒時所見到的那些輝煌的歌

叶君健在剑桥时所译文章

风物，同时亦拜会兄等也。

信末所留通信处为：天津罗斯福路四面钟人民旅馆。联系人：苑茵先生转。

叶君健与陈梦家相识多年。陈梦家青年时期是著名的新月派诗人，后转型为中国文字学家、考古学家，先后在青岛大学、燕京大学、昆明西南联大任教。1944年夏，叶君健从中国到达英国不久，同年秋天，陈梦家和夫人——著名的英美文学研究家赵萝蕤，从中国昆明辗转到美国芝加哥。陈梦家在芝加哥大学讲授中国文字学，并汇集流散在欧美的商周青铜器资料。

1947年8月至9月，陈梦家访问英国、法国、瑞典、荷兰四国首都，收集流散于欧洲的青铜器资料，曾在汉学家高本汉陪同下，受到瑞典王室接见。此次，陈梦家到英国，便由叶君健陪同走访英国剑桥等处博物馆。

1947年秋，陈梦家回到北京，任清华大学文学院教授。两年后，叶君健回国暂居天津。

所谓"苑茵先生"其实是叶君健的夫人。苑茵出生在东北，"九一八"事变后，她告别了亲人，从东北辗转流亡到重庆。在东北流亡学生救济总署的资助下，考入了战时迁至重庆的复旦大学，并在这个时期成为中共地下党的一员。1941年，叶君健到重庆，先后被重庆大学、中央大学、复旦大学聘为教授。在苑茵毕业前一年，正巧叶君健到复旦外文系教课。苑茵曾读过他的作品，从进步同学那里得知，他用"马耳"的笔名为莫斯科的《苏联文学》写文章，介绍中国的抗战文学和进步作家。苑茵听了他两堂课，便和他认识了，觉得他们的思想和趣味很接近。苑茵的导

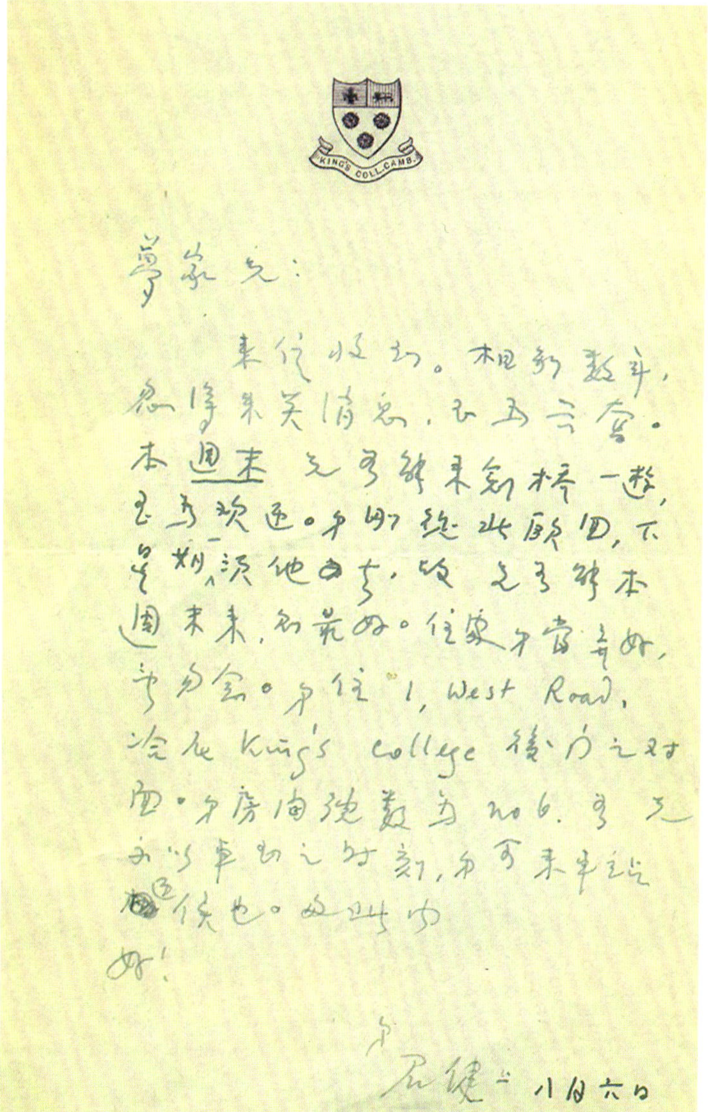

1947年8月6日，叶君健致陈梦家信云：“兄若能来剑桥一游，至为欢迎。”

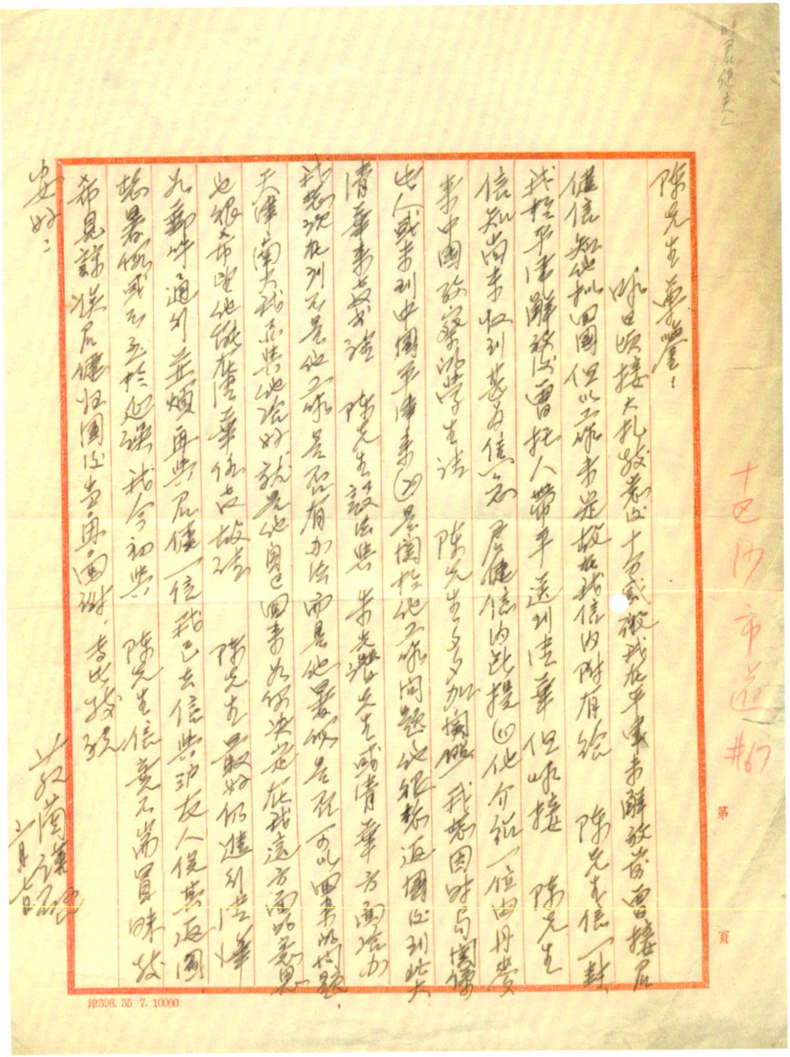

叶君健夫人苑茵致陈梦家信函

师是马宗融教授，叶君健与马宗融是朋友，二人有时会在马家见面，彼此印象很好。随着彼此了解加深，他们决定结婚。

1942年10月25日，叶君健与苑茵在重庆举行了热闹的婚礼。老舍当主婚人，马宗融作为家长代表，出席婚礼的有文化界知名人士臧克家、孔罗荪、冯亦代等200多人。老舍还发表了即兴演讲，臧克家赋诗助兴。

1944年初，英美开辟第二战场，为反击德意法西斯，英国政府开始战时总动员。英国战时宣传部希望邀请一位中国知识分子赴英，要求英语好，既非共产党员也非国民党员。叶君健因此受邀，到英国各地演讲，宣传中国人民与日本侵略者殊死斗争的事迹，以激励英国军民抗击法西斯的斗志。当叶君健飞往英国的时候，他们的大儿子还不到两岁，苑茵此时又有了身孕。

叶君健这一去就是六年。为了抚养两个孩子，学经济专业的苑茵在重庆的一家银行找到一份工作。不幸的是，二儿子在2岁的时候离开了人间。后来，苑茵离开重庆到天津工作。

1945年，反法西斯战争结束，叶君健的任务完成了。由于中英两国当时不通民航，只有运兵船，一时无法回国。在英国的几年里，叶君健出版了数本关于中国的英文长篇小说，其中《山村》被英国书会推荐为1947年的“当年最佳作品”。最重要的是，叶君健在英国期间开始了《安徒生童话选集》的翻译工作。

叶君健第一次接触《安徒生童话选集》是在剑桥的时候，一个丹麦的女同学借给他一本英文的《安徒生童话选集》。他觉得这不仅是优美的童话，而且富含很多哲理、诗意。他读完了这本英文选集后，又阅读了德文版、法文版，他发现同一个故事，内容翻译出入很大，与不同译者的理解和水平有关。他觉得有必要去研究原文，看看安徒生到底是怎么写的。于是，他利用寒暑假访问丹麦，学习丹麦文，考察安徒生的故居，考证民间故事的起源，做了大量研究工作。他决定，必须把这伟大的世界文学名著译介到中国来。经过几年的努力，到他即将回国的时候，翻译工作已接近完成。

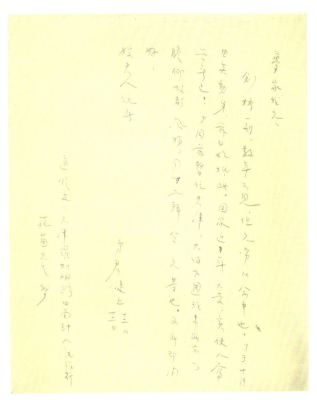

1949年12月12日叶君健致陈梦家信函

1949年10月，叶君健终于等来了船票。经过数月的海上航行，1949年底，叶君健在天津登陆，和苑茵重逢。

三

据1950年4月12日叶君健致陈梦家信，叶君健回到天津就大病一场。大概1950年4月初，病好后，全家搬到北京，他被分配到中央人民政府文化部对外文化联络事务局（后来对外文化联络委员会的前身）工作。不久，他的“工作已渐上轨道”。工作之余，他创办了一个英文不定期刊物《中国文学》，立即在国外引起很大的反响。1953年，经有关领

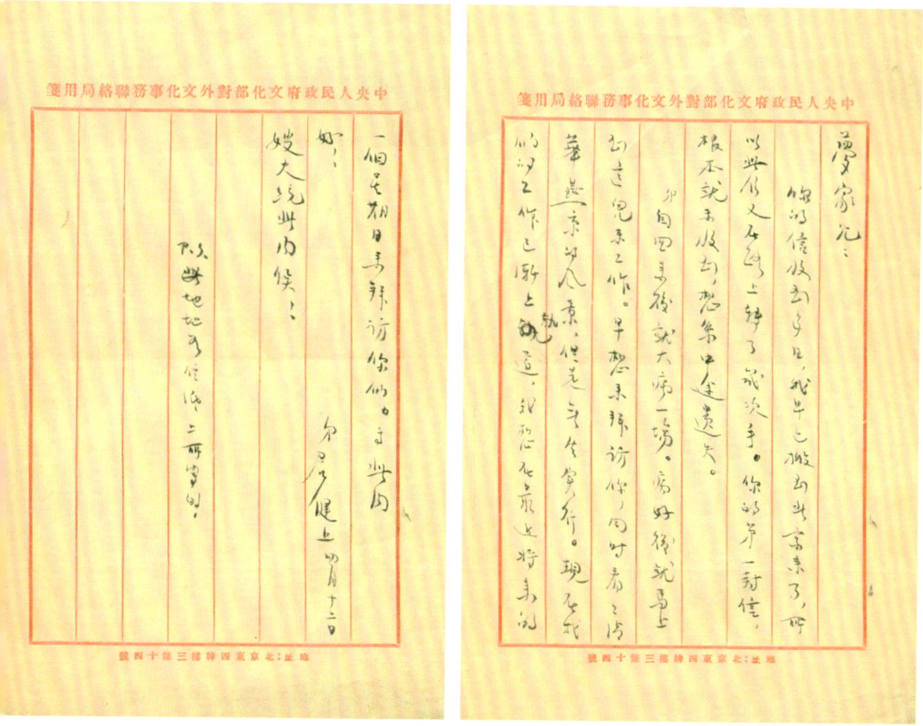
中央人民政府文化部對外文化事務聯絡局用箋

夢家兄：

你們的信收到多日，我早已搬到此家來了，所以從天津上轉了幾次手。你的第一封信，根本就未收到，想系中途遺失。

我自回國後就大病一場。病好後就馬上到這兒來工作。早想來拜訪你們，同時看看清華燕京的人們，但是未能實行。現在我們的工作已漸上軌道，我想在最近將來的一個星期日來拜訪你們。專此

問好，

嫂夫人統此問候！

弟君健上 四月十二日

又：此地地址即信紙上所印的。

地址：北京東四牌樓三條十四號

叶君健致陈梦家的信函

导决定，把这个刊物移交给当时新成立的外文出版社出版，业务上由中国作家协会领导，作家协会主席茅盾为主编，叶君健为副主编。正是在这年，叶君健夫妇置办了恭俭胡同的小院，把在家乡的直系亲属接来共同生活。

叶君健在主编《中国文学》期间，编辑事务繁忙，且又是以外文出版，技术性和政治性都很强，为此，他不仅在单位里要忙到很晚，还要把有些稿件带到家里，经常忙到深夜。从选稿、翻译、定稿、排版、校对、付印、发行，他都要亲自落实，一丝不苟。虽然编辑《中国文学》占去了他绝大部分的时间，叶君健还是挤出时间进行外国文学的翻译，以及短篇小说和散文的创作。最重要的是，叶君健从丹麦文翻译的《安徒生童话全集》十六卷，1953年终于全部完稿，1954年初版。翻译的时候他参考了英、法、德三种译本。

因为把丹麦最闻名的名片——安徒生介绍给了人口最多的国家，丹麦女王在1988年授予叶君健“丹麦国旗勋章”。安徒生生前也曾获得同样的勋章。因同一部作品，中西方相隔100多年的两位作家被授予同一勋章，这是世界文学史上浓墨重彩的一笔。丹麦的汉学家研究了叶君健的译文后认为，在全世界80多种文字的译文中，叶君健的翻译是最有创造性的，比如他把《小人鱼》的篇名翻译成了更加有诗意的《海的女儿》。

从1950年至1966年，叶君健还出版了几本童话故事，如《小仆人》《樱花的国度》；散文集《两京散记》；短篇小说集《新同学》，中篇小说《开垦者的命运》等。“文化大革命”时期，没有了编辑任务，他利用每天晚上的时间，在小院的书房里，写了三部长篇小说：《火花》《自由》《曙光》，总称“土地三部曲”，共100多万字。“土地三部曲”，写的是从辛亥革命前到五四运动后中国社会的变化。小说从长江中游一带破产农民的遭遇写起，一直写到他们在第一次世界大战时去法国当劳工，他们中的优秀分子后来成为最早的马克思主义者。

1974年，叶君健从事毛泽东诗词的外文翻译工作。1977年“土地三部曲”交由人民文学出版社出版。到1979年，叶君健重版和新版书尚有：《安徒生童话》三个版本（全集和选集），《鞋匠的儿子》（安徒生传记），《新同学》（短篇集），《天安门之夜》（散文集），《在草原上》（中篇小说），《小仆人》《真假皇帝》《叶君健近作》。他还协助外文局专家沙博里完成了《水浒》英译本的翻译工作。

1983年到1985年，叶君健又创作了长篇小说《旷野》和《远程》，与他40多年前用英语创作的《山村》一起，总称为“寂静的群山三部曲”。“寂静的群山三部曲”所反映的年代紧接着“土地三部曲”，从大革命写到长征开始，描写了中国农民怎样参加武装革命，并发展为声势浩大的红军。

叶君健晚年患有前列腺癌，在与病魔做斗争的将近十年时间里，他写了一大批珍贵的回忆录，创作了一批小说、散文，出版了《相逢在维也纳》《白霞》等作品集，总计200多万字。

1999年1月5日，叶君健逝世，享年85岁。他生前曾是第三届全国人大代表，第五届和第六届全国政协委员。

叶君健一生共为世人留下500多万字的创作作品和300多万字的文学翻译作品，其中由他翻译的《安徒生童话全集》已成为中国翻译文学中的瑰宝。

2020年2月17日下午5时初稿

2020年4月13日晚上11时修订

2025年1月26日下午5时修订

浩然：一生高举“写农民，给农民写”的旗帜

浩然是我国当代文学史上颇具影响和代表性的作家，曾任北京作家协会第三届理事会主席。

“写农民，给农民写”是他一生高举的旗帜，在北京郊区和冀东农村，做了50多年艰辛的艺术耕耘。他以歌颂新人新事的短篇小说集《喜鹊登枝》《新春曲》等步入文坛，1962年底开始创作多卷本长篇小说《艳阳天》。1964年10月调中国作家协会北京分会从事专业创作，成为北京市文联专业作家。1970年底，浩然开始创作另一部多卷本长篇小说《金光大道》。这些作品留有当时社会思潮的印记，在当时有较大影响。他被农民称为“我们的作家”。

一

浩然，本名梁金广，祖籍河北省宝坻县（今天津市宝坻区）。1932年3月25日，他生于开滦赵各庄煤矿。父亲去世后，1942年，母亲带着他和姐姐投奔蓟县（今天津市蓟州区）王吉素村舅父家。浩然在那儿与姐姐度过了苦难的童年。13岁前念过三年小学、半年私塾，受到

了中国民间文学和古典小说的熏陶。14岁即参加革命活动，当儿童团团长。

1946年，浩然参加革命工作；1948年11月加入中国共产党时只有16岁。1949年调区委做青年团工作，并开始自学文化，立志文学创作，练习写作小戏、诗歌和新闻报道。

1953年调通县（今北京市通州区）地委党校当教育干事，1954年调到《河北日报》当记者。农村的工作经历为他以后的文学创作提供了丰富的素材。他以“深入一辈子农村，写一辈子农民，给农民当一辈子忠实代言人”为誓言，在冀东和北京郊区农村做了几十年艰辛的生活积累和艺术耕耘，成就是被世人公认的。

浩然的处女作短篇小说《喜鹊登枝》，是他1956年9月调北京俄文《友好报》当记者后，同年11月在《北京文艺》上发表的，由此引起文坛注意。1958年他出版第一部同名短篇集。这个集子出版后，很少有文字发表的著名漫画家钟灵，在《文艺报》上写了一篇读后感——《农业合作化的赞歌》。时任人民教育出版社社长的叶圣陶在《读书》半月刊发表书评《新农村新面貌》。前辈们的肯定和鼓励，激发了浩然创作“北方农村现实生活和农民精神面貌的作品”的激情。此后，他决心“好好地生活，好好地写，做出新的成绩，往最高目标攀登”。

1959年，在浩然第二部短篇小说集《苹果要熟了》即将出版之际，他接到了诗人、中国作协秘书长、党组书记郭小川的电话：“……你这会儿在文艺界和读者中间已经有了一定的影响，很受大家的关注，所以我想介绍你加入中国作家协会为会员……”

1959年的秋天，浩然登上王府井大街的中国作协大楼，坐到郭小川的面前，从他手里接过标志着已经被组织认定为“作家”的证书。

经过十年漫长的岁月，浩然终于迈进了文学的殿堂。一个农民的后代，一个只有三年半学历的基层干部，终于圆了美梦。

二

1961年，浩然调任《红旗》杂志编辑。从这时候起，他开始酝酿创作《艳阳天》。1964年9月，《艳阳天》第一卷出版。同年10月，浩然调中国作家协会北京分会。

《艳阳天》第一卷发表于《收获》1964年第一期，9月作家出版社出版单行本；第二卷、第三卷（选载）发表于《北京文艺》1965年11月号，1966年1月号、2月号；第三卷发表于《收获》1966年第二期，1966年5月，作家出版社出版单行本。《艳阳天》出版后，浩然将所得稿费1万元全部交了党费。浩然说："我为人的标准是，不要有野心，不要有贪心，不要有害人之心。要热诚待人，厚道而正直。"

《艳阳天》通过描写京郊东山坞农业生产合作社麦收前后发生的一系列矛盾冲突，勾勒出农业合作化时期蓬勃的生活画卷，精细地刻画了农村各阶层人物的精神面貌和思想性格，热情地歌颂了在大风大浪中成长起来的新生力量。可贵的是《艳阳天》里塑造了众多可信可爱的贫苦农民的形象，传递出社会主义永远是"艳阳天"的坚强信念。不论是描写、叙事还是抒情，对社会主义的赞美都由衷地流诸笔端，全书自始至终洋溢着一种乐观主义精神。

《艳阳天》有着鲜明的时代特色，因此很快引起社会各界的广泛关注，成为那个时代最普及的深受人民群众喜爱的大众读本。在当时，无论农民还是工人，军人还是学生，很多人都曾是它的忠实读者。当时小说的发行量达到500多万册，并在日本翻译出版。对于《艳阳天》有如此大的发行量，浩然曾经坦言："《艳阳天》产生这么大的影响有其被政治利用的一面。《艳阳天》是从乡、公社到县里，一级一级号召大家看，群众也喜欢看。当时一个公社支持另一个公社，就会敲锣打鼓送《艳阳天》。那时也没什么文化生活和教育群众的手段，现在看来，形成那样的影响也很正常。"

因出版时间在20世纪60年代初期，小说自然不可避免地带有特定历史条件下的政治色彩，正是这个原因这部小说引起了高层的关注。也因此，浩然的政治生涯达到了巅峰。

浩然住在月坛北街，距钓鱼台国宾馆很近，据浩然说，那个时候，他有时会被"召见"。

1970年底，他开始创作另一部长篇小说《金光大道》。这是浩然的第二部长篇小说。小说写的是"三大改造"之一的农业改造。具体描绘冀东一个名叫芳草地的普通村庄里，众多不同层次、不同身世、不同命运、不同理想和追求的农民，在"改造"的运动中，传统观念、价值取向、生活习性、感情心态等方面，或自愿，或被迫，或热切，或痛苦的演变过程。浩然创作这部小说的目的，是想通过它告诉后人，几千年来如同散沙一般个体单干的中国农民，是怎样在短短的几年间就"组织起来"，变成集体劳动者的。他要如实记述这场天翻地覆的变化，歌颂这个奇迹的创造者们。

由于《金光大道》是在特定的时期创作的，不可避免地打上了那个时期的烙印，难免缺憾。《金光大道》共分四部。第一部和第二部分别在1972—1974年由人民文学出版社出版发行。第三部写成后，由人民文学出版社审订排出清样，第四部未定稿，后皆因"文化大革命"结束，而被搁置。

《艳阳天》和《金光大道》都被拍成了电影，一时间浩然的名字在中国的大地上家喻户晓。那时文坛上流行一句话："'文革'时期，中国只有一个作家和八个样板戏。""一个作家"指的就是浩然。据说，浩然曾被列为文化部副部长的人选。他以"文学工作者、文化界人士"名义参加外事接待，名字经常见诸报端。1973年，浩然出席中共第十次全国代表大会。

1974年，我军收复西沙群岛，浩然奉命由广州、海南到西沙采访，很快写出一部散文诗形式的小说《西沙儿女》。《西沙儿女》分两部（正气篇、奇志篇），约30万字。小说以一种诗意的语言描写了南海神奇的风景和猎奇般的地域特点，正气篇写的是解放前西沙儿女抗击日本侵略者、保卫西沙的故事，奇志篇是描写西沙军民共同打击南越海军的故事。1975年，浩然当选为第四届全国人大代表。

1976年6月，人民文学出版社再版《艳阳天》。1976年9月，在毛泽东治丧委员会中，浩然是文学界中唯一的代表。同年10月，浩然预感到自己以后的路会有很大的改变，但他坚信："我的根在农村，我要为农民而写作。""写农民，为农民写"，不会有错。这一年，浩然人到中年，年满44周岁。

1976年10月8日，浩然在送给作家方楠的刚刚出版不久的《艳阳天》第一卷扉页上写道：

> 如果从1956年计算起，我的艺术生命，那么现在就要开始第三个十年了。脚印已经都留在历史的道路上，包括我自己在内，谁也难以改变分毫。我将更勇敢地走下去！

《艳阳天》封面，
人民文学出版社1976年6月第2版

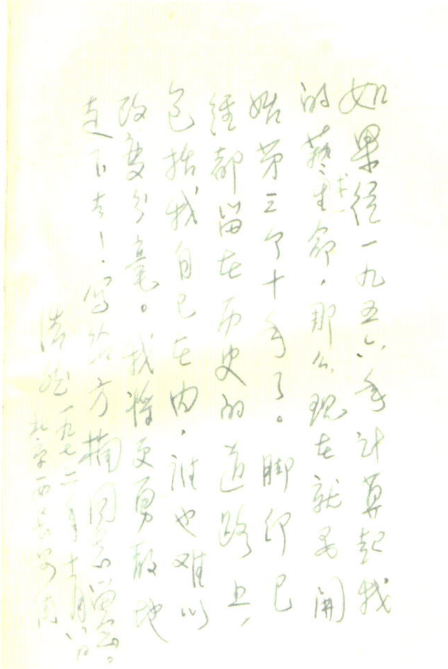

1976年10月8日浩然赠方楠语，
写于《艳阳天》第一卷扉页

是的，历史是不可改变的。路再艰难，还是要勇敢地走下去！

如其所料，很快，浩然受到清查，他的全国人大常委会委员职务也被解除。紧跟着浩然的《西沙儿女》遭到批评，被说成是毒草。《艳阳天》和《金光大道》也遭到一定程度的否定。

但历史是公正的。最终审查结论是，浩然不是帮派分子……尽管如此，由于浩然坚持肯定自己的代表作《艳阳天》《金光大道》，引来了广泛的批评。1978年，浩然被取消了人大代表资格。此时此刻，浩然的很多朋友都为他揪着一颗心。唯独文学界前辈冰心，对浩然的人品坚信不疑，她说："浩然树小根深，风摇不动。"

三

据浩然自己说，开头，思想意识上的确转不过弯子，愤慨、抵触、委屈、不服气。这当然无济于事，不可能扭转局势而改变困境，只有振奋起来，才是出路！“只有作品，只有继续握住笔写作品才靠得住。作品是作家灵魂的影像。作品能够最准确地显示作家品行的真面貌。作品可以使作家获得他应获得的一切，其中包括公正的评价和待遇。在哪儿栽倒的，再从哪儿爬起来，以自己的实际行动从弯路走上直路，是最好的计谋，最有希望的前途。”

人生之路又一程的大目标确定之后，浩然给自己立了个座右铭：“甘于寂寞，安于贫困，深入农村，埋头苦写。”为此，他采取了四项基本措施：一、重新认识历史；二、重新认识生活；三、重新认识文学；四、重新认识自己。为了重新认识历史，浩然暂时离开了喧嚣的城市，重新回到老“生活基地”，回到他第一部短篇小说《喜鹊登枝》和第一部长篇小说《艳阳天》取材的那些村庄。为了重新认识生活，他把女儿带到县城安家落户。为了重新认识文学，他读了大量古今中外的文学名著。为了重新认识自己，他把自己全部著作逐本逐篇逐字地检查一遍……

通过一段时间的思考，浩然总算闯过一道道关卡。他的“那种不认账的抵触情绪渐渐释解”。他很快地创作出新作品，被称为“反思题材”的长篇小说《山水情》(拍成电影《花开花落》)，中篇《浮云》及《老人和树》。这些作品是他在月坛北街和通县等地断断续续完成的。

《老人和树》这部中篇，倾注了浩然不少的精力。1980年稿子即已交付中国剧协下属宝文堂书店审读，因细节问题，浩然在除夕的晚上给宝

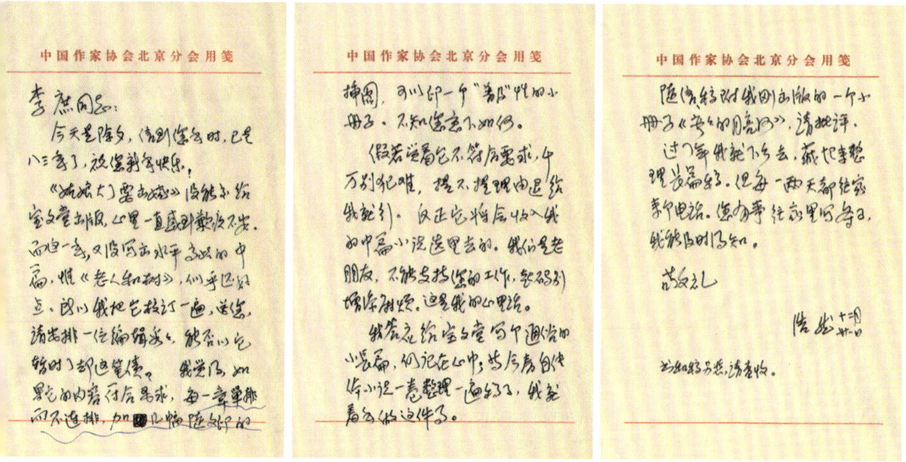

李庶同志：

今天是除夕，信到您手时，已是八一年了，祝您新年快乐！

《姑娘大了要出嫁》没能给宝文堂出版，心里一直感到歉疚不安。而这一年，又没写出水平高些的中篇，惟《老人和树》，似乎还好点。所以我把它校订一遍，送您，请安排一位编辑看看，能否以它暂时了却这笔债。我觉得，如果它的内容符合要求，每一章单排而不连排，加[illegible]几幅随文印的插图，可以印一个"普及"性的小册子。不知您意下如何。

假若您看它不符合要求，千万别犯难，找不找理由退给我就行。反正它将会收入我的中篇小说选里去的。我们是老朋友，不能支持您的工作，起码别增添麻烦。这是我的心里话。

我答应给宝文堂写个通俗的小长篇，仍记在心中；等今春自传体小说一卷整理一遍后，我就着手做这件事。

随信给您附我刚出版的一个小册子《弯弯的月亮河》，请批评。

过了年我就下乡去，就地重整理长篇稿子。但每一两天都往家里打电话。您有事往家里写信，我能及时得知。

敬礼

浩然 十二月卅日

书和稿子另发，请查收。

1980年除夕浩然致李庶信

文堂总编辑李庶写信探讨有关事宜。

1981年2月12日，因书的内容提要，浩然再次致信李庶。信中，浩然觉得出版社所写的《老人和树》的内容提要不理想，于是他就内容提要的写法谈了自己的想法，并亲手撰写了一稿。

……书的内容提要，尤其是一部文艺作品的，非常难写，虽然几百字，要比万字评论文章还难写。看得出编辑同志花了工夫，草拟的"内容提要"也把小说的内容说清楚了。不理想的原因在于方式方法。

我的意见，不要用"复述情节"的办法，写作品的内容提要。一则难以通过那么少的文字复述清楚；二则，如若复述"清楚"了，读者知了全根全底，也就没兴趣买它和看它了。既提要了内容，又拉住他们买和看，这是"内容提要"的作用所在。

写起来当然就难。

我拟的这个，只是为了便于说出我的意见，千万别全部照着做。开头如先提一笔《艳阳天》，亦出于“拉住他们”的目的。我相信许多读者忘了我（包括新华书店管订数的人），但没到忘了《艳阳天》的时日，不妨利用一下。您看呢？

书名问题，我也倾向不改。《老小孩儿》题得轻飘，也担心南方人或城市人不懂。

这些都是我匆忙间想的，没把握。仅供参考。

内容提要

浩然是我们熟知的《艳阳天》的作者,《老人和树》是他的一部中篇新作。

这本小说反映了北方一个山村解放前后的沧桑变化，描写了一个农民从天真少年到古稀老年，在与“树”打交道过程中饱尝的种种喜怒哀乐。当读者欣赏这生动有趣的故事的时候，在跟血肉丰满、呼之欲出的人物感情共鸣的时候，将会引起无限深思，获得非一村一人一事所能给予的教益。

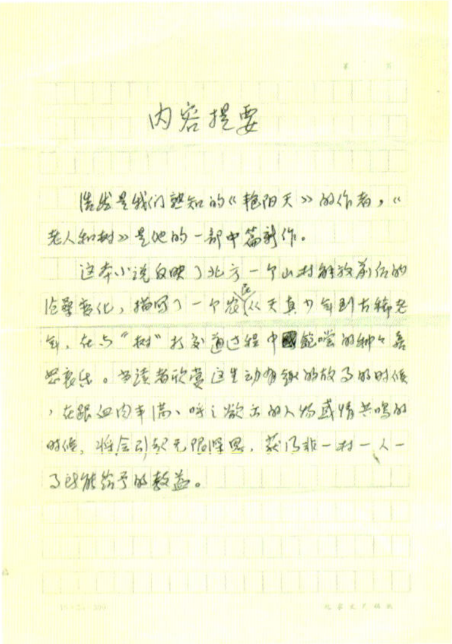
内容提要

浩然是我们熟知的《艳阳天》的作者，《老人和树》是他的一部中篇新作。

这本小说反映了北方一个山村解放前后的沧桑变化，描写了一个农民从天真少年到古稀老年，在与“树”打交道过程中饱尝的种种喜怒哀乐。当读者欣赏这生动有趣的故事的时候，在跟血肉丰满、呼之欲出的人物感情共鸣的时候，将会引起无限深思，获得非一村一人一事所能给予的教益。

浩然亲笔书写的
《老人和树》内容提要

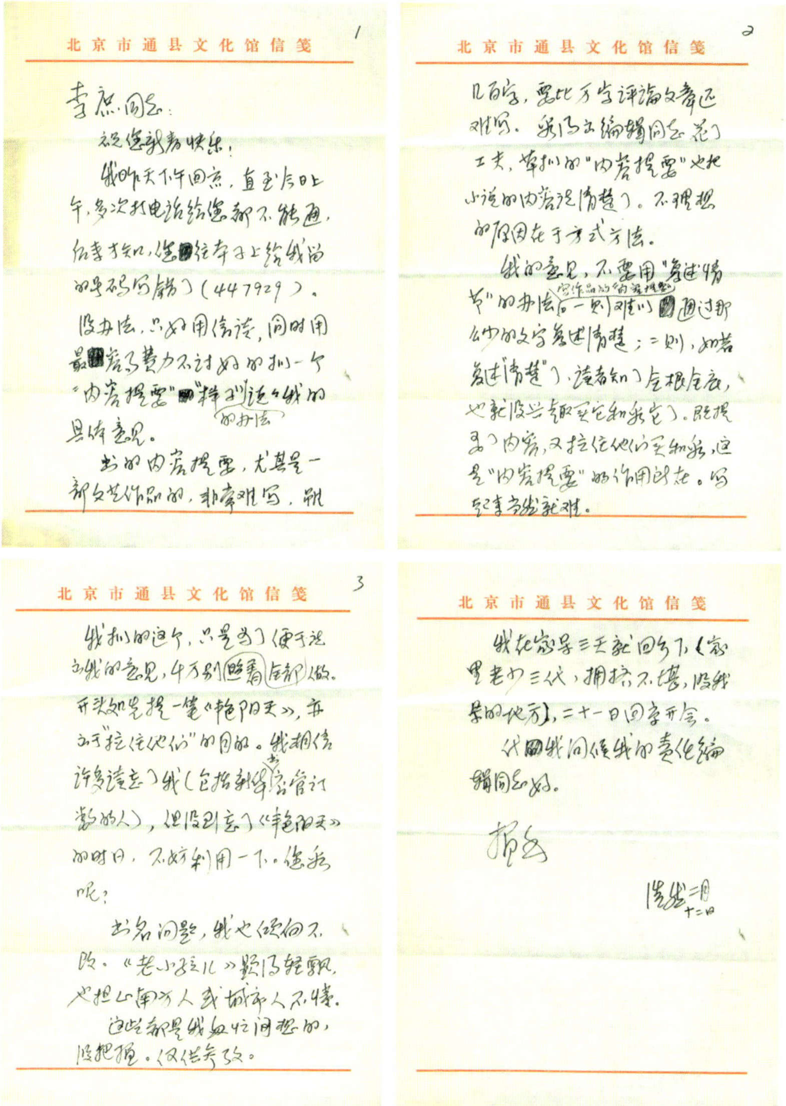

1

北京市通县文化馆信笺

李庶同志：

祝您新春快乐！

我昨天下午回京，直到今日上午，多次打电话给您都不能通，后来才知，您给李子上给我留的号码写错了（447929）。

没办法，只好用信谈，同时用最笨了费力不讨好的办法拟一个"内容提要"样子（的办法）谈谈我的具体意见。

书的内容提要，尤其是一部文艺作品的，非常难写，就

2

北京市通县文化馆信笺

几百字，要比万字评论文章还难写。我们的编辑同志花了工夫，草拟的"内容提要"也把小说的内容说清楚了。不理想的原因在于方式方法。

我的意见，不要用"叙述情节"的办法（写作品的内容提要），一则难以通过那么少的文字叙述清楚；二则，如若叙述清楚了，读者知了全根全底，也就没兴趣再去翻书看了。既提了内容，又拉住他们去翻书，这是"内容提要"的作用所在。写起来当然就难。

3

北京市通县文化馆信笺

我拟的这个，只是为了便于说明我的意见，千万别照着全部做。开头加些提一笔《艳阳天》，在于"拉住他们"的目的。我相信许多读者忘了我（包括刺伤过的、曾讨厌的人），但没别忘了《艳阳天》的时候，不妨利用一下。您看呢？

书名问题，我也倾向不改。《老小孩儿》显得轻飘，也担心南方人或城市人不懂。

这些都是我匆忙间想的，没把握。仅供参考。

北京市通县文化馆信笺

我在家呆三天就回乡下（家里老少三代，拥挤不堪，没我呆的地方），二十一日回京开会。

代我问候我的责任编辑同志好。

敬礼

浩然 二月十二日

1981年2月12日浩然致李庶信

李庶，1949年后历任新闻出版总署编审局编辑，人民出版社编辑，《新华日报》编辑室、《世界知识》编辑室副主任，中国戏剧出版社外国戏剧编辑室副主任，人民文学出版社戏剧编辑室副主任、现代文学编辑室编辑，中国剧协宝文堂书店总编辑。这封寄给李庶的信，信封上的地址为：北京市西城区月坛北街6号楼188号。这个时期以后，浩然在月坛北街住所居住的时间已经很少了，大部分时间住在通县或河北三河县等地。

1982年3月25日，浩然在通县动笔写他的自传体小说第一部《乐土》。初稿于1984年2月4日在天津254医院完成。后经修改，于1989年5月由人民文学出版社出版。本书展示了浩然童年时代的家庭生活和周围众多底层劳动者生死悲欢和命运追求奋斗的精神。

1986年冬天，浩然为了深入农村生活，到河北省燕山脚下一个小镇任副镇长。1987年6月长篇小说《苍生》初稿完成，8月下旬在通县完成修改。1988年3月,《苍生》由北京十月文艺出版社出版。

《苍生》是浩然经过长期酝酿、探求和思考，以新的视角观察和反映变革中的农村现实和新时期农村巨大变化的一部作品，是他20世纪80年代的代表作。小说通过几个普通农民的眼光，生动地反映了三中全会后农村的巨大变化，真实地反映了经济变革对农民观念上的一些影响，深刻地反映了80年代农村人际关系的新变化，塑造了田保根、巴福来、田大妈、邱志国、陈耀华、田留根等不同类型的艺术形象。

《苍生》保持了浩然一贯的创作风格，语言明快流畅，具有浓郁的生活气息，结构紧凑严密，具有很强的可读性；人物形象生动，具有强烈的时代特色。

1988年4月，浩然动笔写他的自传体小说第二部《活泉》。1993年6月小说由人民文学出版社出版。作品写的是浩然少年时期的经历。生活对浩然是严酷的，小小年纪，便饱尝失学、丧母、家产被占等生活的折磨；生活对他又是慷慨的，使他得到乡邻的爱助、初恋的美好和婚姻的真谛，更给了他一片文化气息浓郁的冀东大地，使他得以从中源源不断地汲取智慧和营养，从而逐步形成自己的文化品格和世界观。

1993年6月15日，浩然的第二部自传体小说刚刚面世，他突发脑血栓，17日住进通县263医院。在养病期间，浩然没有放下笔，他的第三部自传体小说《圆梦》，是他重病期间在河北三河泥土巢、密云雾灵山庄休养时构思的。1994年10月12日至1995年3月18日，浩然在平谷西峪水库、三河燕郊、廊坊邮电宾馆草写第一稿；1996年4月24日，在三河雅都修订；7月14日，在泥土巢再次修订完毕。1998年6月，小说由人民文学出版社出版。小说写的是浩然青年时期的经历。在新生活的感召下，他萌生了当作家的理想，为此，他历经十数年的奋斗、探索，拒绝种种诱惑，饱尝苦辣酸辛，抓住时代机遇的同时，也经受了政治生活的风风雨雨……终于圆了作家梦，自己的人格也得以进一步完善。

浩然所说的“泥土巢”，是1988年夏，三河县政府在政府招待所院内僻静处为浩然夫妇建的一所新居（六间正房、六间倒座房）。浩然在此定居下来，并为居室题名为“泥土巢”，亲笔书写于小院门侧，寓意“下蛋”（写作品）、“孵雏”（扶持文学作者）的窝。

四

1998年，正是浩然的自传体小说第三部出版面世的这一年，他被推选为第九届全国政协委员，成为首批享受国务院政府特殊津贴的专家学者。

1999年7月，在《亚洲周刊》主办的“百年中文小说百强”的评选中，

1949年至1976年的中国大陆小说，只有浩然的《艳阳天》和王蒙的《组织部新来的年轻人》榜上有名。《艳阳天》名列第43位。同年10月，在《北京晚报》举办的新中国成立五十周年小说佳作推荐中，浩然的《艳阳天》名列十佳。在此后的几年中，浩然除参加必要的社会活动外，每天都伏案写作，阅改稿件和读书看报；闲暇之时，练习书法，听听京剧录音，有时散散步。他非常关心国家政治、经济形势，每日坚持收看中央电视台《新闻联播》和《焦点访谈》等节目。

在北京居住时间最长并给他留下深刻记忆的，是在月坛北街度过的岁月。月坛北街一带的居民楼大多是20世纪五六十年代建造的，多为部委的宿舍，没有高层，都是三四层。那个时候，北京市内的居民大多住大杂院平房，冬天生煤球炉子取暖，夏天闷热。最麻烦的是上厕所，院内没厕所，都要去胡同里的公厕。能住单元楼房是令人羡慕的。浩然是在他事业最辉煌的时候，搬到这里来的。在这里，浩然经历了他一生中最为辉煌和最为苦楚的两段岁月。

1986年秋，浩然从北京市文联宿舍搬到了紧邻北京东部的河北省三河县定居。2008年2月20日，浩然因冠心病引起心脏衰竭在北京辞世，享年76岁。

浩然经常挂在嘴边的话："写农民，为农民写，是我自觉自愿挑起的担子，我要把这副担子挑到走不动、爬不动、再也拿不起笔时为止。"由于他把对农民的深厚感情都写进了作品里，他的作品也被学者们称为"中国农村近半个世纪的形象画卷"。

2020年1月8日初稿

2020年4月16日下午修订

2025年1月26日晚9时修订

刘绍棠：光明胡同里的“蝈笼斋”

刘绍棠，中国著名乡土文学作家，“荷花淀派”的代表作家之一，“大运河乡土文学体系”创立者，曾任中国作家协会副主席、北京作家协会副主席。他年仅61岁就离世了，他的一生有多半时间居住在北京西城区光明胡同45号，最后的时光则是在和平门的“红帽子楼”里度过的。

一

光明胡同，北起西安门大街，南至东红门胡同。清代称光明殿胡同，简称光明殿，因大光明殿在此而得名。1965年改称光明胡同。据《明世宗实录》记载，大光明殿明嘉靖三十六年（1557）建，内奉玉皇，今已不存。其址后为国务院机关事务管理局所在地。

据刘绍棠回忆：光明胡同45号小院，是他1957年，即21岁时凭稿费买下的，只花了2500元。

1949年10月，刘绍棠的一篇习作《邰宝林变了》发表于《北京青年报》。1950年，他写作兴趣高涨，连续写出了20多篇小说，在多家刊物上发表。这一年，刘绍棠年仅14岁。诗人晏明在评论文章中称其为“神童”，“神童作家”称号逐渐流传开来，并得到人们的认可；因其家乡儒林村临近北运河，他又被称为“大运河之子”。

1952年1月1日，16岁的刘绍棠在《中国青年报》上发表了小说《红花》，引起了很多青年读者的注意。1952年9月5日，刘绍棠又在该报以整版篇幅发表了小说《青枝绿叶》。这篇小说见报后，立刻得到著名教育家、作家叶圣陶先生的高度评价。他亲自将这篇作品作为难得的范文、好教材，选入1953年高中二年级语文课本。当时，刘绍棠正在读高一，而他写的小说，竟然被选入高二年级的课本。据说，刘绍棠高二时，当老师讲到这一课时，不好意思讲了，请坐在下面听课的刘绍棠上来讲。1953年10月，他发表短篇小说《布谷鸟歌唱的季节》。同年，出版第一本短篇小说集《青枝绿叶》。小说集出版后，苏联青年近卫军出版社就将它翻译成俄文，在苏联出版发行。1954年，刘绍棠以优异的成绩考上了北京大学中文系文学专业。这年暑假，他开始创作中篇小说《运河的桨声》。1955年，短篇小说集《山楂树的歌声》、中篇小说《运河的桨声》相继由上海新文艺出版社出版。1956年，中篇小说《夏天》、短篇小说集《中秋节》出版。同年刘绍棠被批准为专业创作人员。1957年，出版短篇小说集《私访记》。

正是在这一年，刘绍棠购置了光明胡同45号小院。这处院落，住房五间，厨房一间，厕所一间，堆房一间，并有五棵枣树和五棵槐树。自刘绍棠搬进这所房子，到他中风后迁往和平门，他们一家断断续续在这个小院住了30多年。

院子小了点儿，房间的数量不算少。可是刘绍棠家里人多，父母、四个弟弟、一个妹妹，都从通县（今北京市通州区）儒林村搬进城里来了。1979年后，刘绍棠妻子儿女一家五口，都住进来了，小院显得格外拥挤。就是在这样的条件下，刘绍棠在仅有几平方米的“蝈笼斋”（其书房名）写作、生活，直到1992年搬进作协分给他的楼房。如果说1950年至1957年是他第一次创作高峰，那么“蝈笼斋”里的13年，则是他第二次创作高峰。这期间，他出版了《地火》《京门脸子》《豆棚瓜架雨如丝》《柳敬亭说书》《这个年月》《野婚》《蒲柳人家》《瓜棚柳巷》《小荷才露尖尖角》《烟村四五家》多部小说和中短篇小说集《蛾眉》，还出版了散文短篇集《乡土与创作》。在他即将搬进“红帽子楼”的时候，随笔集《蝈笼絮语》出版。

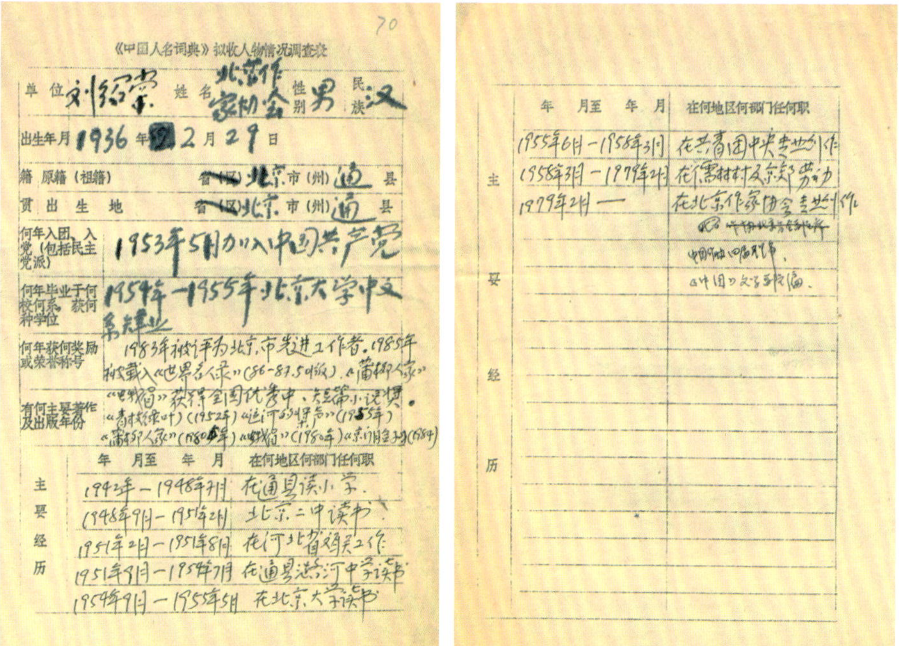
70

《中国人名词典》拟收人物情况调查表

单位	北京作家协会
姓名	刘绍棠
性别	男
民族	汉
出生年月	1936年[redacted]2月29日
籍贯 原籍（祖籍）	北京市（州）通县
籍贯 出生地	北京市（州）通县
何年入团、入党（包括民主党派）	1953年5月加入中国共产党
何年毕业于何校何系、获何种学位	1954年—1955年北京大学中文系未毕业
何年获何奖励或荣誉称号	1983年被评为北京市先进工作者。1985年被载入《世界名人录》（86-87.5版）。《蒲柳人家》
有何主要著作及出版年份	《蛾眉》获得全国优秀中、短篇小说奖。《青枝绿叶》（1952年）《运河的桨声》（1955年）《蒲柳人家》（1980年）《蛾眉》（1980年）《京门脸子》（1984）

主要经历

年 月至 年 月	在何地区何部门任何职
1942年—1948年7月	在通县读小学
1948年9月—1951年2月	北京二中读书
1951年2月—1951年8月	在河北省文联工作
1951年9月—1954年7月	在通县潞河中学读书
1954年9月—1955年5月	在北京大学读书
1955年6月—1958年3月	在共青团中央专业创作
1958年3月—1979年2月	在儒林村及京郊劳动
1979年2月—	在北京作家协会专业创作

刘绍棠自填《中国人名词典》拟收人物情况调查表

二

北京通县郎府公社儒林村，是刘绍棠的出生地。1936年2月29日，刘绍棠生于这个靠近大运河的村子。从出生时算起，到1957年搬到城里，刘绍棠在儒林村生活了21个年头。1957年，刚刚搬到城里不久，因发表《我对当前文艺问题的一些浅见》等文章和两篇小说，刘绍棠受到全国范围的批判，专业创作生涯停止了。他先是到北京郊区的铁路工地和水利工地参加劳动，之后回到家乡儒林村务农。他正式回城到北京市作协工作是在1979年。但是早在1978年，他就搬回光明胡同45号了。据1978年9月20日刘绍棠写给上海文艺出版社总编室王肇岐的信，此时，他已经开始修改《春草》卷一,《地火》卷三已经修订完成了。在信中，他谈到了同辈人中老大哥林斤澜出面邀请他和张志民、邵燕祥、王蒙、刘真、邓友梅、从维熙、刘厚明到林家聚会，阔别21年重聚畅谈的事情。

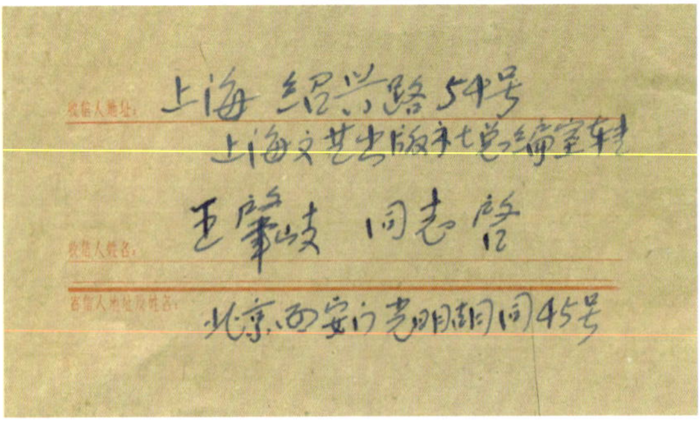

刘绍棠致王肇岐信之信封

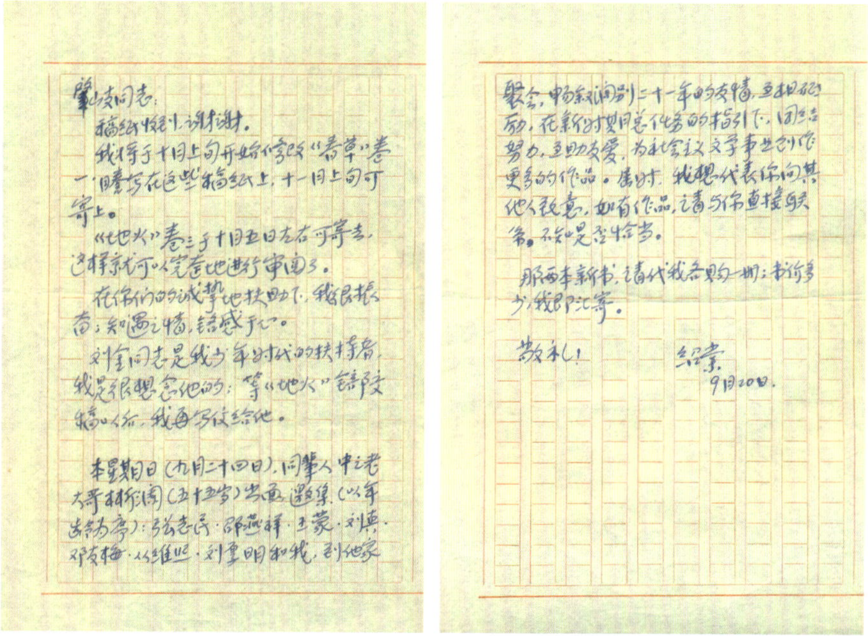

肇岐同志：

稿纸收到，谢谢。

我将于十月上旬开始修改《春草》卷一，用您寄来的这些稿纸上，十一月上旬可寄上。

《地火》卷三于十月五日左右可寄去，这样就可以完整地进行审阅了。

在你们的诚挚地扶助下，我很振奋；知遇之情，铭感于心。

刘金同志是我少年时代的扶掖者，我是很想念他的；等《地火》誊清以后，我再写信给他。

本星期日（九月二十四日），同辈人中之老大哥林斤澜（五十五岁）出面邀集（以年齿为序）：张志民、邵燕祥、王蒙、刘真、邓友梅、从维熙、刘厚明和我，到他家聚会，畅叙阔别二十一年的友情，互相勉励，在新时期总任务的指引下，团结努力，互助友爱，为社会主义文学事业创作更多的作品。届时，我想代表你向其他人致意，如有作品，请与你直接联系。不知是否恰当。

那两本新书，请代我各购一册；书价多少，我即汇寄。

敬礼！

绍棠
9月20日。

1978年9月20日刘绍棠致王肇岐信

实际上，他从1936年至1979年，几乎没有脱离儒林村。他一生的创作，都是写的儒林村一带的人和事，始终致力于“中国气派，民族风格，地方特色”的乡土文学创作。

笔者藏有他的长篇小说《豆棚瓜架雨如丝》手稿，300多页，是用钢笔一个字一个字写下来的。初稿有一半是在儒林村写的。作品主要写了老虎跳这位京东运河滩老农的一生。老虎跳，既是传奇式英雄，又是现实里的普通人物，其形象有着多重历史内涵，他历尽人世沧桑，却始终不改初心。作品曲折的情节，明丽的画面，纯真的感情，优美的语言，经过作家心灵的酿制，生发出荡人心神的力量。这是对古老运河的深情眷恋，是对多灾多难运河的不平回忆，也是对苦难中不失赤子真情的运河儿女的慨叹和褒扬。

在刘绍棠的小说和散文中，刘绍棠曾不止一次向读者介绍他的家世及儒林村的地理和历史，足见他对家乡父老乡亲的热爱。

关于他的家世，在其《蝈笼絮语》的开篇《寻根》中，他是这样说的：

> 老人长辈们咬定我家是大汉皇叔刘备的后裔，虽然未免攀龙附凤之嫌，却也并非毫无道理。刘备原籍涿州楼桑村，涿州距离我们通州只有七八十公里，刘室宗亲难免人口流动，也许其中一支挪了个窝儿，来到通州安家落户。刘备的祖上，中山靖王刘胜的坟墓埋在满城县，掘墓开棺发现了无价之宝的金缕玉衣，成为我国出土文物的一大奇迹。满城距离涿州也有几十公里，可见刘备这一支也是搬过家的。
>
> ……《日下旧闻考》记载……“通州……两汉本潞县及安乐县故地”。直到北魏太平真君七年（446），安乐县才废入潞县，潞县衙门也从甘棠乡迁入安乐县城。郦道元《水经注》说：“沽水南经安乐县故城东。”《晋书·地道记》曰：“晋封刘禅为公国。俗谓之西潞水也。”潞水就是现今的北运河，安乐故城正是今日的通州。刘禅降晋被封为安乐公，遣送到现在的通州就国，他的子孙和家奴便沿着北运河西岸繁衍起来。我家原来住在河西靛庄，曾祖父率领全家迁到河东儒林村。通州至今姓刘的最多，靛庄更是一半以上姓刘，虽无史证也可断定，靛庄刘家必是刘禅子孙或家奴的一支。如此推论，我十有八九是刘禅的百代子孙。

关于儒林村的地理和历史，刘绍棠在《我的创作生涯》开篇《一、蒲柳人家子弟》里写道：

> 北运河从通州城北下来，九曲十环二十八道弯儿，一头撞在几大堆翠柳白沙冈上，拐了个弓背，搂住一大片沙滩。河滩方圆几十里，河汊子七出八进，一道青藤百道绿蔓儿，沿河大大小小的村落，就像满天星的旱花西瓜。大村二三百户，小村四五十家。万柳堂村是小中之小，三十六座门楼，七十二个户头，一百零八个灶台；坐落在沙冈外，紧傍河边，弓背的一角。
>
> 每个村子的来历，都是口头相传。万柳堂村是清初跑马占圈的旗地，主人是正黄旗的皇室旁支，名叫如意，又叫如意带子。这块河滩被圈占以后，并没有开垦，只是每年入伏，青草长得一人高，有个姓刘的马夫，牵着如意带子的几匹走马，到这里放牧。姓刘的马夫搭一座窝棚，住到草枯树黄的深秋季节，便牵着膘肥腿壮的走马回到北京去了。
>
> 过了几年，如意带子的爱妾所生的女儿出嫁，这块河滩地当成妆奁，算是这位千金小姐的胭粉地。姓刘的马夫不放马了，找来他的两位把兄弟，一个姓徐，一个姓田，给这位如意带子的千金小姐开荒种地，每年的收入，便是千金小姐的搽胭脂抹粉的费用。后来，三个人娶妻生子，于是便三家成村了。三家的亲友，外来的移民，三三两两，四面八方，越聚越多，小村一年一年大起来。

这里所说的万柳堂，是刘绍棠小说中的村名，也就是儒林村。儒林村的最早三姓，并非刘、田、徐，而是樊、曹、张。后来，樊家绝户，曹家只有一个女儿，嫁到了外村，张家搬到城里。目前的儒林村的各家各户，都是后来的。

刘绍棠家是曾祖父带领曾祖母，还有他们的长子和抱养的女儿，从北运河西岸的靛庄搬到儒林村的。他的祖父，1888年出生于儒林村。刘绍棠的《我的创作生涯》中，在叙述家世的时候，他着墨最多的是他的外祖父和母亲，对他的父亲的记述是：念过五年私塾，13岁到北京的布店学徒……完全是个文雅的商人，失去了农家子弟的气质。刘绍棠是长子，出生在儒林村老宅东厢房北屋的小土炕上。若干年后，这个土炕上出生的孩子，成了中国当代文学史上最有分量的作家之一。

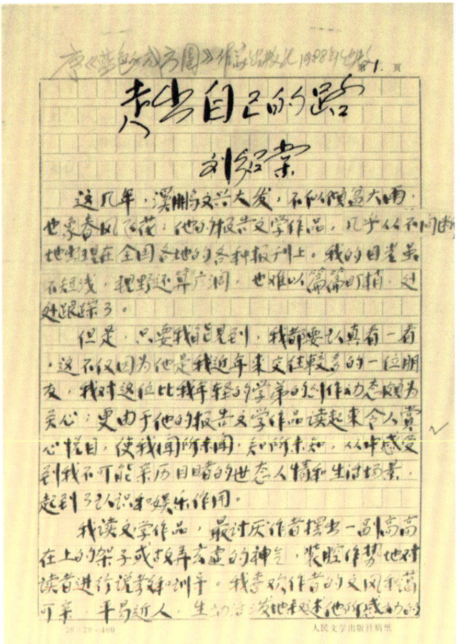
走出自己的路

刘绍棠

刘绍棠《走出自己的路》手稿首页

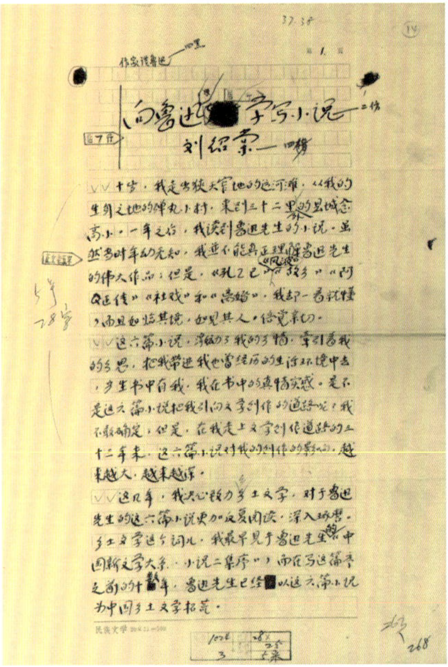
刘绍棠《向鲁迅学写小说》手稿首页

三

刘绍棠最后的时光，是在北京前门西大街97号度过的。这是他1991年11月，从光明胡同45号搬到和平门新居“红帽子楼”的住址。红帽子楼是座10层高楼，位于和平门十字路口西北角，东面紧邻文联办公大楼，临街而立。这是北京市文联经市委批准，为解决众多专业作家及部分文联干部的居住问题，于1990年建成的楼。楼的外墙由米黄色瓷砖贴面，宽大的楼檐饰以红色，仰看红檐罩顶、典雅壮丽。因此，刘绍棠戏称它为“红帽子楼”，后来，北京燕山出版社要为他出一部随笔集，集子收进的作品多是在此楼写成的，于是他把这本随笔集定名为《红帽子楼随笔》。随着这本书的传布，“红帽子楼”就这样叫开了。

在“红帽子楼”居住过的作家有左联作家骆宾基等前辈，有解放区走来的作家阮章竞、钱小惠、古立高、李克等，还有当代作家浩然、刘恒、张洁、赵大年等，可谓名家济济一楼，有人就把它叫“作家楼”了。

刘绍棠搬入“红帽子楼”时，因中风已经是半身不遂了。他是1988年8月为了赶写创作生涯四十周年出版计划中的长篇小说《水边人的哀乐故事》病倒的。此前，中风预兆已经出现了，但没有引起他的重视，他不仅不注意休息，甚至烟和酒也没有减量。于是，糖尿病诱发了脑血栓。经过治疗，命是暂时保住了，但是左手、左腿、左脚，从此不听使唤了。三个月后，刘绍棠出院回到光明胡同45号小院。1989年春，稍有好转，顶着疾病的折磨，他开始整理《水边人的哀乐故事》散稿，终于在入夏前完稿。

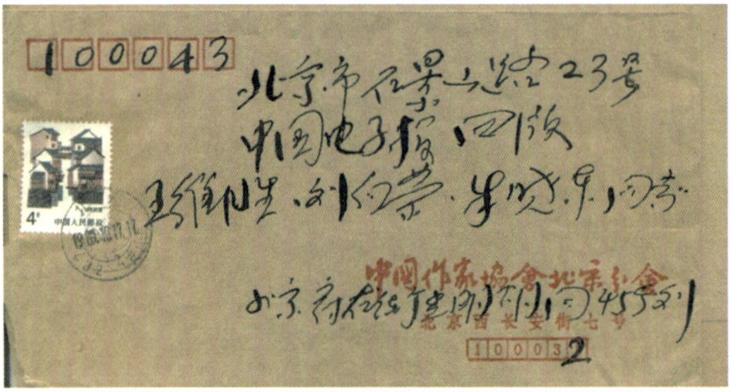

刘绍棠致王维胜信之信封

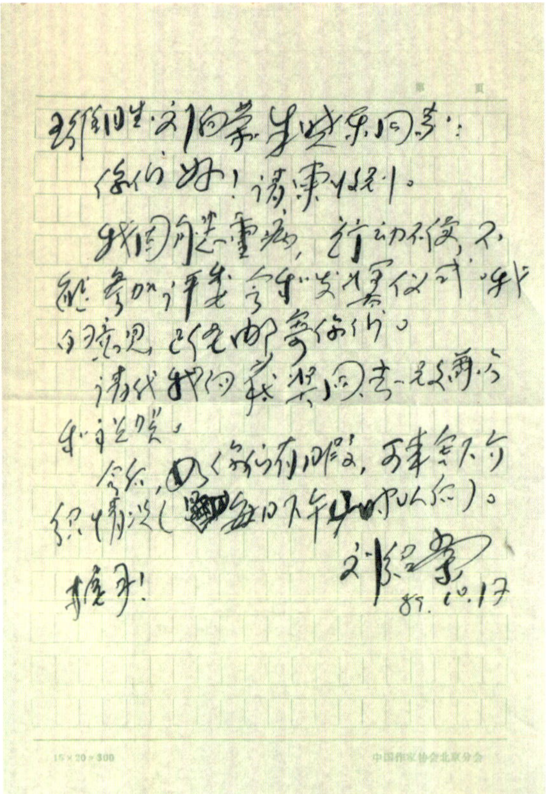

王维胜、刘向荣、朱晓东同志：

你们好！请原谅。

我因患重病，行动不便，不能参加评委会和发奖仪式。我的意见，已经邮寄你们。

请代我向获奖同志一一表示祝贺。

今后，如你们有闲暇，可来舍下介绍情况（每日下午均可以来）。

握手！

刘绍棠
89.10.17

刘绍棠致王维胜等人书札

刘绍棠是从1949年开始写作的，1989年是他创作四十周年。1990年6月，这部为纪念他创作四十周年的《水边人的哀乐故事》由花城出版社出版。在之后的几年里，他拖着残躯病体，又创作了两部长篇小说《孤村》和《村妇》，以及许多散文、随笔等作品，做出了常人难以做出的业绩。

刘绍棠创作生涯四十年留影

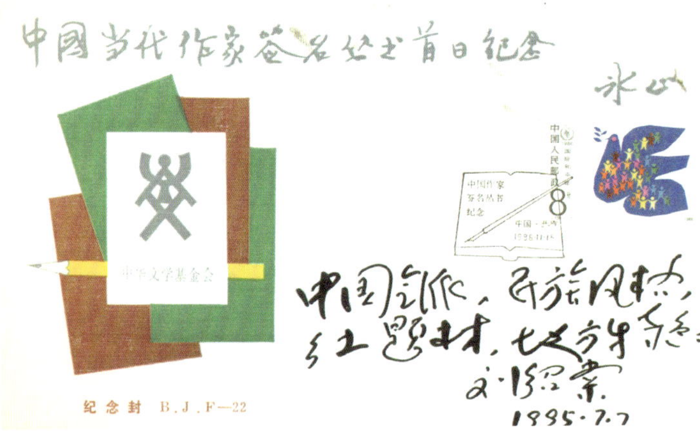

刘绍棠为笔者在纪念封上题字

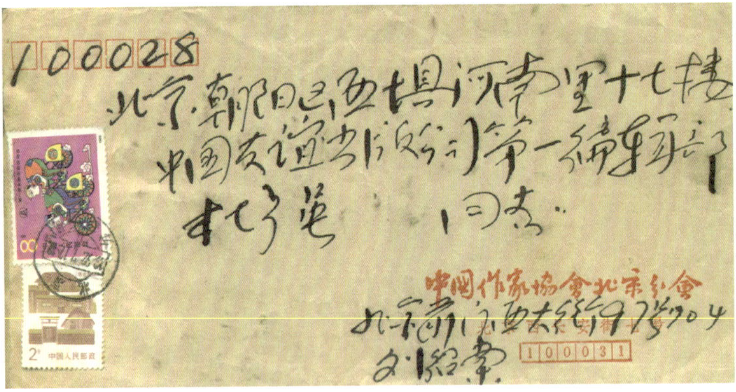

刘绍棠致杜强信之信封

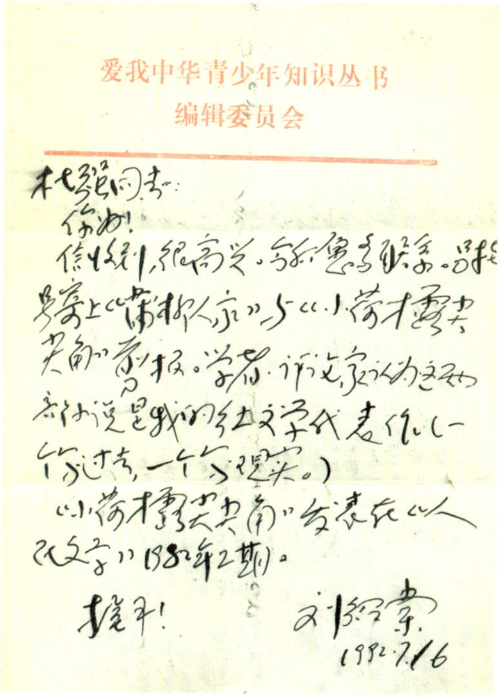
爱我中华青少年知识丛书
编辑委员会

杜强同志：
你好！
信收到，很高兴。今后多联系。另外
寄上《蒲柳人家》与《小荷才露尖
尖角》剪报。学者、评论家认为这两
篇小说是我的代表作之（一
个过去、一个现实。）
《小荷才露尖尖角》发表在《人
民文学》1980年2期。
握手！ 刘绍棠
1992.7.16

刘绍棠致杜强信

1996年12月19日，在中国作家协会第五次全国代表大会上，刘绍棠当选为中国作家协会副主席和中国作家协会第五届全国委员会委员，并于1997年1月起正式担任中国作家协会副主席。两个月后，1997年3月12日凌晨，刘绍棠在过完61岁生日后的第12天，病逝于宣武医院。

2020年1月5日下午4时初稿

2020年4月17日上午修订

2025年1月26日晚10时修订

梅兰芳：德艺双馨的京剧艺术家

现存1956年3月9日“梅剧团”演职员名册，记录梅兰芳一栏：梅兰芳，男，63岁，江苏泰县人；业师姓名：吴菱仙；专业：青衣；民族：汉；单位：中国京剧院；从业年限：51年；住址：北京护国寺街甲一号。

这里所填写的住址，是新中国成立后不久，周恩来就敦促梅兰芳回北京担任中国戏曲研究院院长一职时批给他的住房地址。本来梅兰芳在北京是有私宅的，因故售出。而政府批给他的这所小院是一座清代王府的一部分。

笔者收藏的梅兰芳签名照

梅兰芳在护国寺街甲1号这个小院里，度过了生命中的最后十年。

一

梅兰芳，名澜，字畹华，别署缀玉轩主人。他1894年生于北京。4岁时，父亲便去世了，十年之后，母亲又死了，他既无兄弟，又无姐妹，从小便孤苦伶仃，所以他说过：“世上的天伦之乐，有好些趣味我是从未领略过的。”幸好还有个祖母，躬身抚养，另外有个“胡琴圣手”的伯父，故他8岁便开始学戏，开蒙是《玉堂春》，未到10岁，就能哼唱苏三那如泣如诉的幽怨旋律了。

在晚清咸同年间，梅家在北京城便有了声名，虽然“所操者贱”，而却“享名独优”。梅兰芳的祖父梅巧玲，当时便以演活泼的青年女子出名，在《渡银河》戏里，演夜半无人私语时的杨太真，能使全场春意盎然。

梅巧玲原为昆旦，且能吹昆曲笛子300套之多，但为时势所趋，他改业皮黄，成了京戏开山之一。不过那时梅巧玲所唱的京剧，词句是下里巴人，和昆曲不能比；主要伴奏乐器的胡琴，虽比笛子进步，所拉调门也十分简单。可是到了梅巧玲的儿子梅雨田这里，情形就不同了。以前胡琴调子的开板——过门，十分简单，梅雨田拉来，花样变多了，如二黄原板、西皮慢板、反二黄等优美的过门，几乎都是梅雨田改良出来的，自然梅雨田就是“梅派胡琴”的祖师了。

辛亥革命以来，四大名旦的琴艺，几乎全是梅家一派，所以梅兰芳成为四大名旦之首，可说“天与人归”，他的祖父和伯父都替他做了准备工作，集三世之大成，加上一己的天赋，“玉貌珠喉”，名伶成就，绝不是偶然的。

梅家之入京，当始于梅巧玲，至于他的祖籍何处，谈者各异其说。《梨园轶闻》的著者许九野说：“梅胖子，名巧玲，字惠仙，扬州人。”此说殊不足信，扬州是烟花胜地，历来名伶都说自己乃扬州籍贯。萝摩庵老人的《怀芳记》与徐慕云编的《梨园影事》则说梅家祖籍为江苏泰州，似较为可信。

梅巧玲是光绪八年（1882）去世的，死因是“骤病心痛死”。梅巧玲有两个儿子，乳名分别叫大锁、二锁，大锁即梅雨田，二锁即梅竹芬。大锁年少时习胡琴，享名较早，曾为谭鑫培操琴，有六场通透之美称。至于二锁，子承父业，能戏颇多，惜英年早逝，但却养个空前绝后的佳儿梅兰芳。

据说梅巧玲重侠好义，每每不惜巨金去接济那些为他捧场的寒士和同行失业的伙伴。他虽然做了四喜班班头，也常入不敷出，死时余资也不多。

在童年时代就相继死了父母的梅兰芳，家境非常贫困。但他天生丽质，又极聪明上进，所以他在北京登台后，雏凤清声，一鸣惊人。

二

梅兰芳在京剧艺术上的伟大成就，绝非偶然，而是他毕生勤学苦练的结果。

他幼年学戏的开蒙老师是吴菱仙老先生，路玉珊老先生也曾跟他说过刀马旦，茹莱卿先生跟他说过把子，王瑶卿、陈德霖二先生也教过他戏，乔蕙兰老先生是他的昆腔老师，他艺术上的伟大成就跟这些老先生的教益也是分不开的。

梅兰芳对舞台艺术是极其严肃的，又非常谦虚诚恳。据曾跟随他从事京剧艺术的人回忆，他对剧团所有人，无论是名角儿还是龙套，都一视同仁和睦相处。最可贵的是他能非常虚心地倾听别人的意见，向他提意见的人哪怕只是检场的，他也会虚心诚恳地听。如有人说："梅先生你那个身段表演得不好看。"他一定会说："依你的意见怎样好哩？"于是提意见的人说出自己的看法跟他研究，及至下次再演时，他一定要把经过研究的新动作带上舞台，如果反响好就充实到自己的表演里去。反响不好或者不如前次，就再跟提意见的人反复磋商研究。当时剧团的人由于受到他良好品德的影响，人与人之间没有小的纠纷，因此很少发生争执，大家艺术上的合作也非常和谐。

他学习任何东西决不浮于表面，一定要到真正理解为止。他经常会站在场面后边，看开锣戏和中轴戏。他不是普通地看看而已，而是在仔细研究二路演员的演技，他经常这样说："这些先生演技之稳练，唱念之严整，实在是值得学习的。"

梅兰芳在京剧艺术上有过很多的革新与改造。过去旦角有青衣、花旦、刀马旦之分，唱青衣的就很少唱刀马旦。从王瑶卿起到梅兰芳，将这些融为一体了，因此后来有了花衫之说。京剧舞台上的古装戏，更是梅兰芳的伟大创造，这一创造的兴起推动了京剧表演的舞蹈化。从前田际云先生也曾试图在《斗牛宫》一戏里用古装，但由于当时服装设计得不美，更重要的是没有相应地创作出适合古装舞蹈的表演身段，因此仅是昙花一现。引发梅兰芳创作古装戏的动机是这样的：有一次可能是陈德霖老先生做寿，一幅麻姑献寿图引起了梅兰芳的兴趣，他认为古装很美，就仔细地研究，按照图上的样子设计了服装，首先在家中院子里摆一张八仙桌，然后穿起古装在桌上做着各种身段姿态，让大家研究，结果一致认为很好。此后，梅兰芳又研究创作了“盘舞”“羽舞”“剑舞”“袖舞”。

自此古装便盛行于京剧舞台上了。梅兰芳创造的第一出新戏是《牢狱鸳鸯》，接下来是《嫦娥奔月》《天女散花》《黛玉葬花》《千金一笑》，跟着在唱腔上也逐渐有所创新。当时是王瑶卿老先生帮助他研究，后来是他的琴师徐兰沅和王少卿，如二本《西施》《洛神》《廉锦枫》《红线盗盒》《三娘教子》《宇宙锋》《春灯谜》，四本《太真外传》《生死恨》，这些戏的唱腔与曲牌的穿插，都是梅兰芳与徐兰沅、王少卿二位先生研究创作的。

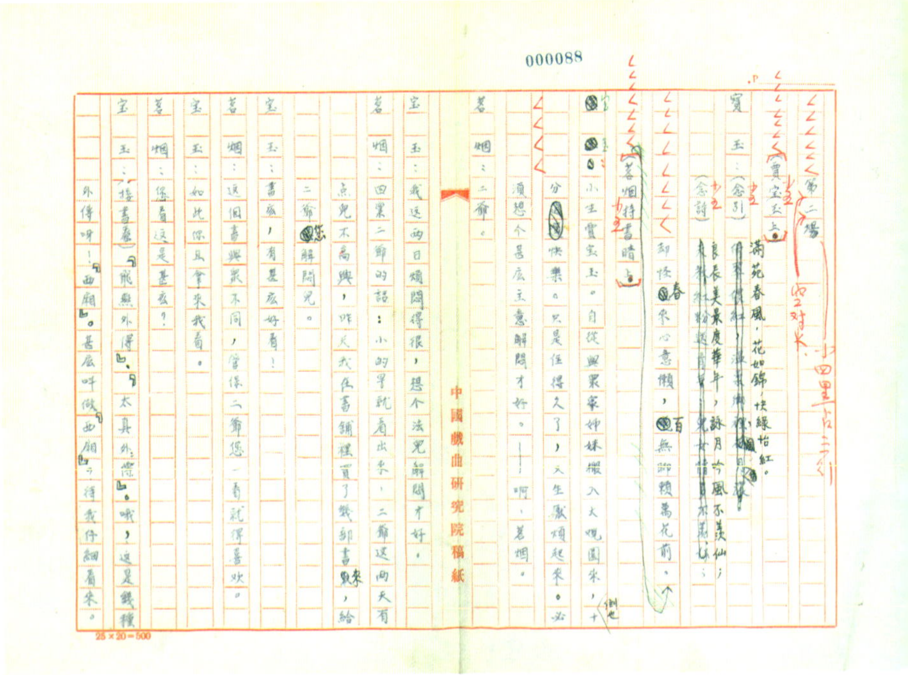

梅先生亲笔修订《黛玉葬花》手稿局部

梅兰芳的嗓子清脆得犹如山涧流泉、出谷黄莺。在唱功上他有极高的修养，每一句唱腔的起落都严格讲求自然大方不做作，一字一音都一丝不苟。由于他行腔有分寸，唱一句、行一腔都经过仔细揣摩，因此人们给予这样的佳誉：“梅先生唱戏，从无歪腔邪调。”

在表演上，梅兰芳最大的优点是能把人物性格刻画得极深刻，能引起观众与戏中人的共鸣。他演《黛玉葬花》，忧郁的身段加上悲凉的反调，凄楚哀怨极了。听众就是闭上眼睛，脑海中也能浮现一个多愁善感的有着飘零身世的林黛玉。他演闹剧也同样使人敬服，如昆腔戏《春香闹学》，他能很巧妙地塑造一个天真活泼、惹人喜爱的顽皮小姑娘形象。他还演过时装戏，如《一缕麻》《邓霞姑》，由于他掌握人物的性格，善于从真实生活出发，能细致入微地体会人物的思想感情，因此他塑造的各类人物形象都栩栩如生、鲜活无比。

京剧表演技巧讲究台步要方正，每一步都要节奏鲜明。演员在舞台上转弯、回身要有准确的尺寸和准确的方向，即所谓的“稳准”。但跨腿、抬手、转弯，还得讲究“活圆”。一出手、一抬腿、一迈步、一转身要瓷实有力，有棱有角；拖泥带水含混不清是不够标准的。梅兰芳在这方面真是炉火纯青，当他手指定一个方向的时候，无论是左指或右指，手过之处皆能成为一个圆圈，特别好的是由出手到静止，都是稳稳地停留在恰当的步位上，“圆活”的动作美极了。同时他的头、腿、眼、足，都是跟着手的动作不乱，要圆即圆，要方则方，真是随心所欲，顺畅自然。

梅兰芳在表达内心感情的表演上也是技艺高超的。如在《宝莲灯》里唱慢板时，过门的时间很长，他虽静止地立在舞台上，但是给观众的感觉不是呆滞的，能让人充分感受到人物内在的激动，这一点是难能可贵的。

在唱念上，梅兰芳给人的感觉除了美好动听外，每一句唱腔都非常饱满匀称。拿《贵妃醉酒》中的“长空雁”一句来说，这么长的唱腔，仅是三个字经过那么多音，由于他排列得好，听起来不觉空而觉得非常到位，“长”字拉一长腔然后接上“空”字，腔儿在这里翻叠几次，接上“雁”字时再用高音，当唱到“雁”字时真似天外飞泉，急流而下。在《霸王别姬》里，南梆子里有一句“轻移步”，这句唱腔旋律的流动性很强，犹如月光照在水波上闪烁的银光，及至唱到“猛抬头，见碧落，月色清明”，唱腔很自然地呈现出一幅美人月下幽思、沙场凄凉的图画来。

总之，梅先生的表演艺术，无论是一个细微的动作或是唱腔中的一字一音，都是他辛勤劳动的结果。

现在来谈谈梅先生伴奏加二胡的经过。二胡在京剧舞台上有年头了，但最初不像现在我们见到的伴着京胡。那时二胡在梨园界被称为“苏胡”，因为它是上海唱“苏州滩簧”用的伴奏乐器，在上海则称为“二胡”。

据徐兰沅回忆：“记得1923年，在北京，我们排新戏《西施》，梅先生感到音乐伴奏单薄，就和我商量，恰恰我当时也有同感，就用了很多乐器来试听，首先是四胡，觉得加它以后，反而削弱了京胡脆亮的音色，用大忽雷小忽雷试，觉得很乱，最后就用最普通的二胡来试，大家一听，都觉得挺圆滑，京胡被衬托以后，更好听了，因此就决定用二胡。当时请王少卿先生兼拉（因王少卿先生当时随其父王凤卿先生操琴），但不是有唱必加，而是加在唱腔优美的地方。”

当第一次二胡伴着京胡在舞台上出现的时候，观众觉得很新鲜，反对的也有，经过一些时日，人们的耳音也就换过来了，继而也就很喜爱了。从那时起，二胡逐渐成为青衣唱腔的伴奏乐器，后来乐器制作者们又根据京剧胡琴的使用习惯（一把位）创造出音色洪亮、专为伴奏京剧唱腔用的二胡（在一个时期内又称之为“梅派二胡”），这样京剧二胡和苏胡分开了。从此，二胡在京剧音乐里便占了很重要的地位。

三

梅兰芳在艺术上的成就，仅凭以上寥寥数言，是不能尽述的。戏外梅兰芳的修养品位也是常人不能比肩的。在戏剧界流传着梅先生临场借扇的故事。

一次，梅兰芳先生演《贵妃醉酒》，临上场时，管服装道具的人找不到杨贵妃手里拿的那把漂亮的扇子了，急得满头是汗，直打自己的嘴巴。梅先生心里也急，但仍平心静气地安慰他：“别着急，找找看。”这时梅先生已走到上场门边，一声“摆驾”已念出，扇子仍未找到。他灵机一动，顺手把身边一位朋友正在扇着的普通扇子拿过来，稳步登台，把这场戏从容应对下来。这时管服装道具的才把悬着的心放下来。

梅兰芳擅丹青，师从王梦白，又和陈师曾、汤定之、齐白石、姚茫父、金拱北相切磋。而他推重齐白石先生的故事，至今依然广为流传。20世纪20年代，齐白石的画在北京尚遭冷遇，当时已有“伶界大王”之称的梅兰芳却独具慧眼，推重齐白石的画，经常向齐白石请教，二人友谊逐日加深。一天，梅兰芳约请齐白石先生到自己的住宅缀玉轩叙谈，在座的还有戏剧界的朋友，一起谈论艺术，气氛极为融洽。梅兰芳请齐白石画草虫以便观摩。梅兰芳亲自理纸磨墨，齐白石欣然提笔，所画草

梅兰芳所绘花鸟图

虫栩栩如生。画刚完成，梅兰芳歌喉婉转，相报一曲，声清韵冷，使人感叹。第二天，齐白石写了两首绝句赠给梅兰芳，其中一首是：“飞尘十丈暗燕京，缀玉轩中气独清。难得善才看作画，殷勤磨墨就三升。”

梅兰芳画作传世有限，赝品多于真迹；其亦擅诗词，常与友人唱和，还喜欢即兴写诗。位于北京鼓楼的“烤肉季”存留梅先生《赠烤肉季》诗，为梅先生即席所作，现钢笔底稿存敝斋中，诗曰：“名满上都烤肉季，和风吹拂鼓楼前。客来欣喜皆知味，更识今朝领导贤。”

梅兰芳不仅是艺术家，还是个有民族正义感、有良知的爱国者。逢天灾人祸之年，民不聊生，梅兰芳总是带头唱义务戏，赈济灾区。对于京剧公会组织的救济同业孤寒义演等活动，梅先生更是义不容辞。

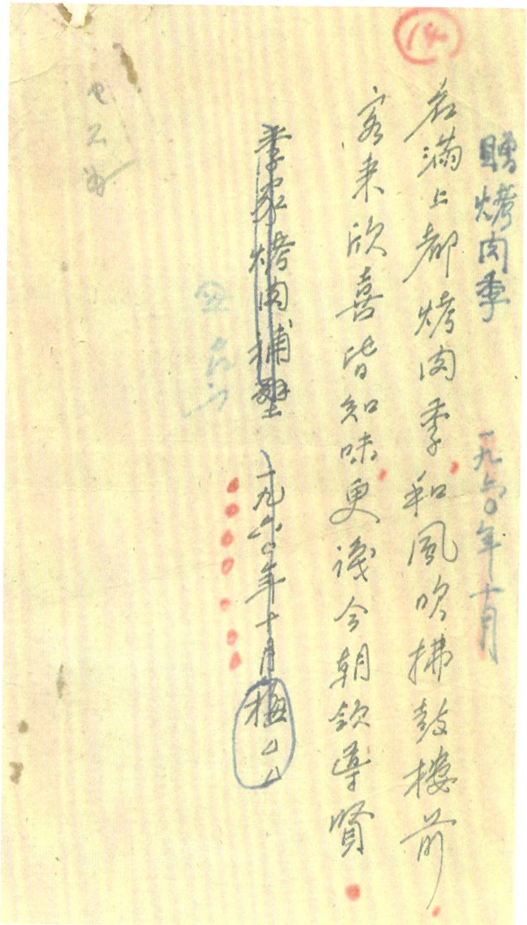
赠烤肉季

名滿上都烤肉季，和風吹拂鼓樓前。客來欣喜皆知味，更識今朝領導賢。

一九六〇年十月

梅兰芳赠烤肉季诗稿（1960年10月）

1931年，日本侵略者悍然发动“九一八”事变，侵占了我国东三省，梅兰芳先后编演了京剧《抗金兵》和《生死恨》，表达了中华民族抵抗侵略、宁死不屈的决心。当1937年卢沟桥事变发生后，他毅然告别了舞台，

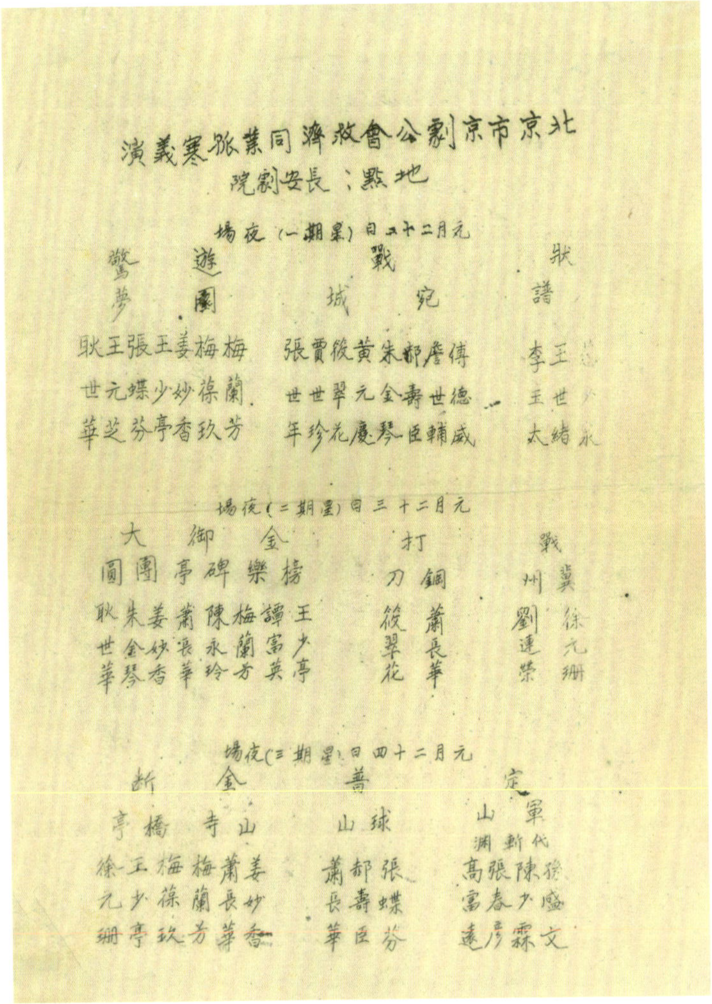
北京市京劇公會救濟同業孤寒義演
地點：長安劇院
元月二十二日（星期一）夜場
元月二十三日（星期二）夜場
元月二十四日（星期三）夜場

北京市京剧公会救济同业孤寒义演戏单

先后隐居香港和上海，蓄须明志，不管敌人怎样威胁或要挟，宁可过着清贫生活，也决不为日本人演出。为了自己家人的生活和接济京剧界同人，他靠出卖丹青度过了艰难困顿的岁月，成了中国京剧界抗敌的表率。

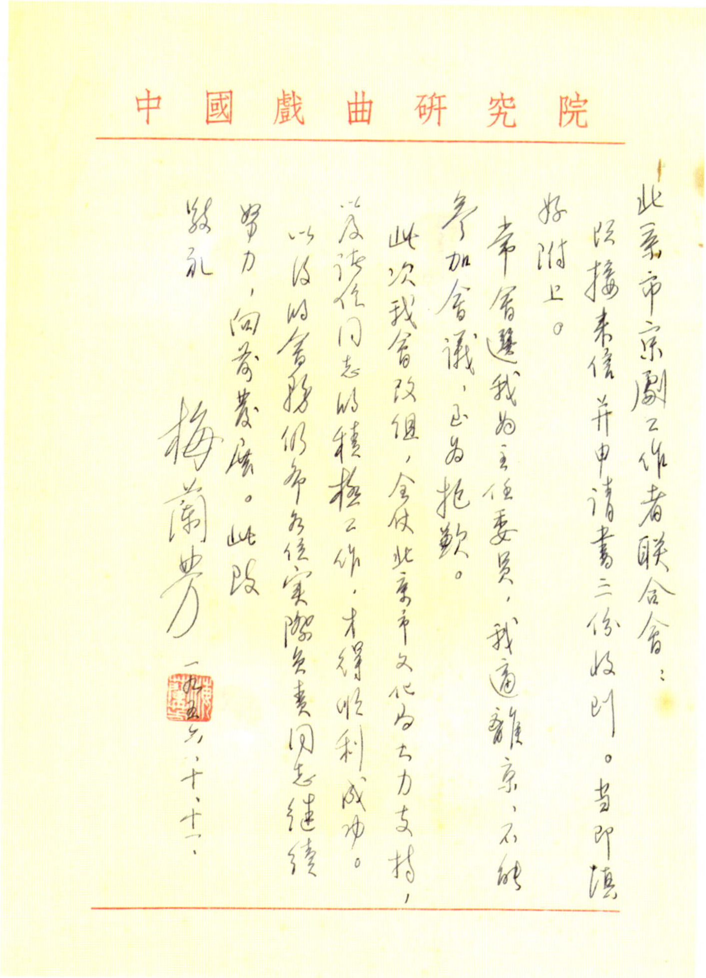
中國戲曲研究院

北京市京剧工作者联合会：

顷接来信并申请书二份收到。当即填好附上。

市会选我为主任委员，我适离京，不能参加会议，至为抱歉。

此次我会改组，全仗北京市文化局大力支持，及诸位同志的积极工作，才得顺利成功。以后的会务仍希各位实际负责同志继续努力，向前发展。此致

敬礼

梅兰芳

一九五六、十、十一

梅兰芳致北京市京剧工作者联合会书札

1953年10月，由贺龙任团长、梅兰芳任副团长的第三届中国人民赴朝慰问团前往朝鲜慰问演出。有一次梅兰芳在为志愿军演出时，突然下起了大雨，但战士们在雨中端坐不动，这让梅兰芳非常感动，他专门为大家清唱了《凤还巢》。演出结束后，梅兰芳得知志愿军有两位炊事员因为要做饭走不开，没有看到演出，便专门来到炊事班，为他们清唱了一段《玉堂春》。

四

1949年7月，中华全国文学艺术工作者代表大会在京召开。时居上海的梅兰芳作为南方代表第二团代表出席会议。南方代表第二团是代表人数最多的一个团。团长冯雪峰；副团长陈白尘、孔罗荪；团委有：巴金、沈知白、吴组缃、倪贻德、陈望道、黄佐临、靳以、熊佛西等。和梅兰芳同为第二团的有：周信芳、袁雪芬、秦怡、上官云珠、赵丹、司徒慧敏、陶金、郑君里、陈鲤庭等。梅兰芳是大会主席团成员之一。他与周信芳、袁雪芬、熊佛西等被选为中华全国文学艺术界联合会全国委员；与欧阳予倩、周信芳、程砚秋等被推选为中华全国戏剧工作者协会全国委员会委员、常务委员会委员；他还是中华全国戏曲改进会筹备委员会常务委员会委员。同年9月 30日，梅兰芳当选为全国政协常务委员。10月 1日，参加中华人民共和国和中央人民政府成立典礼活动。

1950年5月，北京市文学艺术工作者联合会成立，老舍被选为主席，梅兰芳和李伯钊、赵树理为副主席。

1951年4月，梅兰芳被任命为中国戏曲研究院院长。同年 7月，梅兰芳全家从上海迁回北京，定居护国寺街甲1号。

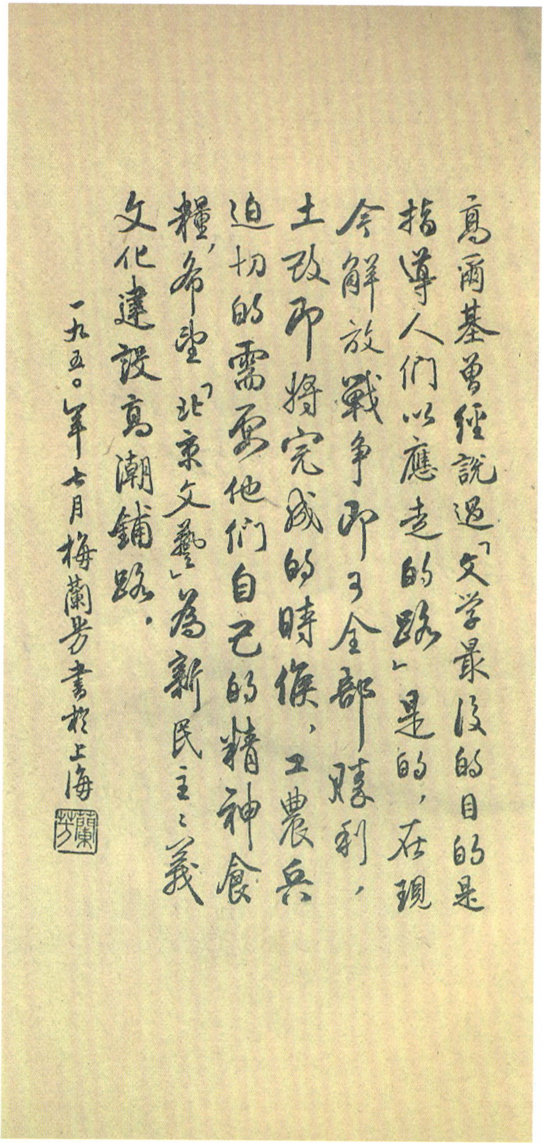
高爾基曾經說過「文学最後的目的是指導人們以應走的路」是的，在現今解放戰爭即已全部勝利，土改即將完成的時候，工農兵迫切的需要他們自己的精神食糧，希望「北京文藝」為新民主主義文化建設高潮鋪路。

一九五〇年七月梅蘭芳書於上海

蘭芳

梅兰芳题词

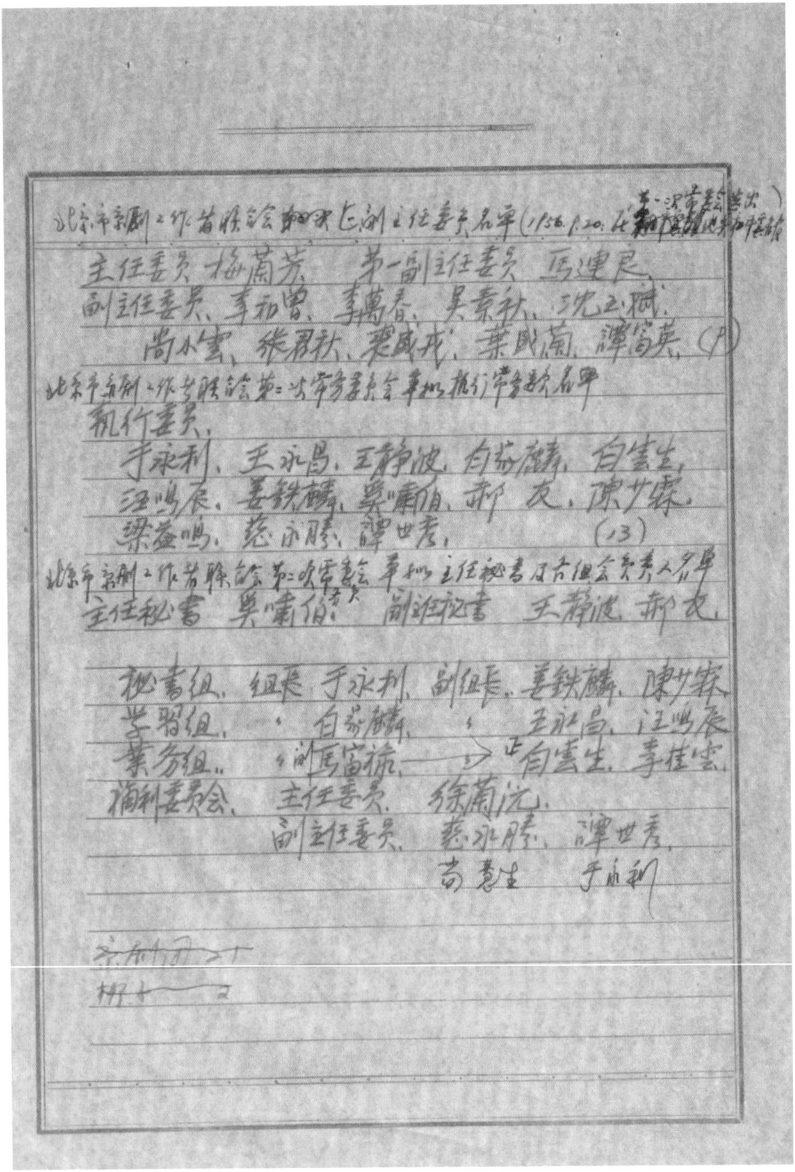

北京市京剧工作者联合会第二次正副主任委员名单（1956.1.20. 在第一次常委会选出）

主任委员 梅兰芳 第一副主任委员 马连良

副主任委员、李和曾、李万春、吴素秋、沈玉斌、

尚小云、张君秋、裘盛戎、叶盛兰、谭富英、（11）

北京市京剧工作者联合会第二次常务委员会第一批执行常务委员名单

执行委员、

于永利、王永昌、王静波、白家麟、白云生、

汪鸣辰、姜铁麟、吴啸伯、郝友、陈少霖、

梁益鸣、慈永胜、谭世秀、（13）

北京市京剧工作者联合会第二次常委会第一批主任秘书及各组负责人名单

主任秘书 吴啸伯 副主任秘书 王静波、郝友、

秘书组、组长 于永利、副组长、姜铁麟、陈少霖

学习组、 白家麟、 王永昌、汪鸣辰

业务组、 副 马富禄 → 正 白云生、李桂云、

福利委员会、主任委员 徐兰沅、

副主任委员、慈永胜、谭世秀、

荀慧生 于永利

京剧研二十

册十一 二

梅兰芳获选北京市京剧工作者联合会主任原始材料

1956年9月，北京京剧工作者联合会第二次常务委员会会议上，梅兰芳以全票通过当选为主任委员。此时，梅兰芳正在上海，未能出席会议，由此可见梅先生在业界的威望是毋庸置疑的。

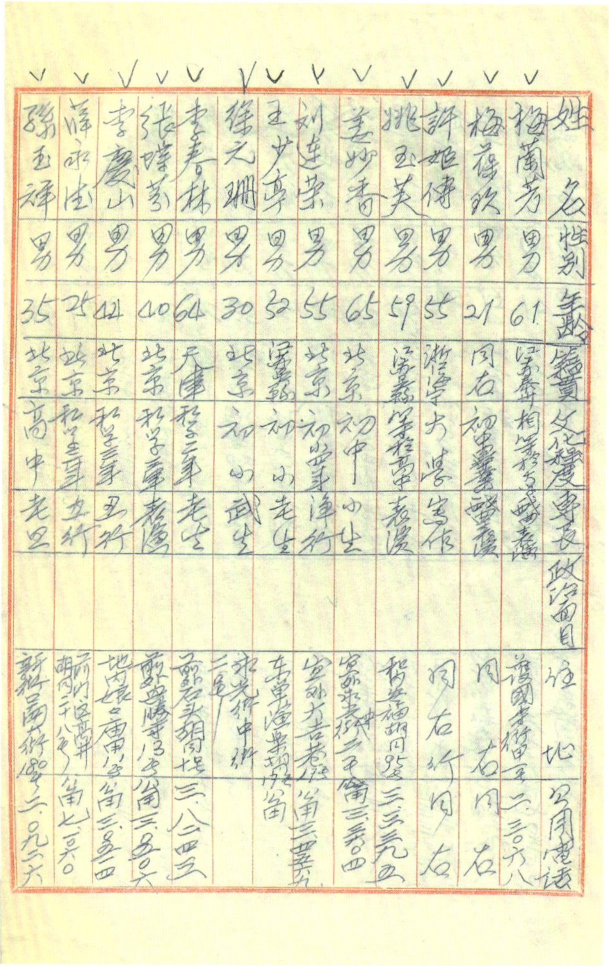

姓名	性别	年龄	籍贯	文化程度	专长	政治面目	住址	公用电话
梅兰芳	男	61	江苏泰州	相等于私塾	[illegible]		护国寺街甲一号	二.三〇六八
梅葆玖	男	21	同右	初中毕业	[illegible]		同右	同右
许姬传	男	55	浙江海宁	大学	写作		同右	同右
姚玉芙	男	59	江苏苏州	私塾高等	表演		[illegible]胡同95号	三.三三九五
姜妙香	男	65	北京	初中	小生		[illegible]	三.三六〇四
刘连荣	男	55	北京	初小毕业	净行		宣外大吉巷[illegible]	[illegible]
王少亭	男	52	[illegible]	初小	老生		东单[illegible]胡同[illegible]	
徐元珊	男	30	北京	初小	武生		[illegible]	
李春林	男	64	天津	私学二年	老生		[illegible]胡同[illegible]	三.八〇四三
张蝶芬	男	40	北京	私学二年	表演		[illegible]13号	三.五五〇六
李庆山	男	44	北京	私学三年	丑行		[illegible]	三.五五一四
萨雨生	男	25	北京	私学三年	丑行		[illegible]	七.[illegible]
孙玉祥	男	35	北京	高中	老旦		[illegible]180号	[illegible]

1956年梅兰芳剧团团员名册首页

梅兰芳《穆桂英挂帅》剧照

1961年，梅先生以一出新编《穆桂英挂帅》，告别了他心爱的观众和北京。此后长眠在海淀香山的万花山下。

2022年1月1日上午修订

2025年1月27日下午3时修订

焦菊隐：北京人民艺术剧院的功勋

1949年7月，焦菊隐参加了中华全国文学艺术工作者代表大会，并参加中华全国戏曲改进会筹备委员会，任研究部成员。1950年5月，北京市文学艺术工作者代表大会召开，焦菊隐是大会主席团成员。北京市文学艺术工作者联合会成立，他是理事。不久，受北京市人民艺术剧院的邀请，焦菊隐接受了导演老舍新作《龙须沟》的任务。那时，他在北京师范大学任文学院院长兼西语系主任。《龙须沟》演出结束后，他离开了北京师范大学，调到北京人民艺术剧院任副院长。

从1951年调到北京人民艺术剧院到1966年，前后十多年间，他指导或亲自排演了20多出中外古今话剧，为我国戏剧事业的发展，献出了他的全部心血，做出了卓越的贡献。

一

焦菊隐原名焦承志。1905年，焦菊隐出生在天津的一个大杂院里。童年时期家境贫寒，生活艰苦，磨炼了焦菊隐的意志，他自尊、倔强，养成了严谨、认真、细致的作风，同时也形成了执拗而自信的性格。

焦菊隐在天津读小学和中学时，正值五四运动前后，那时天津南开大学经常演出反帝、反封建的爱国主义新剧，影响到焦菊隐的学校，他们也组织剧社，自编自演了一些新剧目，参加剧社的都有一个艺名，派给他的艺名是“菊影”。后来，他觉得这两个字俗气，就改为“菊隐”。这个名字一直沿用下来。

1924年，焦菊隐由天津汇文中学保送北京的燕京大学。在燕京大学，焦菊隐逐步走上了进步道路。他学的是政治系国际问题专业，但却迷恋文学，发表了不少散文诗，翻译了莫里哀、哥尔多尼等人的数十个剧本。1928年，即将毕业时，焦菊隐和几个同学组织演出了一次熊佛西的多幕剧《蟋蟀》。这出戏讽刺了争权夺利的军阀混战，触怒了北洋军阀张作霖，他和熊佛西遭到通缉，东躲西藏，最后藏到一个外国教授家里。几个月后，这场风波才告平息。毕业后，焦菊隐任北平第二中学校长，兼北平研究院出版部秘书。1930年，焦菊隐参与筹办北平中华戏曲专科学校，任校长。当年学校培养出的德、和、金、玉四班学生，后来大都成为京剧舞台上的优秀演员。

1935年，焦菊隐离开北平，赴法国巴黎大学读研究生。1938年1月，焦菊隐用法文写出了博士论文《今日中国之戏剧》，还有两篇论文《唐、宋、金的大曲》和《亨利·贝克戏剧中的社会问题》。这几篇论文内容丰富，论点明晰，得到教授们的高度评价，他以优异的成绩获得巴黎大学的博士学位。

1938年，正是日本帝国主义者发动侵华战争，中国人民遭受空前苦难的时候，焦菊隐在巴黎大学的指导教授非常赞赏他的艺术才能，让他留下来，在巴黎大学任教，并准备介绍他每年到瑞士去讲学两次，他拒绝了。他对指导教授说：“我的祖国正在苦难之中，我要把所学到的东西贡献给我亲爱的祖国。”他感谢并辞别了自己的老师，回到了抗战中的祖国大后方——桂林。

此后十年，焦菊隐遭遇了失业、迫害、颠沛流离、穷困潦倒，他看清楚了国民党的反动与腐败，接触了很多进步文化人和进步思想，他的政治态度变得鲜明了，在《新华日报》《大公报》和月刊《诗》上，发表了许多辛辣地揭露与谴责国民党反动统治的文章，以及对被剥削、被奴役的人们寄予深切同情的诗。这一时期，他曾在广西大学任教，之后，又去四川江安国立戏剧专科学校任教。因不满导演无权分配角色，也不能对舞台美术提出自己的设想，他愤然辞职离开江安。1946年底，他随国立西北师范学院回到北平，不久与中共地下党领导的抗敌演剧二队合作，导演了柯灵和师陀根据高尔基同名剧本改编的《夜店》。《夜店》的演出获得了成功，他卓越的导演艺术才能开始引起人们的赞誉。

这一时期，焦菊隐与田冲、夏淳、胡宗温、蓝天野、苏民、于是之等合作，为新中国成立后在北京人民艺术剧院开展工作以及增进与合作伙伴在艺术见解上的了解与信任打下了一定基础。

焦菊隐和千千万万个知识分子一样怀着异常兴奋的心情迎接新中国的到来。1948年冬，进入解放区石家庄。1949年7月，他来到北平参加第一次全国文代会。会后，他熟读了《在延安文艺座谈会上的讲话》，还把解放区的文艺作品都看了一遍，第二次读完了《资本论》，并看了一些马列主义的文艺理论书籍。

二

新中国成立初期，焦菊隐在北京师范大学任文学院院长兼西语系主任，不久，在北京人民艺术剧院的邀请下，接受了导演老舍新作《龙须沟》的任务。

完成于1950年的三幕话剧《龙须沟》，是老舍的代表作之一。这部剧作脱离了传统剧本的布局，格调简朴清新，语言洗练，人物生动。这部戏，对导演的要求很高，需要导演以新颖的艺术构思进行二度创作。为了排好这部戏，焦菊隐仔细研究了剧本，制订了一个详尽的导演计划。当时，北京人民艺术剧院只有三十几个话剧演员，且大都是舞台经验不多、缺乏生活经验的年轻人，即或有经验的老演员，表演方法也极不统一。为此，在排演之前，焦菊隐组织演员根据剧本的要求，到北京南城的龙须沟体验生活。在体验生活的基础上，焦菊隐还启发每个演员的创造性，根据自己饰演的角色，突出人物的个性特点，引导他们逐步进入规定情境，将角色演"活"。焦菊隐不仅强调演员的创造性，还特别重视艺术创造的整体性。对于布景、灯光、道具、服装、化装，以至剧务，都明确了高标准。对于现实生活中龙须沟的街头叫卖、小铁工厂的打铁声音、风雨雷电等细节，都仔细琢磨，努力还原，以给予观众强烈的感染。

焦菊隐高超的导演艺术造就了一批话剧人才。当年的年轻演员叶子、郑榕、于是之等，几十年后都成为著名话剧表演艺术家。他们都对焦菊隐导演怀有感激之情，说是当年《龙须沟》的排演，发掘出了他们的艺术才华，为他们后来在表演艺术上取得成就打下了扎实的基础。

1951年2月，焦菊隐导演的《龙须沟》，由北京人民艺术剧院首演。

该剧描写了北京一个小杂院四户人家在社会变革中的不同遭遇，表现了新旧时代两重天的巨大变化；以主人公程疯子在旧社会由艺人变成“疯子”，解放后又从“疯子”变为艺人的故事，反映了中国人民解放前后的不同命运以及他们对党、对政府的热爱和拥护。

《龙须沟》上演后，获得巨大成功。戏中不仅塑造了程疯子（于是之饰）、丁四嫂（杨宝琮饰）、赵大爷（郑榕饰）、程娘子（韩冰饰）、王大妈（黎颖饰）等主要角色，而且创造了一批鲜明的群众角色。那些没什么台词的煤铺伙计、理发师傅、修自行车的、扛大个儿的、木匠、磨刀的……各有特色。从他们的穿着打扮、一招一式，观众就能识别出他们的职业和性格特征。经过焦菊隐导演的精细安排，这部戏犹如一幅动人的色彩浓郁的北京生活风俗画，展现给观众。

《龙须沟》的演出成功，不仅奠定了北京人民艺术剧院现实主义艺术风格的基础，同时，也给老舍的剧本增添了光彩与生命力。1951年，在《龙须沟》成功上演之后，老舍因创作优秀话剧《龙须沟》而被授予“人民艺术家”的称号。

话剧《龙须沟》在北京成功上演后，许多地方的剧院、剧社都提出演出要求。上海艺文演剧社特致信焦菊隐先生，拟排练后在上海公演。为了稳妥起见，焦菊隐致信时任上海市委常委、上海市委宣传部部长、上海市文化局局长并兼任上海人民艺术剧院院长的夏衍，询问意见。

夏衍同志兄：

久未通信，至为想念。上海艺文演剧社（虬江路807弄60号 代表人朱慕艺）两次来信，征求同意上演弟所改编之《龙须沟》。弟已基本上同意。惟附有条件，即：必须经文化局派人前去看彩排，如认为可以通过，即行上演，如有歪曲政策主题之处，文化局可以指示修改或不准公演。对该社全无了解，可否请派人前去看看戏排得如何？此不但对老舍先生负责，且对于演出在观众间的影响，亦应负责，不可不审慎也。所请是否有当，请裁夺。又北京人艺改组，家宝为院长，弟与山尊仍为副院长，附陈。匆匆即颂

敬礼！

弟 焦菊隐上 六月二十二日

复信寄史家胡同五十六号院部

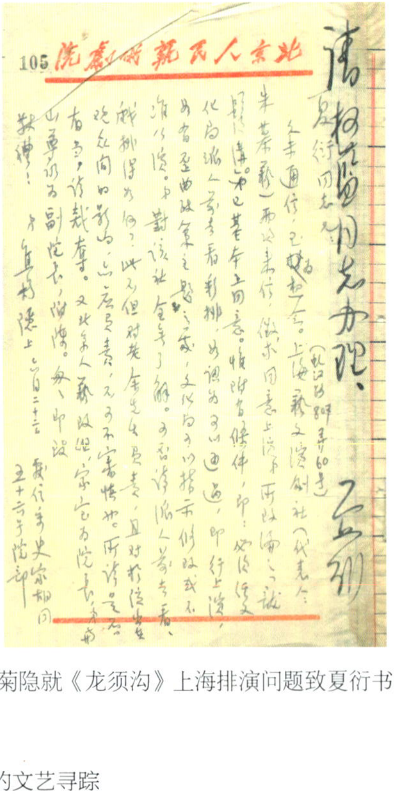
105 北京人民艺术剧院

焦菊隐就《龙须沟》上海排演问题致夏衍书札

焦菊隐和夏衍是老朋友。1947年底，焦菊隐创办了北平艺术馆，导演了夏衍的话剧《上海屋檐下》，得到了夏衍的肯定。此次，夏衍接到焦菊隐的致函，自然很重视，当即批示：请柯蓝同志办理。

柯蓝，原名唐一正，湖南长沙人。1944年发表《洋铁桶的故事》，这是以章回体形式反映人民抗日斗争的中篇小说，次年他又写了反映边区大生产运动的小说《红旗呼啦啦飘》。全国解放后，任上海《劳动报》副社长兼总编辑、市文联党组副书记等多种领导职务。

几天后，柯蓝调查后致函夏衍：

> 转来关于上演《龙须沟》的问题，经了解，根据公安局虹口分局材料，这个演出团体的负责人有政治问题，公安局两次

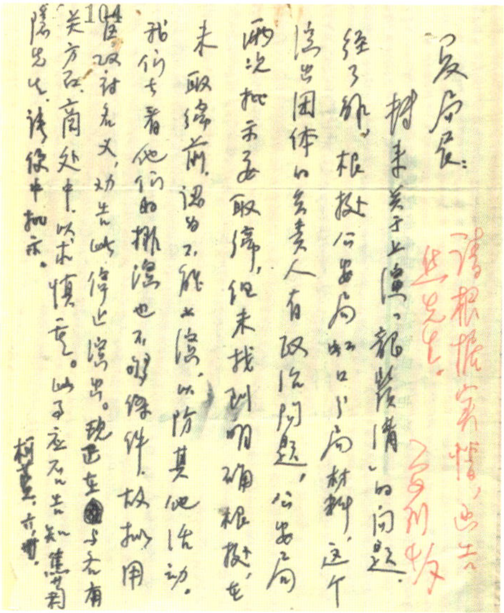
104

夏局长：

转来关于上演《龙须沟》的问题，经了解，根据公安局虹口分局材料，这个演出团体的负责人有政治问题，公安局两次批示要取缔，但未找到明确根据，在未取缔前，認为不能上演，以防其他活动。我们本着他们的排演也不够条件，故拟用区级[illegible]，劝告他停止演出。现正在[illegible]有关方面商处中，以求慎重。此事应否告知焦菊隐先生，请你即批示。

柯蓝 六日

请根据实情，函告焦先生。夏衍

柯蓝关于上海艺文演剧社申请排演《龙须沟》的调查意见

批示要取缔，但未找到明确根据，在未取缔前，认为不能上演，以防其他活动。

我们去看过他们的排演也不够条件，故拟用区政府名义，劝告此停止演出。现正在与各有关方面商处中，以求慎重。此事应否告知焦菊隐先生，请便中批示。

柯蓝

六·卅

夏衍批示："请根据实情，函告焦先生。"有了夏衍的批示，上海艺文演剧社自然打消了排演《龙须沟》的念头。后来，因为成功导演了《龙须沟》，焦菊隐离开了北京师范大学，调到北京人民艺术剧院任副院长。

三

1952年6月，北京人民艺术剧院话剧团与中央戏剧学院话剧团合并，成为一个独立建制的专业话剧院，仍沿用原有的名称——北京人民艺术剧院。由曹禺任院长，焦菊隐任第一副院长兼总导演和艺术委员会主任。

从1951年到1966年，焦菊隐指导或排演了二十几部中外话剧。主要有老舍的《龙须沟》《茶馆》；郭沫若的《虎符》《蔡文姬》《武则天》；田汉的《关汉卿》；夏衍的《考验》；丁西林的《三块钱国币》；曹禺的《明朗的天》《胆剑篇》等。

同许多文化人一样，焦菊隐也喜欢收藏古董，在现存的焦菊隐1957年家庭收支流水日记中，有多项购置古董文玩的记录。

红木绣墩（1957年5月31日）

宋龙泉小圆洗子一个（1957年10月12日）

雍正仿粉定尊一个（1957年10月12日）

红木椅子一对（1957年10月13日）

小砚台一方（1957年10月13日）

宋影青刻花洗子一个，又一对清彩佛茶盅一个（1957年10月23日）

宋龙泉洗子一个（1957年10月23日）

端砚一方（1957年10月29日）

歙石（金光）砚一方（1957年11月1日）

千秋光墨一块（1957年11月1日）

雍正仿钧樽一个（1957年11月5日）

端砚一方（1957年11月5日）

宋龙泉窑碗（大官）一个；宋影青寿花口碗一个；耀州窑小碗一个（1957年11月29日）

宋邓窑小碟（油青）一个；宋瓷小碗一个；宋瓷盘子一个（1957年11月29日）

砚台（明制、紫檀盒）一方；澄泥砚一方；长方砚台一方（1957年11月29日）

长方歙砚一方（1957年11月29日）

竹笔筒一个（1957年12月18日）

其他年份的日记，没有见到，估计亦应有这方面的开支。从记录的语言看，关于古玩的术语很正确，由此看出，焦菊隐是个很懂行的玩家。

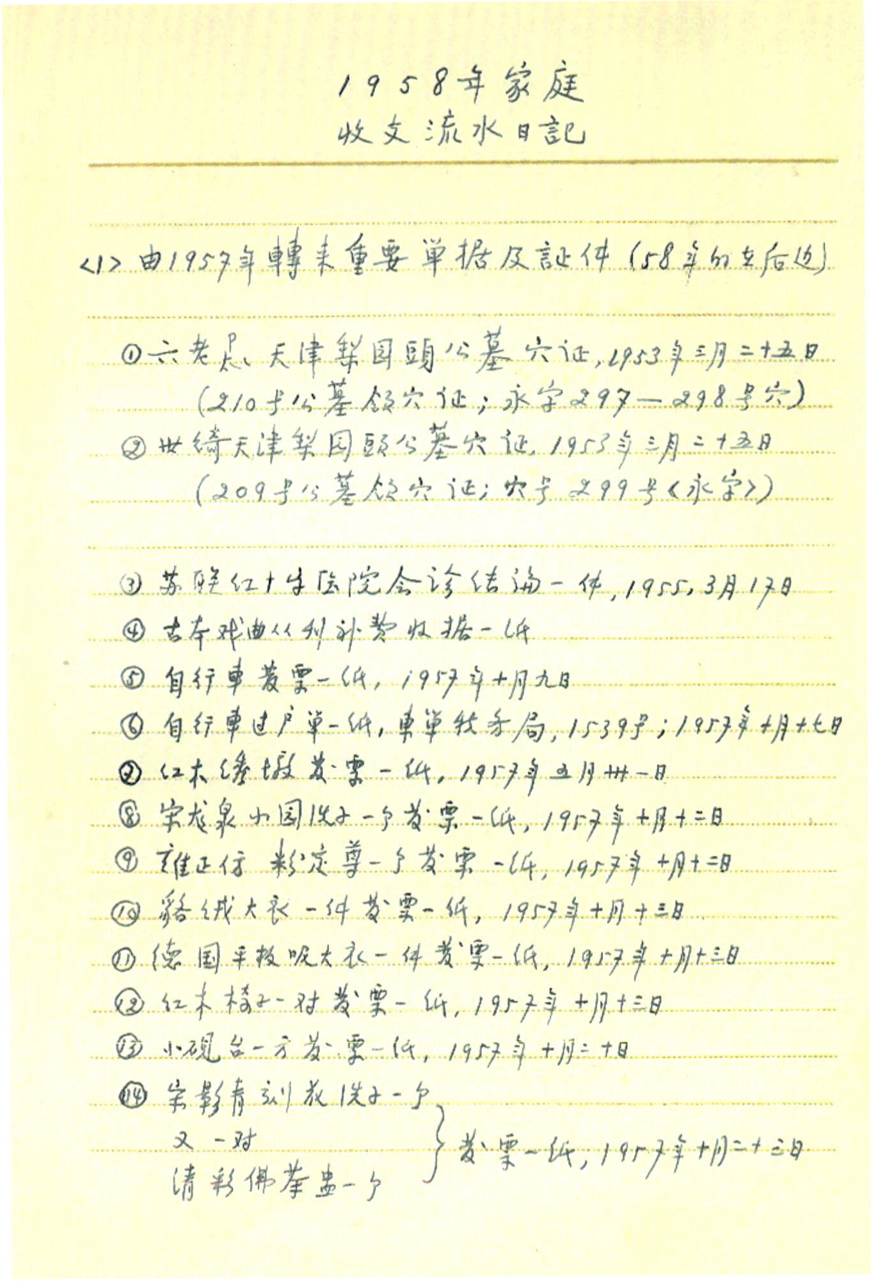
1958年家庭
收支流水日記

<1> 由1957年轉来重要单据及証件（58年分至后边）

① 六老总天津梨园头公墓穴证，1953年三月二十五日
（210号公墓领穴证；永字297—298号穴）
② 世绮天津梨园头公墓穴证，1953年三月二十五日
（209号公墓领穴证；穴字299号〈永字〉）

③ 苏联红十字医院会诊结论一件，1955，3月17日
④ 古本戏曲丛刊补款收据一件
⑤ 自行车发票一张，1957年十月九日
⑥ 自行车过户单一张，东单税务局，1539号；1957年十月十七日
⑦ 红木绣墩发票一张，1957年五月卅一日
⑧ 宋龙泉小罐子一个发票一张，1957年十月十二日
⑨ 雍正仿彩定尊一个发票一张，1957年十月十二日
⑩ 骆绒大衣一件发票一张，1957年十月十三日
⑪ 德国平板呢大衣一件发票一张，1957年十月十三日
⑫ 红木椅子一对发票一张，1957年十月十三日
⑬ 小砚台一方发票一张，1957年十月二十日
⑭ 宋影青刻花罐子一个
又一对
清彩佛拳盅一个
} 发票一张，1957年十月二十三日

焦菊隐1958年家庭收支流水日记

⑮ 宋龙泉洗子一个 发票一纸，1957年十月二十三日

⑯ 端砚一方 发票一纸，1957年十月二十九日

⑰ 歙石(金光)砚一方 发票一纸，1957年十一月一日

⑱ 千秋光墨一块 发票一纸，1957年十一月一日

⑲ 雍正仿均罇一个 发票一纸，1957年十一月五日

⑳ 端砚一方 发票一纸，1957年十一月五日

㉑ 宋龙泉窑碗(大官)一个
宋影青花口碗一个
耀州窑小碗一个
} 发票一纸，1957年十一月二十九日

㉒ 宋邓窑小碟(油青)一个
宋磁小碗一个
宋磁盘一个
} 发票一纸，1957年十一月二十九日

㉓ 砚台(明制，紫檀盒)一方
澄泥砚一方
长方砚一方
} 发票一纸，1957年十一月二十九日

㉔ 长方歙石砚一方 发票一纸，1957年十一月二十九日

㉕ 竹笔筒一个 发票一纸，1957年十二月十八日

从保存下的工资条和讲课费、稿费等资料看，那时候，焦先生的每月平均收入可观。

焦菊隐朋友很多。据其保存的友朋通信录，老舍、曹靖华、曹禺、阿英、丘琴、洪深、欧阳予倩、钱昌照、孙维世、芳信、葛一虹等，都和他有过密切的交往。

正当焦菊隐向更高的艺术境界探索的时候，一场突如其来的浩劫中断了他的艺术追求和艺术生涯。不久，他的妻子离开了他，许多昔日的好友离世。

焦菊隐始终相信党和组织，对于证明材料，他总是实事求是，有一说一，从不隐瞒事实，更不会编造事实，诬陷他人。

这一点，从1968年12月12日焦菊隐亲笔书写的一份《关于郑揆一》的证明材料中，即可印证。

我这几天又在努力回忆，在我在“燕大”上学的同学中，有两个姓郑的。都是我的低班同学，在校时，我都不认识。但是，这两个人好像都没有到外国去过。为了尽量把问题查清，我先把这两个人的情况交代出来。

一个姓郑的同学，在解放前曾任教会所办的慕贞女子中学的校长。他的名字，我已忘记。努力回忆，也未想起。我只和他见过一二面。没有来往。现在何处，也不知。但此人肯定没有到过外国。

另一个姓郑的，名字我也记不清了，但肯定不叫郑揆一。也说不准他去过法国没有。只知他是经济系学生。1939年左右，我在桂林时，知他在伪中央研究院经济研究所工作。后来，知他是林婧（原在人艺）的爱人。但我未见过，不知郑揆一是否即此人。

我在法国时（1935—1938）没有认识郑揆一这个人。或者如果我见过，那也一定是偶然遇到，随即忘记了。故我再三回忆，也未想起。因当时，从1935年到1937年初，我常住比国，每月去法国见教授，见完即回比国。1937年，又忙论文，虽住法国，但大部分时间在乡下住。如能再给我一些不妨事的线索，我必再回忆，尽力将所知的一切交代出来。

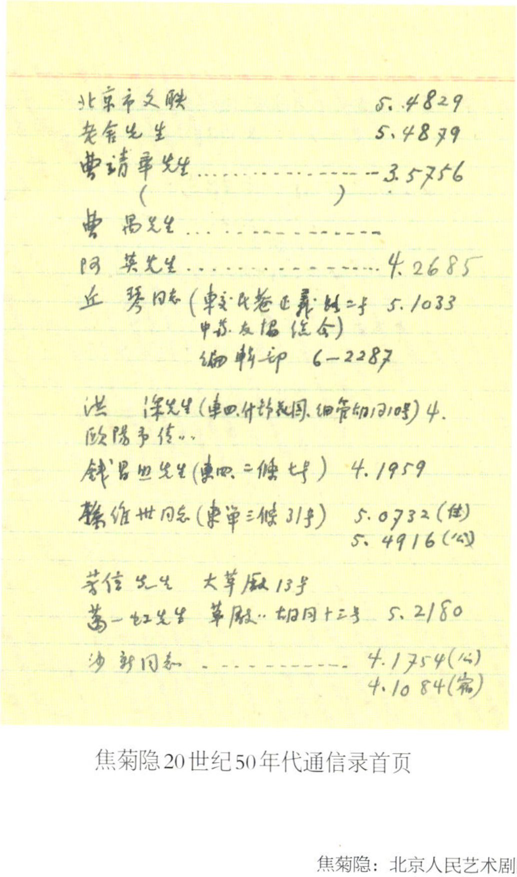
北京市文联 5.4829
老舍先生 5.4879
曹靖华先生 3.5756
曹禺先生 ....
阿英先生 4.2685
戈宝权同志（东交民巷正义路二号 中苏友好协会） 5.1033
编辑部 6-2287
洪深先生（东四什锦花园细管胡同10号） 4.
欧阳予倩
钱昌照先生（东四二条七号） 4.1959
蔡维世同志（东单三条31号） 5.0732（住） 5.4916（公）
芳信先生 大草厂13号
萧一虹先生 草厂胡同十二号 5.2180
沙新同志 .... 4.1754（公） 4.1084（宿）

焦菊隐20世纪50年代通信录首页

在这份证明材料的结尾，焦菊隐特别写了“如实”二字，足见他的负责精神和人品。在那段特殊时期，许多人为了保护自己而出卖家人、朋友，而焦菊隐能够坚持自己的人格，是不容易的。

1974年夏天，焦菊隐积郁成疾，确诊为癌症。1975年2月28日，这位杰出的戏剧家、优秀导演、中国话剧民族化的重要设计师，离开了人世。

2022年1月2日下午4时初稿

2025年1月27日下午4时修订

曹宝禄：北京曲艺界的领军人物

曹宝禄是著名曲艺活动家。1937年，曾与鼓界大王刘宝全同台演出。因其艺术造诣高、名望大，1946年北平市成立曲艺公会，被广大同行推举为公会理事长。1950年5月，作为北京市曲艺公会负责人出席北京市文学艺术工作者第一次代表大会，并在会上作报告。1956年，北京市曲艺公会更名为北京市曲艺杂技工作者联合会，他担任主任委员。

一

曹宝禄，原名曹启明，原籍河北省通县燕郊镇东赵村（现属河北三河市）。他读过五年私塾，高小学历，民国时期在曲艺界算是文化水平较高的人了。

1910年11月3日，曹宝禄出生于北京朝阳门里南小街大雅宝胡同的一个贫民家庭，高小毕业后，在北京山涧口十五间房学艺，拜弦师尚福春为师，学唱梅花大鼓和京韵大鼓。13岁出师后，他曾在北京各坤书馆及八大胡同的妓院当伙计，还在天桥畅宜园等茶馆卖艺。22岁时，经著名京韵大鼓艺人白云鹏介绍，拜金晓珊为师，学唱单弦牌子曲和联珠快书。曹宝禄真正在京城曲艺界立住脚，出了名，还得益于他的恩师，有“鼓界大王”之誉的刘宝全先生。

刘宝全先生出生于1869年，去世于1942年。他是京韵大鼓表演艺术家，“刘派”京韵大鼓创始人，一代宗师。清末曾与“伶界大王”谭鑫培并驾齐驱，被誉为“鼓界大王”，享誉半个世纪。刘宝全生前曾灌制了23段京韵大鼓曲目的唱段（其中《大西厢》是全段）。笔者家藏一册1925年“高亭”唱片全册，收有刘宝全的《乌龙院》头段、二段;《百山图》头段、二段;《二本宁武关》头段、二段;《长沙对刀》头段、二段;《华容道》头段、二段;《赵云截江》头段、二段;《闹江州》头段、二段;《单刀会》共四段;《群英会》头段、二段;《活捉三郎》头段、二段;《白帝城》头段、二段。

曹宝禄结识刘宝全先生很晚，是在1937年的夏天。本来曹宝禄的功底就很扎实，再经师傅的点拨，技艺飞速提高。这一年正值卢沟桥事变爆发，刘宝全到前线慰问，为29军抗日将士演出，曹宝禄亦随师前往。

自此，曹宝禄的影响逐渐扩大，“民生”“华声”“国华”等北平电台相继请他演唱。华声电台是一家私营商业电台，建于民国三十六年（1947），创建人不详，台长姓张，台址在东四南椿树胡同路北（今柏树胡同）。每日早8点至晚12点播送节目，其中有大量曲艺节目及商业广告，多由广告社邀请艺人或由艺人包钟点直播演唱。鼓曲、相声一般40分钟一节，评书80分钟一节，每节在说唱之间穿插40家商业广告，由演员自报，或由伴奏的弦师、艺徒来报。经常在此电台播放的节目有：李兰舫、孙书筠的京韵大鼓，曹宝禄的单弦牌子曲，高德明、绪德贵、马三立、张庆森的相声，宋大红的梅花大鼓、时调小曲，连阔如、赵英颇的评书等。1951年该电台被人民政府接收，一度改为中央人民广播电台文艺台。那时曹宝禄在电台录制的曲目有《风波亭》《续黄粱》《白猿偷桃》《穷逛万寿寺》《翠屏山》《武十回》《五圣朝天》等，而最拿手唱段《五圣朝天》，脍炙人口。所谓“五圣”，是指龙王爷、门神爷、灶王爷、土地爷和兔儿爷。故事描述五圣适应不了人间社会的种种变革，纷纷上天朝拜玉皇大帝，诉说其在尘俗被亵渎之苦，语多诙谐，有反对封建迷信及歌颂社会发展的先进思想。他的代表曲目还有联珠快书《蜈蚣岭》《碰碑》《闹天宫》，拆唱牌子戏《胡迪骂阎》《双锁山》等等。

1942年，刘宝全先生去世后，作为刘氏得意门生的曹宝禄，已然是曲艺界的领军人物。在鼓曲界，曹宝禄堪称全能。首先，他是单弦八角鼓表演的集大成者。他的单弦艺术特色是唱腔跌宕激越，行腔流畅，韵味隽永，悠扬动听。他吸收了荣（剑尘）、常（澍田）、谢（芮芝）等各家之长，形成了自己的艺术风格，世称“曹派”。他的传统曲目和拿手唱段，家喻户晓。其次，曹宝禄还擅长联珠快书、岔曲、腰截、群曲等，并精通梅花大鼓、京韵大鼓的众多曲目。因曹宝禄艺术造诣高、名望大，1946年，北平市成立曲艺公会，他被广大同行推举为公会理事长。

二

1949年春，北平解放后，曹宝禄继续担任北平市曲艺公会理事长。当时曲艺公会会员共计470余人，按照曲种，分为八个组，计有：单弦、鼓曲、相声、音乐、技术、评词、勤务、班社。经过文管会旧剧处的指导改进，曲艺公会逐步开展“新曲艺运动”的具体工作。同年7月，在北京举行中华全国文学艺术工作者代表大会期间，曹宝禄代表北平曲艺公会列席参加了全国文代会，得到冀鲁豫边区先进文艺工作者的启发和指导，得到了学习、改进的机会。会议期间，北平曲艺公会与冀鲁豫民间艺术研究会联合演出了曲艺节目。同年8月间，市文委旧剧科领导组织戏曲讲习班，曲艺界参加了289人，学习政治文化改造思想，至10月毕业，在学习期间把新曲艺推广到一部分游艺场所。在第一期戏曲讲习班毕业后，经过旧剧科指导协助，全体同学本着团结巩固工作的精神，组织了同学会。第二期讲习班举办，曲艺界又有200余人参加。同时，另一部分曲艺工作者参加了大众文艺创作研究会，一面学习，一面工作，努力完成推陈出新的任务。此时，北京市曲艺公会已推出150余个新的曲艺节目，并且改编9个旧曲词节目，到10月末，新曲艺演出范围逐渐普及到各个游艺场所。

1950年5月，北京市文学艺术工作者代表大会在京举行。曹宝禄以北京市曲艺公会理事长的身份出席会议。他和连阔如被推选为大会主席团成员；与连阔如、侯宝林同被选为北京市文联理事。作为北京市曲艺界的领军人物，曹宝禄以曲艺公会负责人的身份在大会上作了《曲艺公会一年来的工作概况》的报告。报告中，曹宝禄向与会的领导和代表汇报了曲艺公会一年来，配合政府号召开展政治宣传工作的情况：

一、由全国曲协领导组织了广播实验小组，每天在中央人民广播电台播音演出。

二、反窃电运动配合街头宣传演出。

三、防鼠疫宣传演出。

四、户口登记演出。

五、防火宣传演出。

六、劝购公债宣传演出。

七、卡介苗介绍宣传演出。

八、灭蝇运动宣传演出。

九、庆祝1950年元旦日街头演出。

十、配合入城纪念拍摄电影参加工作演出。

十一、庆祝中苏友好宣传演出。

十二、参加曲艺实验小组沿铁路线各站演出。

十三、展开配合文化馆教育宣传演出工作。

十四、庆祝斯大林七十寿辰宣传演出。

十五、庆祝中华人民共和国中央人民政府成立演出工作。

十六、庆祝春节街头演出。

表演与业务展览的演出工作：

一、全国文代会展览演出工作。

二、参加招待外宾欢送外宾的演出工作。

三、慰劳工作演出。

四、互相观摩学习演出。

五、参加各大学晚会演出。

六、中央广播电台录音演出。

七、马戏工作者在河北各地慰劳演出。

八、参加大众文艺创作研究会展览演出工作。

九、参加不同形式的晚会65次。

十、为了展开新曲艺演出工作，开辟新曲艺实验场所两处：前门箭楼大众游艺社；西单游艺社。

北京新曲藝的發祥地

大衆游藝社

荒江女俠（京戲）

棠棣之花（越劇）

报纸刊载大众游艺社资料

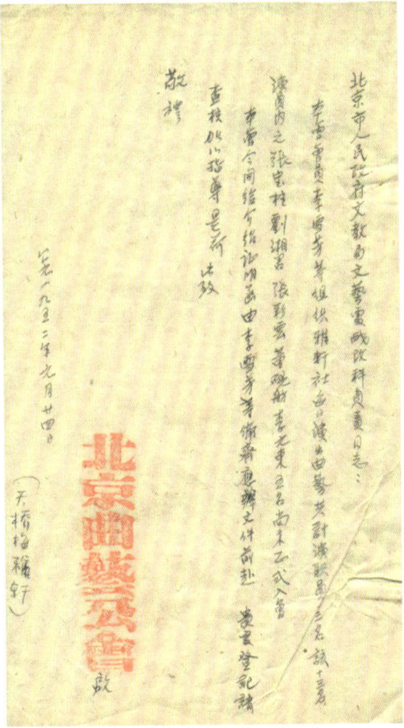

北京市人民政府文教局文藝處戲改科負責同志：

敬禮

一九五二年九月廿四日

北京曲藝公會

曲艺公会开具的介绍信

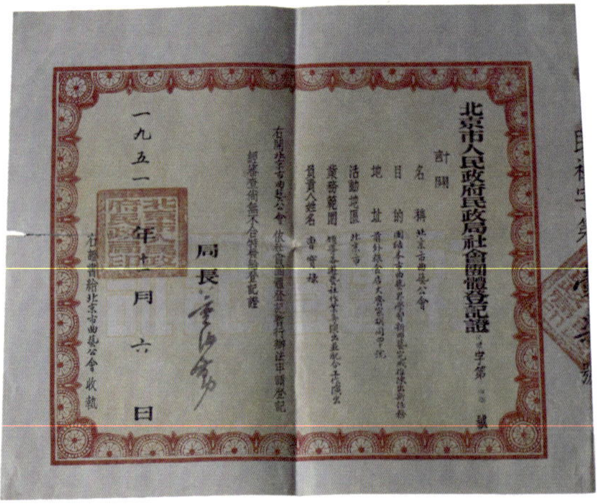

北京市人民政府民政局社會團體登記證　字第　號

計開

名稱　北京市曲藝公會

目的

地址

活動地區　北京市

業務範圍

負責人姓名

局長

一九五一年十[illegible]月六日

右給北京市曲藝公會收執

1951年北京市曲艺公会社团登记证

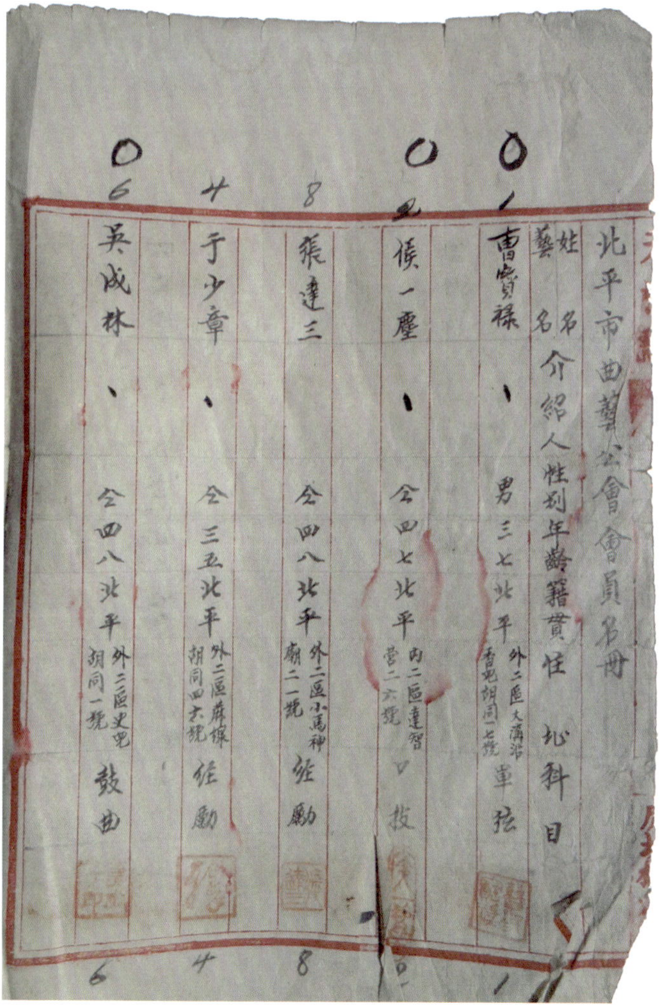

北平市曲藝公會會員名册

姓名	藝名	介紹人	性别	年齡	籍貫	住址	科目
曹寶禄		、	男	三七	北平	外二區大[illegible]香兒胡同一七號	車弦
侯一塵		、	仝	四七	北平	內二區達智營二六號	口技
張達三			仝	四八	北平	外二區小馬神廟二一號	經勵
于少章		、	仝	三五	北平	外二區麻線胡同四六號	經勵
吳成林		、	仝	四八	北平	外二區史兒胡同一號	鼓曲

1946年北平市成立曲艺公会时的会员名册首页

最后，曹宝禄还汇报了曲艺公会下一步的工作计划：打算到工厂作实际观摩演出并汇集材料创作新的曲词脚本。

三

1951年3月12日至5月底，以廖承志为总团长，陈沂、田汉为副总团长的中国人民赴朝慰问总团赴朝，北京文艺界有23人参加了“赴朝慰问团曲艺服务大队”，队长连阔如，副队长曹宝禄，演员有高元钧、侯宝林、郭启儒、常宝堃、魏喜奎、高凤山、孙砚琴、尹福来、顾荣甫等。1952年，曹宝禄还担任新组建的北京市曲艺团团长和前门小剧场经理，主持排演曲剧《柳树井》，培养了一批青年演员，奠定了北京曲剧的基础。

北京曲剧是新中国成立初期由曹宝禄、尹福来、魏喜奎、孙砚琴等老艺术家以曲艺拆唱八角鼓、彩唱莲花落为基础发展形成的剧种，是北京特有的地方戏。北京曲剧一经创作产生，就受到了群众的欢迎。1951年改今名。人民艺术家老舍特地编写了剧作《柳树井》，此外代表剧目还有《杨乃武与小白菜》《啼笑因缘》等。

北京曲剧以擅演“清装戏”和“现代戏”而著称，风格新颖，表演朴实，演唱清晰，生活气息浓郁。唱腔以单弦牌子曲为主，兼收北方鼓曲和民间说唱，因而韵味独具。老舍认为：“这是用北京土生土长的曲艺来演的戏，填补了北京地方戏的空白。”当时的北京市市长彭真也认为，应该给这个新剧种一个固定的演出场所，以利其发展。但因曲剧刚刚问世，不宜在大型剧场演出，政府便决定在大栅栏街西口广德楼旧址上修建一家仅容400名观众的小型戏院演出曲剧，戏院定名为“前门小剧场”，

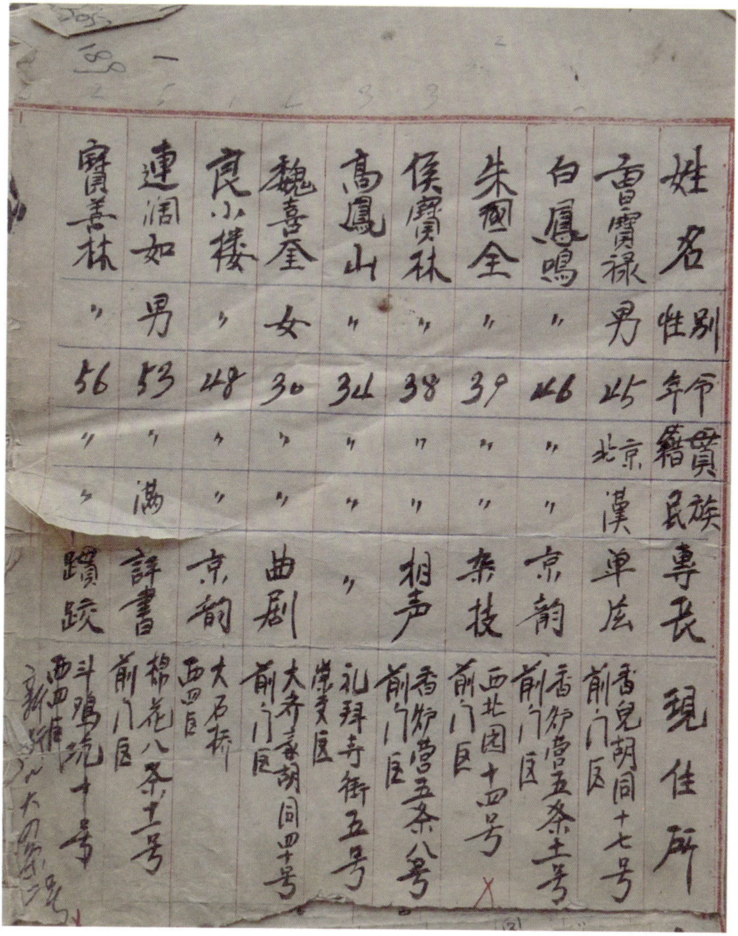

姓名	性别	年令	籍貫	民族	專長	現住所
曹寶禄	男	45	北京	漢	單弦	香兒胡同十七号 前门区
白鳳鳴	〃	46	〃	〃	京韵	香炉营五条十一号 前门区
朱國全	〃	39	〃	〃	杂技	西北园十四号 前门区
侯寶林	〃	38	〃	〃	相声	香炉营五条八号 前门区
高鳳山	〃	34	〃	〃	〃	礼拜寺街五号 崇文区
魏喜奎	女	30	〃	〃	曲剧	大齐家胡同四十号 前门区
良小楼	〃	48	〃	〃	京韵	大石桥 西四区
連濶如	男	53	〃	滿	評書	棉花八条十一号 前门区
寶善林	〃	56	〃	〃	[illegible]跤	斗鸡坑十号 西四区

1955年，北京市曲艺公会会员名录，
常委有曹宝禄、朱国全、白凤鸣、宝善林、侯宝林、良小楼、
连阔如、魏喜奎、高凤山等

1955年，剧场建成，经理由曹宝禄兼任。清末民初，广德楼曾是当时京城经营最火、人气最旺的戏园子。戏园舞台坐东朝西，宽深均为6米，高5米，十分气派。当时很多名角都到这里演出。京剧名家荀慧生就是在广德楼戏园成名的。1909年百代公司为杨小楼先生的《金钱豹》制作的黑白电影也是在这里拍摄的。20世纪40年代，一场大火将广德楼化为灰烬。前门小剧场建成后，因曲剧《杨乃武与小白菜》，以及接续排演的《啼笑因缘》在前门小剧场越演越火，小剧场的名气也越来越大。"文化大革命"后，前门小剧场改称北京曲艺厅。最近几年，广德楼重修，剧场内设有200多个茶座，已远无昔日的恢宏。

那个阶段，是曹宝禄艺术事业最为辉煌的时候，他在完成繁重的演出与整理传统曲目之余，还热衷于社会公益事业，担任北京曲艺杂技工作者联合会理事长，并曾任中国曲艺研究会理事。笔者家藏的资料中，有一份1956年11月5日北京京（剧）、评（剧）、曲（曲艺）联席会常务委员会紧急会议的记录，会议的内容是北京戏曲界抗议英法侵略埃及。会议地点就在曹宝禄任经理的前门小剧场，会议由曹宝禄先生主持。会议通过了向英法侵略埃及抗议书及向埃及人民慰问书。

四

就在曹宝禄充满了激情、快乐地工作着的时候，曲艺界的"鸣放"运动开始了。

作为北京曲艺杂技工作者联合会主委、全国曲艺研究会理事、北京市曲艺团团长和北京市人民代表的曹宝禄平时就以敢说、敢做、敢担当在曲艺界闻名，在此次的"鸣放"中，他动员、组织全团人员学习讨论，

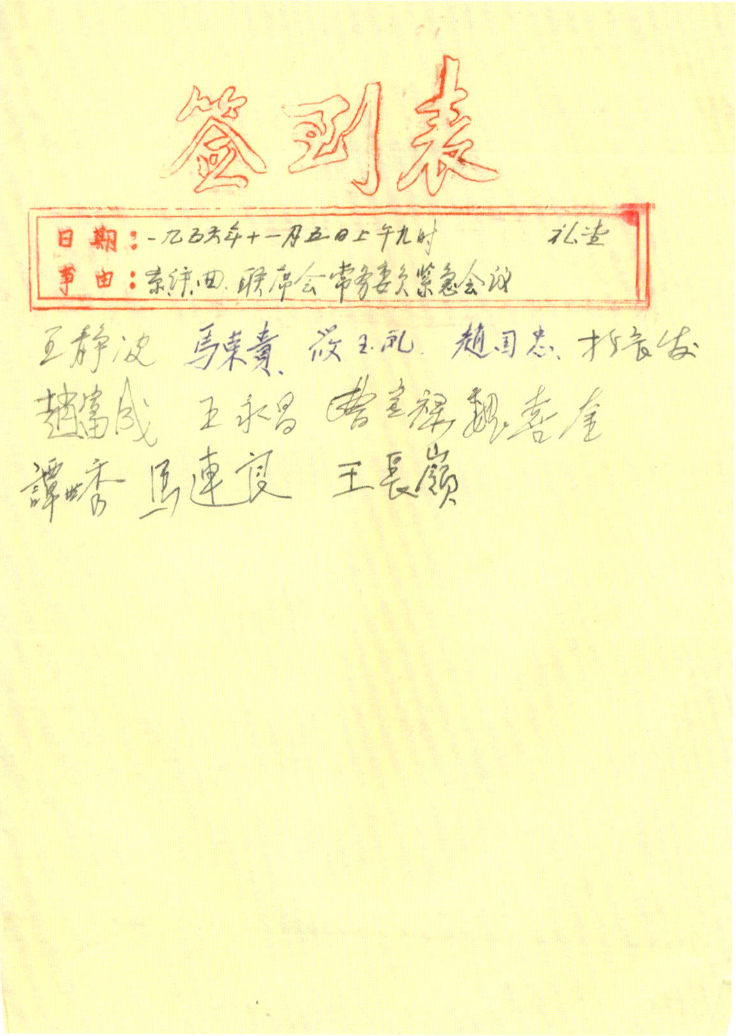

签到表

日期：一九五六年十一月五日上午九时　礼堂

事由：京评曲联席会常务委员紧急会议

王静波　马荣贵　赵国忠

赵富成　王永昌　曹宝禄　魏喜奎

谭世秀　马连良　王长岭

1956年11月5日，京（京剧）、评（评剧）、曲（曲艺）联席会签到表

对于近些年来曲艺界出现的不尽如人意的问题，一股脑“放”了出来。他确实感到很痛快，也期望通过这次的整风，改变曲艺界的乱象，结果导致被划为“右派”。

有资料记录，曹宝禄的最主要的“右派”言论是：不希望政府干预曲艺团的工作，他对文化局派去的不懂业务的党员干部“采取讽刺、挖苦和排挤的方法”。他对把文艺工作者分为四等，工资、待遇和社会地位问题等情况很不满意。此外，据说，曹宝禄在任北京曲艺团团长的时候，平时对待同人确有专横之处，爱损人，得罪了不少人。

自从被戴上“右派分子”的帽子，曹宝禄是“见人矮三分”，有的曲艺演员以前曾被他训讽过，现在和他打照面时，曹先生总是先笑脸相迎，然后说声对不起。大多数与曹宝禄共事过的艺人，了解他，知道他的脾气，还像往常一样来往。像连阔如先生还为他说话，因而受到牵连。几年后，曹宝禄“摘帽”，恢复演出后，与弦师韩德福合作，致力于改革梅花大鼓的曲调与表演，创立男女对唱新梅花调，与刘淑慧合作演出《韩湘子上寿》《玉玲珑》等，获得显著成就。

1966年，曹宝禄再次受到冲击，被送到南口农场和天堂河农场劳动改造。1978年后，曹先生重获政治生命，作为曲艺代表参加了第四次全国文艺工作者代表大会。他有了“枯木逢春”的感觉，虽然已是古稀老人，时常患病住院，但仍坚持与徒弟和票友切磋技艺，直到1988年离世。

2022年1月22日上午10时修订
2025年1月28日中午修订

梁益鸣：站在光荣的岗位上

梁益鸣，原习武生后改老生，常演“马派”剧目，有“天桥马连良”之称。从1940年7月起，他一直在天桥组班演戏。1949年秋，他参加了北京市戏曲讲习班，被评为优秀学员。1950年5月，他作为京剧界的代

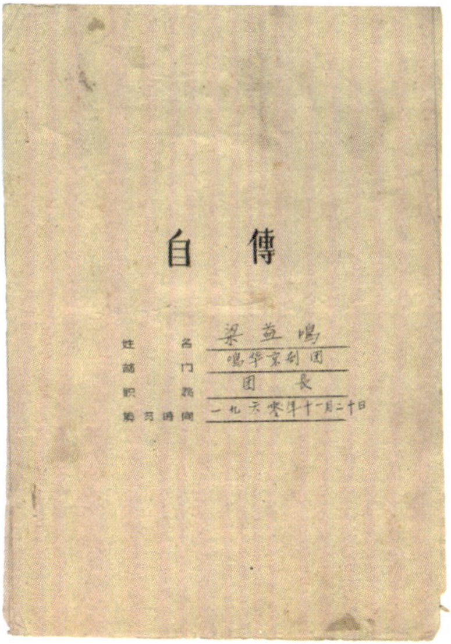
自傳

姓名	梁益鳴
部门	鳴华京剧团
职务	团長
写作时间	一九六零年十一月二十日

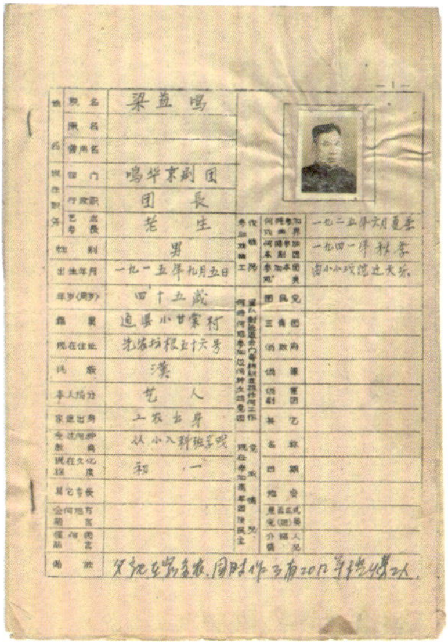
— 1 —

本名	梁益鳴
原名	
曾用名	
部门	鳴华京剧团
行政职	团長
艺业专长	老生
性别	男
出生年月	一九一五年九月五日
年岁(周岁)	四十五歲
籍贯	通县小甘棠村
民族	漢
本人成分	艺人
受过何种教育	从小入科班学戏
现在文化程度	初一
其它专长	
会何地方语言	
懂何外国语言	
何时参加本剧团	一九四一年秋季

1960年梁益鸣自传封面及首页

表，参加了北京市文学艺术工作者代表大会，并在大会上发言。1952年，组建“鸣华京剧团”（原“鸣华社”改名）。1959年，拜马连良为师。

一

1915年9月5日，梁益鸣出生于北京郊区通县小甘棠村一个贫苦的农民家庭。家中四口人，有两间土房和几亩地，过着糠菜半年粮的苦日子。他5岁那年京东大旱，庄稼颗粒无收。为了老婆孩子，父亲到开滦煤矿做煤矿工人。第二年，因矿井塌方，父亲右臂被砸断而丧失了劳动能力。他的母亲望着失去右臂的丈夫和年幼的一双儿女，只好到京城当保姆。

为了让孩子学些技术，养活自己，梁益鸣刚满8岁，母亲就把他送到在北京天桥“群益社”科班管事的姨父张起家。后来群益社科班收徒，于是张起为梁益鸣写了关书（入科时的文书），他从此踏上了京剧艺术之路。他本名叫梁大龙，进科班学戏，沿“益”字排行，改名叫梁益鸣，先学武生后学老生。

群益社共招收了50名学生，社里在天坛附近租了九间平房，师傅们住三间，其余六间则是孩子们吃饭、睡觉、练功、上课、排戏的场所。科班条件不好，早晚两顿窝头，白菜帮子汤。晚上孩子们挤在一张大炕上，睡觉时连翻身都困难。这还不算苦，最苦的是学戏时经常挨师傅棒打鞭抽。旧社会学戏，俗称“打戏”。学徒记不住词儿，唱跑了调，动作不准确，都要挨揍。有一次，梁益鸣跟师傅学《四郎探母》中杨延辉的四句“流水板”：“把头的儿郎要令箭，翻身下了马雕鞍。背后取出金钍箭，把关的儿郎你们仔细观。”这四句唱难度并不大，但梁益鸣学了多遍仍然走调，师傅见此情形，抡开双臂，左右开弓，扇了他的耳光。11岁的梁益鸣顿时口吐鲜血，还不敢哭出声来。打完后师傅让他在院里“站桩”，大冬天他冻得手脚麻木，嘴唇发青，一动也不敢动。这种办法在科班里是常事儿。群益社还有个制度叫“打通堂”。一个孩子学戏不用心或是做错了事，大家都得跟着挨打。为了《四郎探母》四句唱词，全班跟着梁益鸣挨了两次通堂，他自己则被打得晕过去两次。

梁益鸣虽天赋不佳，缺乏灵气，但韧性强，有股傻气。这韧性和傻气又恰是一般天赋优越、资质卓异的孩子所不具备的。年复一年，月复一月，孜孜不倦，水滴石穿，几年后，他成了戏班的“台柱子”。出科后曾到天津、河北、上海等地跑码头演出。

1937年“七七”事变后，梁益鸣回到北京，与武生演员张宝华（梁益鸣姨父张起的儿子）组成“民乐社”（1942年改名“鸣华社”），后长

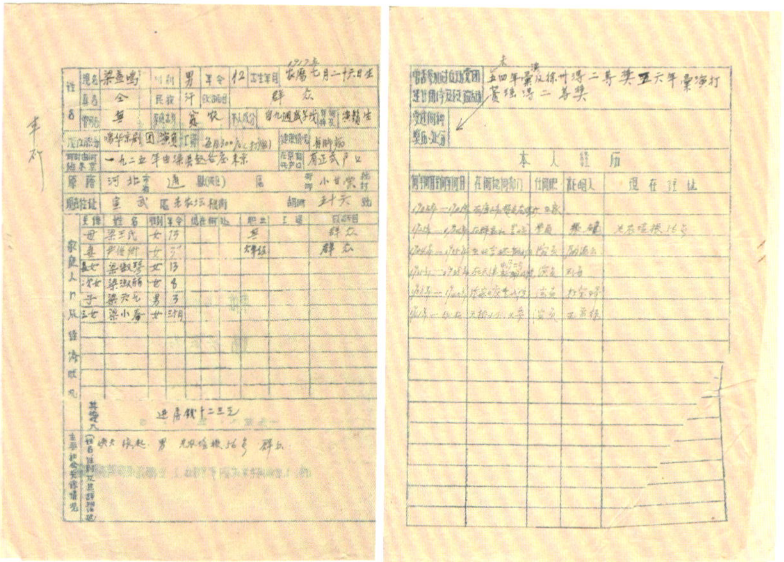

梁益鸣自书简历

期在天桥天乐剧场演出。他对艺术很有悟性，非常认真，善于调整自己，开始上演余派戏《珠帘寨》《洪羊洞》，谭派戏《失街亭》《空城计》《斩马谡》等。

二

1938年，梁益鸣在新新戏院（西长安街首都电影院）看了一次马连良、郝寿臣、张君秋、马富禄、叶盛兰等合作演出的京剧《串龙珠》(原名《反徐州》)，被"马派"艺术所吸引。自打这以后，只要有马连良先生的演出，他一定去看，买不到坐票，站一晚上也要把戏看完。回家后，他凭记忆把马先生演出的整个过程从头过一遍，一招一式地演练。他还购买了不少马连良的唱片，边放边模仿。为了能够较好地把握"马派"艺术的真谛，他不惜重金聘请对"马派"艺术有研究的专家给自己说戏，还向马连良先生的师友以及早年与马先生合作过的鼓师、琴师等人求教，甚至那些年纪比自己小，艺龄比自己短的"马派"弟子，他也登门求教。

梁益鸣对"马派"艺术的热爱到了如醉如痴的程度，功夫不负有心人，经过数年的苦苦揣摩，他从剧目演出到表演风韵等，都不同程度地吸收了"马派"艺术的精髓。他不仅可以轻松地演出《借东风》《空城计》《春秋笔》《清风亭》《十道本》《将相和》《淮河营》《四进士》《苏武牧羊》《十老安刘》《龙凤呈祥》《打渔杀家》《六出祁山》《胭脂宝褶》等一系列"马派"常演剧目，马连良早年演出过后来久辍舞台的《南天门》《火牛阵》《骂王朗》《淮安府》《朱砂痣》《武乡侯》《四郎探母》《游龙戏凤》《舍命全交》等，他也通过各种间接渠道记录了下来，然后按照自己的理解去融合吸收，在天桥实践演出。

抗战爆发以后，直至内战结束，马连良先生一直处于颠沛流离、居无定所的状态，直到1951年10月，才从香港回到内地。在此期间北京众多的“马派”戏迷看不到马连良的演出，此时梁益鸣却在天桥大唱特唱“马派”剧目，并且“模仿”得惟妙惟肖，于是乎，戏迷们奔走相告，一股脑地去听“天桥马连良”唱戏。果然不负众望，这位矢志“马派”的京剧艺人，从台风到扮相，从剧目到服饰，从唱念到表演，甚至顾盼举止，与马连良无一不似。“天桥马连良”的声誉也就传开了。

1950年5月22日，梁益鸣与张宝华向北京市京剧公会申请组织鸣华社。28日，他作为戏曲界代表参加了北京市文学艺术工作者代表大会。会上，梁益鸣听了郭沫若副总理、茅盾部长、吴晗副市长讲话，还见到了周扬副部长、彭真市长，还有老舍、郑振铎、丁玲、梅兰芳、徐悲鸿等他所敬仰的文化名人。与京剧界前辈名家萧长华、王瑶卿、谭小培、尚和玉等欢聚一堂。大会安排他发言，他非常激动，夜不能寐。他回忆起自1923年学戏至1949年这26年来的艰辛，想起新中国成立这一年多来人民政府的关心、艺人社会地位的提高。他的发言很朴实、简短但充满激情。他发言的题目是：站在光荣的岗位上。

本人参加了四天的文代会，了解了很多的事情，过去旧社会没有艺人的地位，像这样的会，那有我们参加的份儿？尤其是我们在天桥唱戏的，向来更被人轻视，我们自己站在别人面前，也觉得比人家低了一头，但是今天情况不同了，像这样的会，不必说全市最重要的负责首长，即以我们艺人而论，不管是名角，底包、龙套，都是一样欢欢喜喜的在一起讨论着我们自己的事，我们常说翻身翻身，今天我才感到这才是翻身的具体事实。

听了许多发言，我们知道我们在天桥所接近的观众，完全是真正的劳苦大众，我们是站在最光荣的岗位上，因此我们觉得自己的任务也就更加重要。我们今后一定不轻视自己，一定重视我们的业务，把天桥变成一个新的天桥，这是我们的责任。过去有许多馊了的东西，不再往外拿了！当然，我们懂得的还很少，今后自己更愿意努力学习，以求更好地为人民服务，才不负各界对我们的期望！

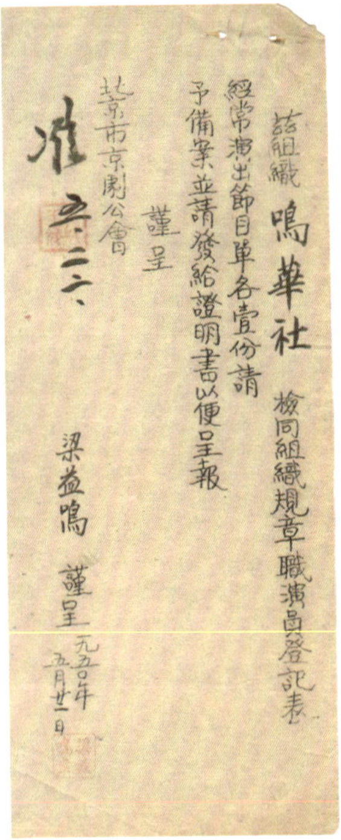
茲組織鳴華社 檢同組織規章職演員登記表
經常演出節目單各壹份請
予備案並請發給證明書以便呈報
北京市京劇公會 謹呈
梁益鳴 謹呈 一九五〇年五月廿一日
准 五二六

1950年鸣华社呈北京市京剧公会申请备案函

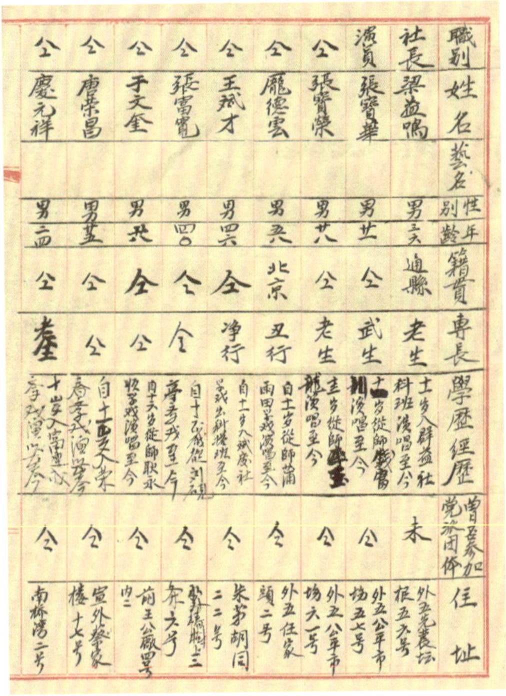

職別	姓名	藝名	性別	年齡	籍貫	專長	學歷經歷	曾否參加党派团体	住址
社長	梁益鳴		男	三六	通縣	老生	十七歲入群益社科班演唱至今	未	外五先農壇根五六號
演員	張寶華		男	廿	仝	武生	[illegible]	仝	外五公平市場五七號
仝	張寶榮		男	廿八	仝	老生	[illegible]	仝	外五公平市場六一號
仝	龐德雲		男	[illegible]	北京	丑行	[illegible]	仝	外五任家頭二號
仝	王斌才		男	[illegible]	仝	淨行	[illegible]	仝	朱家胡同二二號
仝	張富寬		男	四〇	仝	仝	[illegible]	仝	[illegible]
仝	于文奎		男	[illegible]	仝	仝	[illegible]	仝	[illegible]
仝	唐榮昌		男	[illegible]	仝	仝	[illegible]	仝	[illegible]
仝	慶元祥		男	[illegible]	仝	[illegible]	[illegible]	仝	南橋灣二號

鸣华社主要演员名册首页

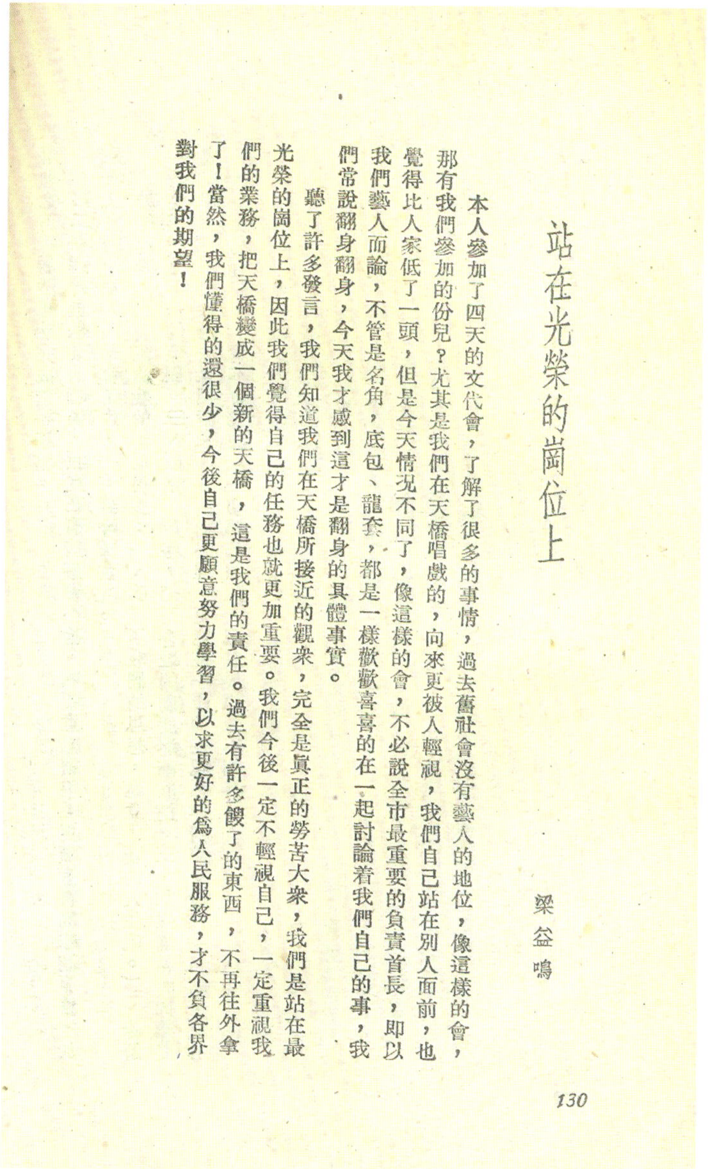

站在光榮的崗位上

梁益鳴

本人參加了四天的文代會，了解了很多的事情，過去舊社會沒有藝人的地位，像這樣的會，那有我們參加的份兒？尤其是我們在天橋唱戲的，向來更被人輕視，我們自己站在別人面前，也覺得比人家低了一頭，但是今天情況不同了，像這樣的會，不必說全市最重要的負責首長，即以我們藝人而論，不管是名角，底包、龍套，都是一樣歡歡喜喜的在一起討論着我們自己的事，我們常說翻身翻身，今天我才感到這才是翻身的具體事實。

聽了許多發言，我們知道我們在天橋所接近的觀衆，完全是眞正的勞苦大衆，我們是站在最光榮的崗位上，因此我們覺得自己的任務也就更加重要。我們今後一定不輕視自己，一定重視我們的業務，把天橋變成一個新的天橋，這是我們的責任。過去有許多餿了的東西，不再往外拿了！當然，我們懂得的還很少，今後自己更願意努力學習，以求更好的爲人民服務，才不負各界對我們的期望！

130

1950年梁益鸣在北京市文学艺术工作者代表大会上的发言

会议结束后，梁益鸣重新修订了剧社的组织规章，突出了为人民服务、革新戏剧的宗旨。1952年，鸣华社更名为鸣华京剧团。他对团里的工作事无巨细，亲力亲为，不但在艺术上肯下功夫，对于剧团的经营也有独到见解。那时的剧社、剧团很多，但能够赚到钱的寥寥无几，可鸣华京剧团由于人员少而精，演出多而密，加上勤俭办团，节约开支，因而资金积累甚丰，每年都盈余10多万元用作公共积累资金（到1966年“文化大革命”开始时，该团还结余资金50余万元）。这笔钱是剧团上下劳动的结果，属集体所有，对于如何开销，国家财政制度不予过问，但

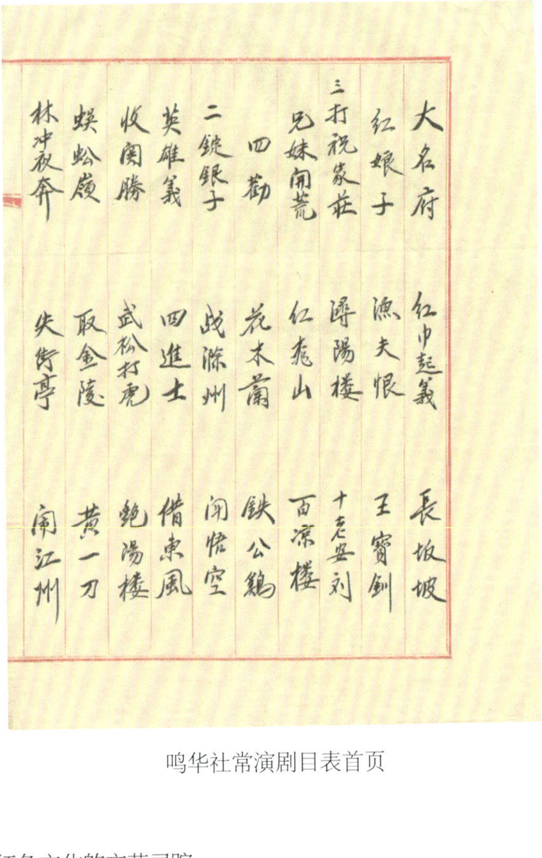

大名府　红巾起義　長坂坡
红娘子　漁夫恨　王寶釧
三打祝家莊　潯陽楼　十老安刘
兄妹開荒　红[illegible]山　百凉楼
四勸　花木蘭　鉄公鷄
二錠银子　战滁州　闹悟空
英雄義　四進士　借東風
收関勝　武松打虎　艳陽楼
蜈蚣嶺　取金陵　黄一刀
林冲夜奔　失街亭　閙江州

鸣华社常演剧目表首页

谁也没想过要把这份巨额结余分光吃尽，而是决定以此来建设剧团，添置设备、购置道具、培养京剧事业接班人。

20世纪50年代中期，他们以近60万元的公共积累资金，定做了全套的苏绣蟒、靠、袍、褶、盔、带、履等男女各色服装近百件，使舞台面貌焕然一新。光男女短打衣裤就有上百套之多。此外还招收了京剧学员50余名，用“以团养班”的办法，负责学员的吃穿住用全部开支。后来曾一度活跃在京剧舞台上的李士明、宋宝奎、顾金水、黄胜春、王世则、吴小平、林雅文、张少华、侯宪政等等，都是该团自力更生培养出来的京剧后起之秀。

三

新中国成立后，梅兰芳、程砚秋等京剧名家先后加入中国共产党，梁益鸣看在眼里，下决心努力工作，争取早日加入党组织。1956年，梁益鸣向北京市文化局提交了入党申请书。

1958年春，梁益鸣参加了文化局组织的政治思想学习班。7月24日，他向党组织提交了“向党交心书”。在“交心书”中，他诚恳地向党组织检讨了自己名利思想膨胀和决心克服缺点要求入党的愿望：

学习四个月来，党的培养，辅导员和群众的帮助下，使我政治思想提高一大步，值得高兴和愉快。今天向党交心，我把过去个人名利思想向党和群众交代一下。从小学戏，我本人喜欢唱戏就愿意学的（得）有名有利。尤其近二十年来，产生了个人名利思想特别浓厚，为了自己响名在街北演出，非我、刘连荣、马富禄、茹富蕙和其他名演员自己才高兴，愿意唱。如无有这等人，自己就不愿意演，以及出外阜（埠）也是会（有）这样想法。为了贪名，养成了非依赖外援的演员一贯的错误思想，自己近五年之久，暮气沉沉，在政治、艺术文化各方面全没进步，相反的，倒退一大步。这是受贪名的影响，忘了自己勤学苦练发展自己潜在力，多创作、多学习。因为我迷信其他名演员，总觉得自己不如人，胆小，空头虚名给我本人带来严重损失。为了利，自己死守天乐剧场不受其他人拿，挣多挣少，怎么也够吃饭，这是为自己打算，没考虑到全面，也没有提高剧团也没有搞好利，全面损失，对团负责也不够，遇事走被动，不愿主动，实际上本人好安逸不愿唱两工戏，可是钱也拿啦，这是我犯严重个人主义思想脱离了群众，背叛了党。如不整风长期下去，也可发展成右派，自己脑子里的“五气”老在脑子里存在，使我进步和学习受了一定阻碍。这次党领整风，完全是正确的，告诉我们破除迷信、大胆去做，我是迷信之一，把我卅多年存在的大病一服药给除了根啦。我对党的政策和指示，给我带来这样的好处，终身不能忘，从前的我错误我认识到啦，自己痛改前非。今后我保证从前缺（点）完全改掉，自己树立无产阶级思想，靠近党靠近群众，对团负起责任，是（事）事走主动，破除迷信，敢想敢做，把个人名利改为集体利益，去努力勤学苦练，不怕受累。但我个人也戒骄，靠近党，服从党的分配，不争一切，更不能要价还价。我希望加强党领导和群众支持下，我有信心把剧团搞好，我要求党对我加强教育和培养我。在政治文化艺术和思想上对我多多帮助，我有决心成为一个又红又专演员，学好了本领，更为祖国社会主义建设服务。

最后我坚决要求入党，把一切献给祖国和人民。

这份“交心书”语句不够通顺，缺字错字也比较多，显然是“急就章”。“交心书”中，他检讨了自己追求名利，希望得到党的帮助，把团的工作搞好，表达了要求入党的愿望。

就其追求“名”，梁益鸣说：“为了自己响名在街北演出，非我、刘连荣、马富禄、茹富蕙和其他名演员自己才高兴，愿意唱。”这里，梁益鸣说的是心里话。他这句话有两层意思，一层是他以在街北演出为荣。那时有个不成文的规定，就是将街南街北划出界限，以区分戏园与戏班的档次。也就是以珠市口大街为界，街北是大栅栏和肉市一带的高级戏园和戏班，而街南则是天桥一带的戏园和戏班。在街南演出的戏班大都不能在梨园行会挂号登记，这里的名演员要是没有门户就无法到街北演出。自20世纪30年代，梁益鸣所在的班社群益社和他所创立的鸣华社相继在天桥站住脚后，梁益鸣最大的愿望就是能到街北的长安大戏院或前门外的庆乐戏院、大众剧场、中和戏院演出。经过多年的打拼，这个愿望终于实现。50年代中后期，由梁益鸣任团长的鸣华社终于从街南转战街北，打破了街南的戏班不能到街北演出的潜规则。他第二层意思是与刘连荣、马富禄、茹富蕙等名演员同台演出才高兴，才愿意唱。刘连荣，富连成科班连字科。他长期与梅兰芳先生合作，与梅先生联袂演出《霸王别姬》以净行饰演项羽一角。1949年后，仍在梅兰芳剧团，为梅葆玖配戏。1962年曾随梅葆玖等赴沪演出。马富禄和茹富蕙，同为富连成科班富字科。马富禄，小花脸演丑角，文武兼擅，长期为小翠花、马连良配戏。茹富蕙，小花脸，亦演丑角，尤其方巾丑是萧长华以后第一人。能与这些名家同台，自然地位升高。

1959年，经张梦庚局长介绍，梁益鸣拜马连良为师。当年6月8日，由梁益鸣的师兄弟们和鸣华京剧团的同人操持，在北京前门饭店举行了隆重的拜师仪式。文艺界在京的专家名流数百人出席祝贺。梅兰芳、萧长华等艺术大师还讲了话。58岁的老师收了个44岁的门徒，也一时在梨园被传为佳话。从此，马连良先生倾心尽力向梁益鸣传授“马派”艺术。经过一年多的时间，梁益鸣演出的“马派”剧目，基本上都经过了老师认真的点拨和调理，在“马派”艺术的继承上日臻成熟。

党对艺人无微不至的关怀，让梁益鸣深受感动，他对党充满了热爱，为此他再次提出加入中国共产党的申请，决心为党的事业奋斗终生。1959年6月9日，他在拜师仪式后写给北京市文化局张部长的信中，再次

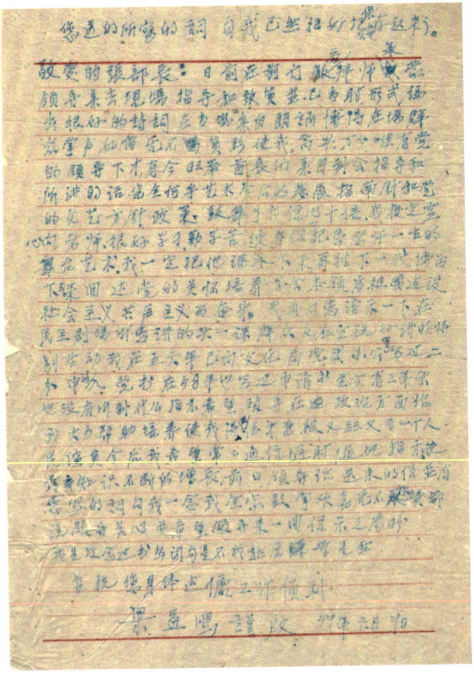

敬爱的张部长：

梁益鸣谨启

梁益鸣致文化局张部长函

表达了他迫切加入党组织的心情。

1960年11月21日，他在向党组织提交的自传中，详细说明了他的从艺经历并再次表达了希望党接受他早日加入中国共产党的请求：

8岁在唐山赵各庄靠父亲煤窑下作工生活，当时人多工少，一星期只有五天工作。每月平均入11元左右，我又不能上学，生活困难，经王文成舅介绍于1925年6月来北京群益社科班学戏。科班条件不好，早晚两顿窝头、白菜帮汤。学戏练功，挨打挨骂。因军阀战争，1928年12月去通县呆二年。生意不好，不能维持业务，又去东八县村庄县镇等处，唱野台子戏，共有三年之多，饱受官方、豪绅、地主压迫侮辱。于1935年到天津各剧场演唱，1938年8月去张家口呆了二年。因生活困难，我每日勤学苦练，两下一挤，得了吐血之症，当时成班人还逼我演出，否则没有工资。无法，于1940年7月回北京住张起家休养14个月。1941年入小小戏院和张起一处，1942年10月迁至天乐剧场。在这些年中，诸事全由张起主事。此人是个封建思想，自私自利，特别保守，对我的发展受了一定的障碍，剧团死守天桥，不向大的发展。直到解放后，还是如此作风。1958年整风开始，剧团得到真正的发展了，取消不合理的制度，建立民主管理。有了党的领导，明确了为谁服务，树立集体主义思想，党在各方面培养，听党课，文化学习、艺术方面也有所提高。张梦庚局长介绍我拜马连良先生为师，承继马派。党无微不至地关怀艺人。党正在领导人民建设祖国，改善人民生活。所以我提出申请入党，学习理论和知识，终身献于党的事业，做一光荣的共产党员，为社会主义共产主义奋斗到底。

但是我生长在旧社会，或多或少还存在一定的缺点。不过我有信心在党的领导下坚决克服掉缺点，服从党的分配，指到那里，作到那里，作党和人民的勤务员，并希望党接受我要求早日批准我的申请！

距1956年梁益鸣向党组织递交入党申请书，已经四年了。除了他在自传和“交心书”上陈述的缺点，还有党员群众对他平日里过于精打细算，特别“抠”，有看法。本来梁益鸣是个“翻身户”，但说话“太狂”，尤其是，马连良收他为徒后，更是“高傲”，与从前的那个温良恭俭让的梁益鸣判若两人。党组织了解到群众对他的意见，和他谈话后，梁益鸣的确有所改正，群众对他的印象也逐渐有所好转。

1962年春天，在马连良演出了吴晗的《海瑞罢官》后不久，梁益鸣也组织排练了这出戏。1964年初，鸣华京剧团排演了现代京剧《节振国》和《六号门》，梁益鸣在剧中饰演主要角色。

应该说梁益鸣自新中国成立后，是追求进步的。但由于他生性耿直，对个人看不惯的人和事直言不讳，最终，梁益鸣没有能够加入中国共产党。

1966年后，马连良因演出了《海瑞罢官》被打入了冷宫，梁益鸣也因演出该戏遭到批判。从1966年8月起，梁益鸣的工资由150元降为60元。之后，他下去劳动改造，后来又被勒令离开京剧团。由于忧郁愤懑，1970年10月，梁益鸣离开了人间，年仅55岁。

2020年6月21日下午初稿

2025年1月28日除夕修订

席宝昆：评剧小生的绝唱

席宝昆是著名评剧表演艺术家。1949年任北京评剧公会主任。1950年5月，以北京市评剧公会主任的身份出席了北京市文学艺术工作者代表大会。他还曾任新中华评剧团团长，和小白玉霜（李再雯）合演现代戏。1953年加入中国评剧团（1955年扩建为中国评剧院），所饰演的《秦香莲》中的陈世美,《钟离剑》中的文种,《夺印》中的陈瘸子,《家》中的觉新，等等，均有较大影响；还做过《秦香莲》《向阳商店》《南海长城》《闹严府》等剧的导演。

一

席宝昆是评剧生行演员，1925年出生于北京。在新中华评剧工作团剧艺团社申请书个人经历一栏，席宝昆自己填写的经历是："自13岁学戏，15岁改学京戏，18岁改参加评戏班各地演唱未脱离舞台生活，1950年组织新中华评剧团任团长。"

以席宝昆自填的简历为线索，查阅有关资料，席宝昆13岁拜孙艳茹为师，学评剧小生，同时拜京剧艺人谷德才、张小亭为师兼学京剧武功。

在天津先后和评剧演员孙桂君、鲜灵霞、花迎春等同台合作。21岁至北京幽兰社与芙蓉花、鸿巧兰同台演出，又与刘小楼、孔广山、杜云振等人提倡演时装戏，先后排演了《左连城告状》《宦海潮》《海棠红》《枪毙驼龙》《张文祥刺马》等。1946年参加再雯评剧社，与小白玉霜合作，演出《武松与潘金莲》《珍珠衫》等，被称为“革新演员”。1949年，席宝昆任北平评剧公会主任。新中国成立后，北平评剧公会改名为北京评剧公会，他仍任主任。1951年，任新中华评剧团团长，经常演出的节目有《宝山参军》《喜事说不完》《父子争先》《拥军乐》《千年冰河开了冻》《九尾狐》《婉香与紫燕》《借红灯》《莲花村》《小女婿》《赶嫁妆》《放下包袱》《劳动夫妻》《好婚姻》等。

席宝昆曾和著名评剧演员小白玉霜合演现代戏《九尾狐》《农民泪》《千年冰河开了冻》等，在这些戏中，他扮演过重要角色。

1953年，新中华评剧工作团撤销，席宝昆和剧团的主要演员一起加入了国营剧团——中国评剧团，他在剧团排演的现代戏《小女婿》《野火春风斗古城》《金沙江畔》《夺印》《家》等剧目中扮演了重要角色。

而最使人们津津乐道的是席宝昆在传统戏《秦香莲》中成功扮演了陈世美。

《秦香莲》又名《铡美案》，是一出戏曲名剧，在中国戏曲舞台广为流传，几乎各剧种都有演出，成为许多戏曲名家的代表作。

《秦香莲》也是评剧表演艺术家小白玉霜的优秀代表作品，在评剧观众中流传极广。

评剧《秦香莲》1955年由长春电影制片厂摄制成电影，徐苏灵导演，小白玉霜饰秦香莲、席宝昆饰陈世美。该戏曲片于1956年获文化部优秀影片三等奖。席宝昆因在本片中的出色表演，获优秀表演奖并获一枚

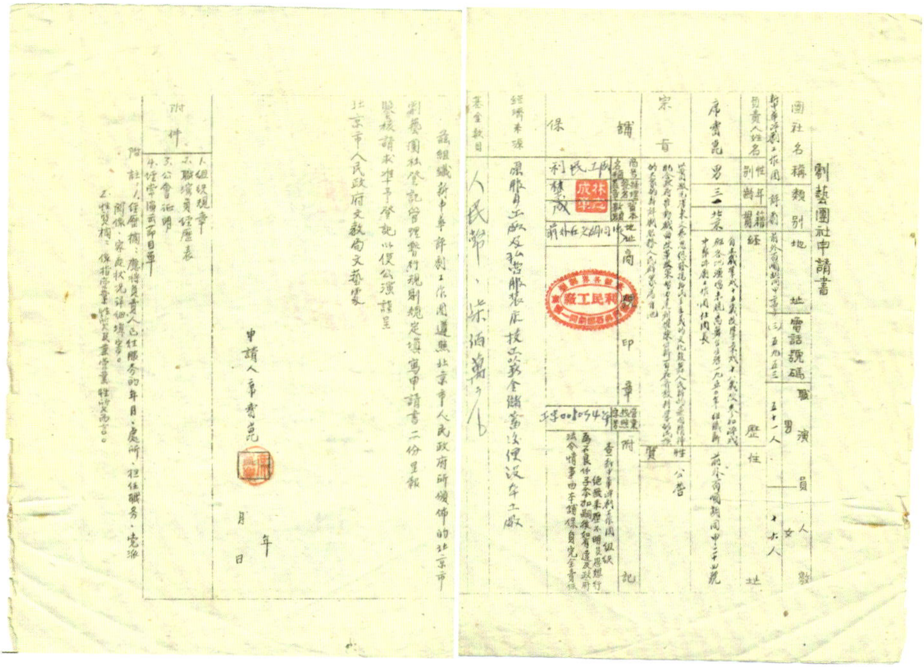
劇藝團社申請書

北京市人民政府文教局文藝處

新中华评剧工作团剧艺团社申请书

金质奖章。席宝昆还参加了评剧《野火春风斗古城》的演出。这出戏是中国评剧院1959年根据李英儒同名小说改编演出的。当年由马泰、喜彩莲、于萍、席宝昆、陈少舫等主演。

二

自民国至今，北京人喜欢评剧的人很多。从老天桥时期算起，北京地区的评剧团就很多，新中国成立初期，在北京文化局注册的评剧团有几十家之多。

清代至民国时期，北京的戏曲界都组织了行业公会，如京剧公会、曲艺公会、评剧公会、剧场公会等。行业公会主任这个职务，是行内有很高威望的人才可以担任的。曲艺公会首任理事长是著名鼓书艺术家曹宝禄，连阔如、侯宝林等曾任副主任。

席宝昆不仅戏演得好，又有文化素养和很好的人脉，还具有一定的组织能力。1949年春，席宝昆被北平评剧界同人推选为北平评剧公会主任。不久，北平迎来了和平解放，席宝昆受到北京市文化局的重视，积极投身新型剧目的排练演出；参与了以小白玉霜为班主的再雯社在北京首演的新评剧《兄妹开荒》的改编、排演工作，并担任主要角色。

1950年5月，北京市文学艺术工作者代表大会召开，席宝昆以评剧公会主任的身份出席大会。与他一起出席大会的评剧界代表还有小白玉霜、鸿巧兰、新凤霞等。

1951年前后，北京市剧团体制改革，席宝昆以北京市评剧公会主任和再雯社主要演员的身份，积极推动小白玉霜领导的再雯社与以喜彩莲为主演的莲剧团合并，率先建立民营公助的新中华评剧团。

1952年6月，由北京市人民政府文教局文艺处批准成立新中华评剧工作团，席宝昆任团长，主委是喜彩莲，副主委是小白玉霜。演员中好几位都是评剧界举足轻重的人物。

喜彩莲，原名张菡香，是著名的评剧花旦演员，评剧喜派创始人，早期评剧“四大名旦”之一，第六届全国政协委员。她11岁学戏，17岁为主角，1950年加入新中华评剧团。她一生演出过数以百计的剧目，塑造了近百个不同年龄、性格各异的人物形象，给人们留下了难忘的印象。

小白玉霜，原名李再雯，著名的评剧演员。她是天津人，粗通文字，13岁学艺，15岁随养母白玉霜各地演唱，19岁辍演，20岁重登舞台。

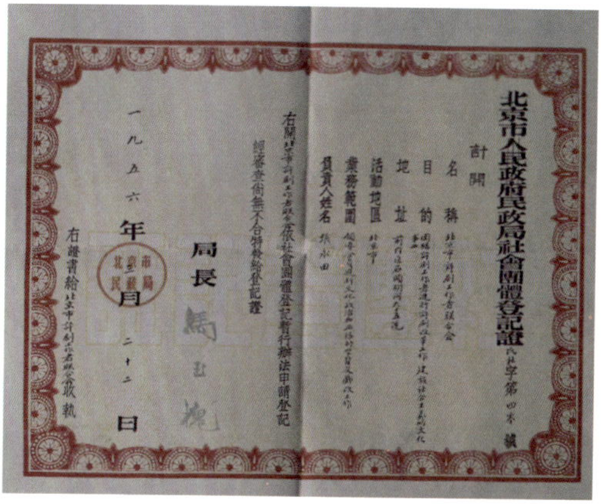

北京市人民政府民政局社會團體登記證

計開

名稱 北京市評劇工作者聯合會

目的

地址

活動地區 北京市

業務範圍

負責人姓名

右開北京市評劇工作者聯合會依社會團體登記暫行辦法申請登記經審查尚無不合特發給登記證

局長

一九五六年 月 二十二日

右證書給北京市評劇工作者聯合會收執

1956年北京市评剧工作者联合会社团登记证

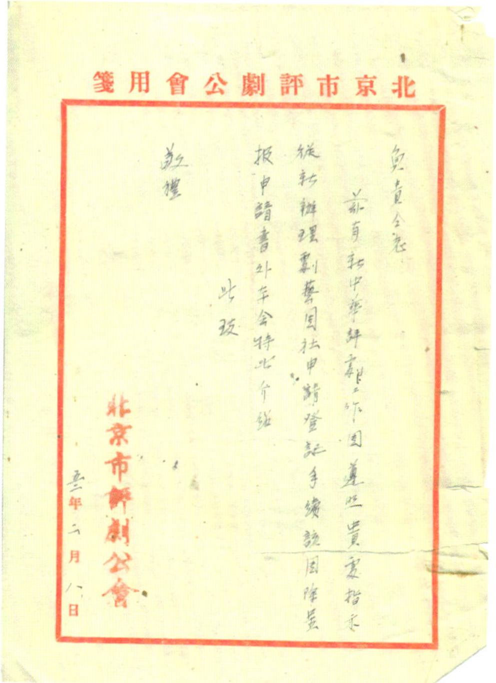

北京市評劇公會用箋

負責同志：

茲有新中華評劇工作團遵照貴處指示從新辦理劇藝團社申請登記手續該團除呈報申請書外本會特此介紹

此致

敬禮

北京市評劇公會

五二年六月八日

北京市评剧公会为新中华评剧工作团剧艺团社申请开具的介绍信

1950年，参加新中华评剧工作团时刚28岁。

新中华评剧团有两位副团长，一位是板胡乐师王德元，一位是评剧文武小生魏荣元。

王德元是天津人，高小毕业，11岁学京戏，19岁学评剧，各地演唱。后来做专业板胡琴师，曾给许多著名评剧演员伴奏，在评剧界有很高的声誉。板胡主要流行于我国的北方地区，许多地方戏和曲艺，如河北梆子、评剧、豫剧、秦腔都是以板胡为主要伴奏乐器的。

魏荣元，河北丰润人，工老生、花脸。评剧魏派创始人。幼年入复盛戏社学艺。10岁学戏，15岁到各地演唱。演过京剧、曲艺、相声，学过胡琴，小生、武生、花脸、小丑都拿得起来。1949年加入莲剧团为喜彩莲配戏。1950年，参加新中华评剧工作团。1953年入中国评剧团，在音乐工作者的帮助下，他将原来与女演员同度的唱法降低四度，创造了著名的"越调"，男演员从此有了成套唱腔，进而把京剧花脸的鼻音和喉音同评剧的吐字发音结合起来，在《秦香莲》一剧中成功地创造了评剧包公的形象。他还创新了老生唱腔使评剧现代戏得以蓬勃发展。

剧团的女演员中，除喜彩莲、小白玉霜，就是鲜灵霞了。她原名郑淑云，1920年出生于河北文安县，工旦角。她14岁学艺，拜师刘兆祥，不久就声名鹊起，在天津唱红，成为一代评剧名伶。1958年后，任天津评剧院副院长。

1953年，新中华评剧工作团撤销。席宝昆和剧团的主要演员一起参加了隶属于中国戏曲研究院的中国评剧团，团长是薛恩厚。席宝昆参加中国评剧团后，辞去了北京评剧公会主任一职，接任者是北京实验评剧团团长、老生演员张永田。席宝昆作为剧团的骨干演员，从事着带学员并演戏的工作。

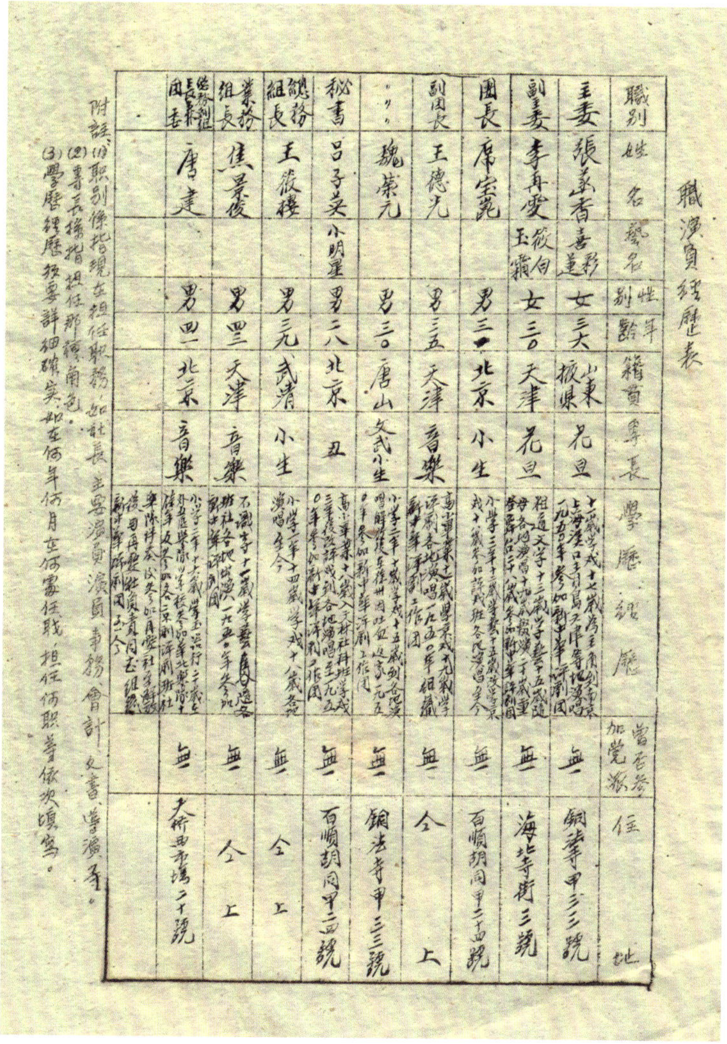

職演員經歷表

職別	姓名	藝名	性別	年齡	籍貫	專長	學歷、經歷	曾否參加黨派	住址
主委	張淼香	喜彩蓮	女	三六	山東掖縣	花旦	十一歲學戲，十七歲為主角，到南京、上海、漢口、青島、天津等地演唱，一九五〇年參加新中華評劇團	無	銅[illegible]寺甲三三號
副主委	李再雯	筱白玉霜	女	三〇	天津	花旦	粗通文字，十三歲學藝，十五歲隨母各地演唱，[illegible]二十歲重登舞台，[illegible]參加新中華評劇團	無	海北寺街三號
團長	席寶崑		男	三[illegible]	北京	小生	小學三年，十二歲學藝，十五歲[illegible]，十八歲參加評戲班，各地演唱至今	無	百順胡同甲二十四號
副團長	王德光		男	三五	天津	音樂	高小畢業，十七歲學京戲，十九歲學評劇，各地演唱，一九五〇年組織新中華評劇工作團	無	仝上
〃〃〃	魏榮元		男	三〇	唐山	文武小生	小學二年，十歲學戲，十五歲到各地演唱，解放後在徐州自己組班，一九五〇年參加新中華評劇工作團	無	銅法寺甲三三號
秘書	呂子英	小明星	男	二八	北京	丑	高小畢業，十八歲入文林社科班學戲，三年後改評戲到各地演唱，至一九五〇年參加新中華評劇工作團	無	百順胡同甲二四號
總務組長	王筱樓		男	三九	武清	小生	小學一年，十四歲學戲，十八歲各地演唱至今	無	仝上
業務組長	焦景俊		男	四三	天津	音樂	不識字，十一歲學藝，[illegible]隨各班社各地演出，一九五〇年參加新中華評劇團	無	仝上
總務組長兼團委	唐建		男	四一	北京	音樂	小學二年，十六歲學[illegible]，二十歲[illegible]樂隊[illegible]評劇[illegible]社，[illegible]組織新中華評劇團至今	無	天橋西市場二十號

附註：(1)職別係指現在擔任職務，如社長、主要演員、演員、事務、會計、文書、導演等。
(2)專長係指擔任那種角色。
(3)學歷經歷務要詳細確實，如在何年何月在何處任職，擔任何職等依次填寫。

新中华评剧工作团职演员经历表

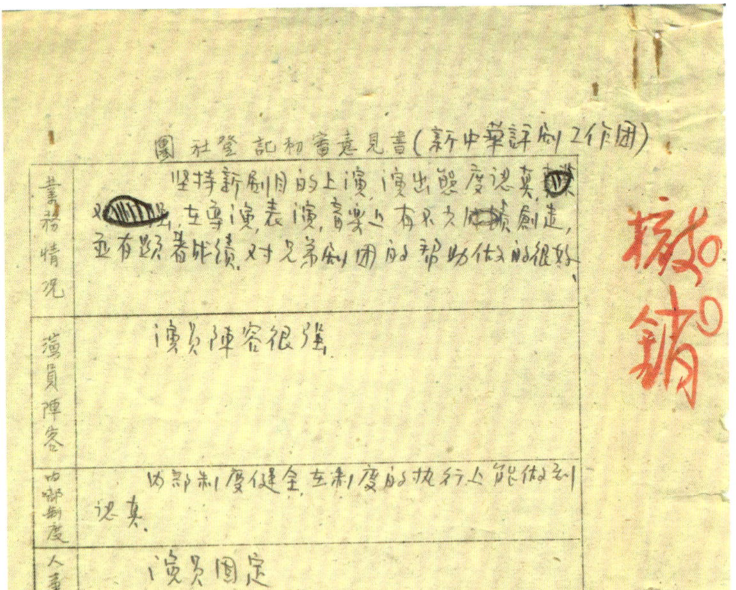

團社登記初審意見書（新中華評劇工作团）

業務情況	坚持新剧目的上演，演出態度认真，在導演、表演、音樂上有不少創造，並有顯著成績，对兄弟剧团的帮助做的很好。
演員陣容	演员陣容很强
内部制度	内部制度健全，在制度的执行上能做到认真。
人事情況	演员固定
初審意見	根据以上情况，该剧团演员陣容強，在業務的開展及制度的改革上均有相當成績和進展，同时对兄弟剧团帮助多，在戏曲界起了一定的推动作用，因此，我们的意见应发给登记证。
科長意見：同意初審意見 李[illegible]	處長意見：同意 张梦庚 6.13

1952年6月7日 初審人 [illegible]

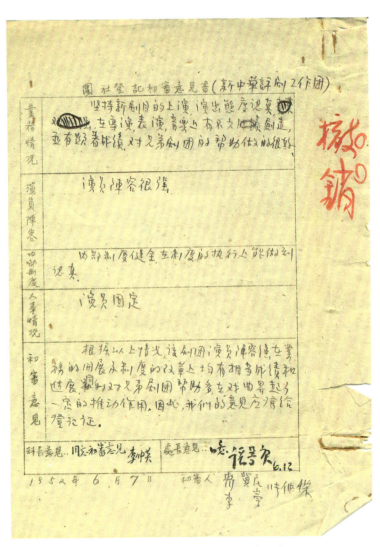

新中华评剧工作团团社登记初审意见表

1978年后，席宝昆从事导演工作，曾导演了评剧《梅玉良缘》《杜十娘》《银河湾》等。1989年9月11日，65岁的席宝昆与世长辞。

2021年3月3日下午1时初稿

2022年3月3日上午10时修订

2025年1月28日除夕修订

图书在版编目（CIP）数据

北京红色文化的文艺寻踪 / 方继孝著. -- 北京 ： 文津出版社，2025. 6. -- ISBN 978-7-80554-801-2

Ⅰ. I216. 1

中国国家版本馆CIP数据核字第20250J86X9号

策　　划：高立志
责任编辑：许庆元　崔钰琪
责任印制：燕雨萌
封面设计：金　山
封面题字：徐光耀

北京红色文化的文艺寻踪
BEIJING HONGSE WENHUA DE WENYI XUNZONG
方继孝　著

出　　版　北京出版集团
　　　　　文 津 出 版 社
地　　址　北京北三环中路6号
邮　　编　100120
网　　址　www.bph.com.cn
总 发 行　北京伦洋图书出版有限公司
印　　刷　北京华联印刷有限公司
开　　本　880毫米×1230毫米　1/32
印　　张　8.5
字　　数　202千字
版　　次　2025年6月第1版
印　　次　2025年6月第1次印刷
书　　号　ISBN 978-7-80554-801-2
定　　价　68.00元

北京作家协会重点扶持原创项目